C·H·Beck
PAPERBACK

Michael Lüders

Die scheinheilige Supermacht

**Warum wir aus dem Schatten
der USA heraustreten müssen**

C.H.Beck

Für meinen Sohn Marlon
Nichts ist leichter, als Menschen zu manipulieren

© Verlag C.H.Beck oHG, München 2021
www.chbeck.de
Satz: Fotosatz Amann, Memmingen
Druck und Bindung: GGP Media GmbH, Pößneck
Umschlaggestaltung: geviert.com, Michaela Kneißl
unter Verwendung von Bildern von © shutterstock
Umschlagabbildung hinten: 6.1.2021, Der «Schamane»
Jacob C. bei der Kapitol-Stürmung © Ron Haviv/VII/Redux/laif
(Bildausschnitt)
Gedruckt auf säurefreiem, alterungsbeständigem Papier
(hergestellt aus chlorfrei gebleichtem Zellstoff)
Printed in Germany
ISBN 978 3 406 76839 2

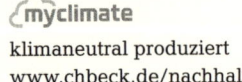

klimaneutral produziert
www.chbeck.de/nachhaltig

«Kümmert ihr euch um die Fotos, ich werde mich um den Krieg kümmern.»

William Randolph Hearst (1863–1951),
US-amerikanischer Medien-Tycoon

«Das Minarett weinte,
als der Fremde kam.
Er kaufte es ohne Not –
machte daraus einen Schlot.»

Adonis, einer der bedeutendsten arabischen Lyriker der Gegenwart,
syro-libanesischer Herkunft. Dieses Gedicht, «Das Minarett»,
gehört zu seinen bekanntesten.

«Es ist unklug, immer den Sieg davontragen zu wollen.»

Niccolò Machiavelli (1469–1527), Staatsphilosoph und
Machtpolitiker

«Wahr ist, was morgen in der Zeitung steht.»

Axel Springer (1912–1985), deutscher Medien-Tycoon

Inhalt

Vorwort

«Hoffnung» titelte eine deutsche Zeitung nach dem Wahlsieg des Demokraten Joe Biden in Großbuchstaben, rechts auf der Seite unterlegt von einem Grauton-Porträtfoto des künftigen Präsidenten. Sein staatsmännischer Gesichtsausdruck wäre einer Verewigung im berühmten Mount Rushmore National Memorial würdig – in Stein gemeißelt, an der Seite der Büsten von George Washington, Thomas Jefferson, Abraham Lincoln und Theodore Roosevelt. Die linke Hälfte der Zeitungsseite füllt das sepiafarbene Gesicht der ersten Vizepräsidentin in der Geschichte der USA, Kamala Harris. Erwartungsvoll sieht sie in eine unbestimmte Ferne, ebenso entschlossen wie offenbar klug abwägend, so die unterschwellige Botschaft. Er blickt nach links, sie nach rechts – gemeinsam können beide es schaffen: ihr zutiefst gespaltenes Land wieder zu vereinen.

Eine durchaus ikonische Darstellung. Nach vier Jahren Donald Trump, nach vier Jahren Unberechenbarkeit, «alternativen Fakten» und *America first* haben die Amerikaner sich selbst und die Welt von einem furchtbaren Irrtum erlöst. Daher auch die Farbwahl der Ikonografie, wie auf alten Fotos – sie steht für die Rückkehr zum wahren, dem vertrauten, dem historisch verbrieften Amerika. Trump war der Antichrist, jetzt aber finden die USA wieder zu sich selbst, zu ihrer vertrauten Rolle als «unersetzliche Nation», als unentbehrliche «Ordnungsmacht».

«Amerika» ist nicht allein in Deutschland Glaubenssache. In Politik und Medien, ebenso in kleiner werdenden

Teilen der Öffentlichkeit gelten die USA als Sehnsuchtsort, als Garant der Demokratie, vor allem aber als werteorientierter Verbündeter, als «Schutzmacht» Europas im Rahmen der NATO. Doch das Freiheitsversprechen der Vereinigten Staaten war stets und zu allen Zeiten immer nur die eine Seite der Medaille. Auf der anderen findet sich seit Anbeginn eine skrupellose Machtpolitik. Im Kalten Krieg etwa stürzte Washington auf mehreren Kontinenten fortschrittliche Regierungen, mit verheerenden Folgen für die Menschen in den betreffenden Ländern. Allen voran im Iran 1953, in Guatemala 1954, in Chile 1973. Dieses Buch erzählt davon. Der Krieg in Vietnam, der 1975 endete, war nicht weniger ein Verbrechen als der Irak-Krieg 2003, geführt auf der Grundlage von Lügen und dem vorsätzlichen Bruch internationaler Rechtsnormen. Hunderttausende Iraker starben, das Land stürzte ins Chaos, der «Islamische Staat» wurde geboren.

Die USA sind kein selbstloser Hegemon, sondern ein Imperium. Und ein Imperium betreibt grundsätzlich eine imperiale Politik. Das bedeutet, dass machtpolitische Widersacher oder Konkurrenten nach Möglichkeit zu schwächen oder auszuschalten sind, auch mit Hilfe von Subversion, Sanktionen oder militärischen Interventionen. Die Erhöhung Bidens und seiner Stellvertreterin – «Hoffnung» – ist verständlich, insoweit sie die Erleichterung über die Abwahl Trumps spiegelt. Doch war nur Trump allein das Problem? Fällt denn der Schaden, den die Regierung Bush mit ihrem «Krieg gegen den Terror» angerichtet hat, tatsächlich geringer aus als jener, der von der Regierung Trump zu verantworten ist? Hat die Regierung Obama nicht den Drohnenkrieg salonfähig gemacht, unbeschadet seiner vielen zivilen Opfer? Und die Cyber-Spionage auch gegenüber den Verbündeten, bis hin zum Telefon der Bundeskanzlerin, in neue Höhen geführt? Von Cyberangriffen

ganz zu schweigen, etwa gegen den Iran? Hat sie nicht unmissverständlich klargestellt, dass die USA selbst mit einem
ausgeprägten Sympathieträger als Präsidenten über dem
Völkerrecht stehen, aus ihrer Sicht?

Daher sei die Prognose gewagt: Auch Präsident Biden
wird, wie jeder seiner Vorgänger seit dem Zweiten Weltkrieg,
Militär und Geheimdienste weltweit einsetzen, nötigenfalls
Kriege führen zur Wahrung der eigenen Vormachtstellung.
Dem übergroßen Einfluss des «militärisch-industriellen Kom-
plexes» wird er sich schwerlich entgegenstellen, der fort-
schreitenden Oligarchisierung US-amerikanischer Politik
nicht entgegenwirken (können). Und gegenüber den maßgeblichen Widersachern Washingtons, Russland und verstärkt China, ebenso wenig auf Deeskalation setzen wie die
Präsidenten vor ihm.

Europäische und deutsche Transatlantiker dürfte das
kaum erschüttern. So sehr haben sie ihre Rolle eines Juniorpartners an der Seite der USA verinnerlicht, dass sie nur
selten darüber nachdenken, ob die Richtungsvorgaben des
Bündnispartners tatsächlich auch hiesigen Interessen dienen, ihnen möglicherweise nicht sogar widersprechen. Der
Öffentlichkeit gegenüber betonen sie die gemeinsamen
Werte, den Einsatz für Freiheit, Demokratie und Menschenrechte. Die andere Seite der Medaille nehmen sie nicht
wahr oder relativieren sie. Was auch geschehen ist oder
noch geschehen mag: Wir sind und wir bleiben die Guten.
Da Transatlantiker in Politik und Medien und darüber hinaus, etwa in den zahlreichen «Denkfabriken», tonangebend sind, ist diese Haltung nicht irgendeine. Vielmehr ein
Leitmotiv hiesiger (Außen-)Politik, wenn nicht gar ihr Fundament.

Nibelungentreue aber ist niemals eine gute Option. Auf
die USA bezogen auch aus den beiden folgenden Gründen
nicht. Zum einen war der Wahlsieg der Demokraten 2020

alles andere als ein Kantersieg über die Republikaner. Trump mag Vergangenheit sein, der Trumpismus ist es nicht. Wer garantiert, dass in vier Jahren nicht erneut ein unberechenbarer Populist ins Weiße Haus einzieht? Oder ein sendungsbewusster evangelikaler Christ? Sollten die Europäische Union und Deutschland weiterhin darauf verzichten, ihr Eigengewicht gegenüber Washington zu stärken, machen sie sich strategisch von ein paar Hundert oder Tausend Wählerstimmen in den maßgeblichen «Swing-Staaten» abhängig.

Zum anderen wandelt sich die Welt unaufhörlich. Die USA werden vorerst eine Supermacht bleiben, haben aber ihren historischen Zenit überschritten. Die Zeit, in der Washington stark genug war, um, zumindest vordergründig, auch europäische (Sicherheits-)Interessen wahrzunehmen, ist vorbei. Die kommende Supermacht ist China, und die Europäer müssen, ob sie wollen oder nicht, für ihre Interessen selbst einstehen. Andernfalls riskieren sie, zum Spielball im geopolitischen Ringen um Macht und Einfluss zu werden.

Was in Deutschland fehlt, sind meinungsoffene, streitbare Auseinandersetzungen über außenpolitische Grundsatzfragen. Somit entfallen Debatten jenseits vertrauter Stromlinien um dieses zentrale Thema weitgehend: Welches Verhältnis wollen, welches benötigen wir zu den USA? Überzeugte Transatlantiker sind durchaus bereit, Exzesse oder Versäumnisse amerikanischer Politik zu kritisieren. Die rote Linie allerdings ist die Benennung des Verbündeten als imperiale Großmacht. Die Geißelung der Machenschaften von «Schurkenstaaten», allen voran Russland, China und dem Iran, zeugt demzufolge von aufgeklärtem Geist, dem rechten Demokratie-Verständnis und ist garantiert sanktionsfrei. Wer jedoch in Richtung USA nicht den vermeintlich richtigen Ton trifft, sieht sich schnell an den

Pranger gestellt und des «Anti-Amerikanismus» bezichtigt. Da hilft dann auch nicht der Hinweis, dass etwa die amerikanischen «Selbsthasser», die für die Serie *House of Cards* verantwortlich zeichnen, gleichwohl ein sehr realitätsnahes Bild der Ära Trump filmisch vorweggenommen haben. Und wäre der vielleicht beste Antikriegsfilm aller Zeiten, *Apocalypse Now* von Francis Ford Coppola (1979), tatsächlich «anti-amerikanisch»? Zeigt er nicht vielmehr ein künstlerisch verfremdetes, doch psychologisch überzeugendes Porträt der USA, wie sie in Vietnam im moralischen und politischen Morast versinken?

Imperien kommen und gehen, wie in einer Wellenbewegung, lehrte der arabische Historiker Ibn Khaldun schon im Mittelalter. Von ihm wird noch die Rede sein, ebenso von geschichtlichen Ereignissen, die das Wirken kolonialer wie imperialer Mächte nachzeichnen, damals wie heute. Den USA sind andere «Weltenlenker» vorausgegangen, weitere werden folgen. Gemeinsam ist ihnen, dass sie Macht auf Kosten Dritter ausüben. Einem Imperium geht es in den seltensten Fällen um Werte. Im Vordergrund steht die Durchsetzung und Wahrung eigener Interessen, insbesondere die Verteidigung gegebener Vorherrschaft. Das zugrundeliegende Geschäftsmodell, über alle Jahrhunderte, ist die Mehrung des Reichtums einer Minderheit auf Kosten der Mehrheit. Gerechtigkeit gerinnt in diesem Modell zu einem Privileg derer, die, modern gesprochen, den richtigen Reisepass besitzen.

Die Ausübung von Macht geht immer auch einher mit Manipulation, insbesondere der öffentlichen Meinung. Das ist in einer Demokratie nicht grundsätzlich anders. Das Buch erzählt die Geschichten der beiden US-Pioniere auf diesem Gebiet, Walter Lippmann und Edward Bernays, die nach dem Ersten Weltkrieg das «Meinungsmanagement» maßgeblich vorangetrieben haben. Es erklärt, wie Medien unsere Wahrnehmung filtern, aus Weltbildern Feindbilder werden. Und es zeigt, wie leicht eine Kluft entstehen kann zwischen dem, was tatsächlich geschieht, und dem, wie Meinungsmacher es darstellen. Die Art und Weise, wie die Entführung eines iranischen Tankers oder die Ermordung eines ranghohen iranischen Generals in deutschen Leitmedien kommentiert und dargestellt wurde, legt davon exemplarisch Zeugnis ab. Die Schlüsselfrage aber lautet: Wie halten wir Europäer es mit den USA, einer Weltmacht im Niedergang? Darüber eine öffentliche Debatte anzustoßen, jenseits der üblichen Gewissheiten, ist das Anliegen dieses Buches. Nicht in der Absicht, abschließende Antworten zu finden. Sondern die richtigen Fragen zu stellen. Solche, die neue Horizonte eröffnen.

Schattenkrieger: Warum Politiker und Journalisten die Entführung eines iranischen Tankers schönreden

Am 4. Juli 2019 fuhr der in Panama registrierte iranische Supertanker *Grace 1*, 330 Meter lang und beladen mit 2,1 Millionen Tonnen Rohöl im Wert von 140 Millionen US-Dollar, durch die Straße von Gibraltar, die Meerenge am westlichen Ende des Mittelmeeres. Nach Angaben des indischen Kapitäns, der sich später von der BBC unter der Bedingung interviewen ließ, dass sein Name nicht genannt wird, war der Ablauf der folgende: Im Morgengrauen erhielt er über Funk eine Mitteilung der Polizei von Gibraltar, eine Leiter die Bordwand herunterzulassen. Ein Polizeiteam wolle an Bord gehen. Doch stattdessen landete ein Militärhubschrauber auf dem Schiff, «auf sehr gefährliche Weise». 30 britische Marinesoldaten, ihrerseits unmittelbar zuvor aus Großbritannien eingeflogen, sprangen an Deck. Der Kapitän habe sich zu erkennen gegeben, wurde aber von den Soldaten ignoriert. Sie richteten ihre Gewehre auf die Besatzung und riefen: «Guckt nach vorne, guckt nach vorne!» Der Kapitän weiter: «Es war ihnen egal, dass ich der Verantwortliche war. Sie machten, was sie wollten. Die Besatzung bestand aus 28 Mann, alle unbewaffnet. Ich stand unter Schock, wir alle waren unter Schock. Wieso entert jemand ein Schiff wie dieses mit bewaffneten Soldaten und roher Gewalt?»

Natürlich wies das britische Verteidigungsministerium diese Darstellung zurück. Das Vorgehen der Soldaten entspreche «den üblichen Maßnahmen beim Betreten eines

Schiffs». Im Übrigen seien die britischen Streitkräfte «bekannt für ihr Höchstmaß an Professionalität».[1] Die *Grace 1* jedenfalls musste Kurs nehmen auf Gibraltar und wurde dort sechs Wochen festgehalten. Der Kapitän wurde verhaftet, gegen Kaution aber auf freien Fuß gesetzt, ohne Gibraltar verlassen zu dürfen.

Die offizielle Begründung der britischen Regierung für ihr Vorgehen lautete, die *Grace 1* sei auf der Fahrt zur syrischen Hafenstadt Banyas gewesen, um dort ihre Ladung zu löschen. Das aber sei ein Verstoß gegen die von der Europäischen Union 2012 gegen Syrien verhängten Wirtschaftssanktionen, die sich als Antwort auf die brutale Kriegsführung des Assad-Regimes verstehen. Zwar gehört der Iran bekanntlich nicht zur EU, doch ließ sich Brexit-Außenminister Jeremy Hunt davon nicht beirren. Die «entschlossene Aktion» der Behörden in Gibraltar und der britischen Marine würden dem «mörderischen Regime» in Damaskus «wichtige Ressourcen» vorenthalten.[2] Dieser Linie, der zufolge das Aufbringen der *Grace 1* allein der Umsetzung geltenden EU-Rechts geschuldet sei, haben weder westliche Leitmedien noch maßgebliche Politiker widersprochen. Selbst dann nicht, als die Zweifel an dieser Version immer größer wurden.

Seit die *Grace 1* im Mai 2019 ihre Fahrt in der iranischen Hafenstadt Bandar Abbas angetreten hatte, war sie von US-Satelliten beobachtet worden. Zu groß für eine Passage durch den Suezkanal, musste sie den Umweg um Südafrika, um das Kap der Guten Hoffnung, nehmen, bevor sie schließlich die Straße von Gibraltar erreichte. In der Zwischenzeit hatten sich US-Behörden mit der spanischen Regierung in Verbindung gesetzt, offenbar in der Absicht, sie zu drängen, das Schiff festsetzen zu lassen. Der entscheidende Strippenzieher in Washington war John Bolton, der Nationale Sicherheitsberater von US-Präsident Donald Trump und einer

der maßgeblichen Scharfmacher amerikanischer Konfrontationspolitik gegenüber Teheran. Ob Madrid sich zögerlich
zeigte oder Spanien von Anfang an nur eine passive Rolle
zugedacht war, ist unklar. Jedenfalls kontaktierte Bolton zusätzlich auch die britische Führung. Zu dem Zeitpunkt lag
Theresa May politisch in ihren letzten Zügen als Premiermi-
nisterin, zeichnete sich die Ernennung von Boris Johnson
zum Regierungschef inmitten des Brexit-Chaos bereits ab.
«Der Verdacht liegt nahe, dass konservative Politiker, abgelenkt vom Brexit, verstrickt in Machtspiele … in eine von den
Amerikanern gestellte Falle gestolpert sind,»[3] kommentierte
die britische Zeitung *The Guardian*.

Sanktionen als Waffe

Im Sommer 2019 hatte die Politik des «maximalen Drucks»,
den die USA auf den Iran ausüben, einen gefährlichen
Höhepunkt erreicht. Seit der einseitigen, gegen den Willen
der übrigen Signatarstaaten erfolgten und rechtswidrigen
Aufkündigung des Atomabkommens mit dem Iran durch
die Regierung Trump im Mai 2018 setzte Washington auf
eine wirtschaftliche Kriegsführung gegen Teheran. Dieses
Abkommen war drei Jahre zuvor, 2015, zwischen den USA,
Russland, China, Frankreich, Großbritannien, Deutschland
und der Außenbeauftragten der Europäischen Union einerseits sowie dem Iran andererseits geschlossen worden, um
eine nukleare Bewaffnung der Islamischen Republik auszuschließen. Die offizielle Begründung Washingtons für den
Ausstieg lautete, man wolle ein umfassenderes und «besseres» Abkommen erzielen, gegen dessen «Geist» Teheran
verstoßen habe.

Um ihre Ziele zu erreichen, verhängte die Regierung
Trump strangulierende Wirtschaftssanktionen gegen die

Islamische Republik – neben den Sanktionen gegen den Irak unter Saddam Hussein nach dessen Einmarsch in Kuweit (in Kraft von 1990 bis zu dessen Sturz 2003) und Syrien seit 2012 die härtesten, denen sich jemals ein Mitgliedsstaat der Vereinten Nationen ausgesetzt sah. Nicht nur kam damit der ohnehin geringe Außenhandel zwischen den USA und dem Iran faktisch zum Erliegen, sofern er nicht weiterhin über Zwischenhändler abgewickelt wird. Vor allem die amerikanische Computerindustrie bedient sich gerne des Umwegs über Dubai. Gleichzeitig verhängten die USA sogenannte «Sekundärsanktionen». Sie untersagen auch Drittstaaten und dort ansässigen Unternehmen mittels eines Konvoluts an juristischen Bestimmungen de facto jede Geschäftsbeziehung mit dem Iran, unter Androhung von Strafverfolgung. Gleichzeitig werden Firmen, die diese Direktive nicht befolgen, vom amerikanischen Markt faktisch ausgeschlossen, sofern sie keinen Wert auf jahrelange und meist exorbitant teure Verfahren vor US-Gerichten legen. Da dieser Markt ungleich bedeutender ist als der iranische, haben sich tatsächlich alle großen westlichen Unternehmen, etwa Autohersteller, aus dem Iran zurückgezogen.

Formal sind die US-Sekundärsanktionen, auch extraterritoriale Sanktionen genannt, der Exportkontrolle zuzuordnen. Deutsches und EU-Recht kennt ebenfalls solche Exportkontrollen, die, siehe Syrien, auf ein Embargo aus politischen Gründen hinauslaufen können. Doch kein Land setzt die eigene Wirtschaftsmacht mit Hilfe der Justiz dermaßen konsequent als politische Waffe ein wie die USA.[4] Peking steht im Begriff, gleichzuziehen und seinerseits Sekundärsanktionen anzuwenden, hat aber die seit 2017 vorliegenden entsprechenden Gesetzesvorlagen, die sich weitgehend an den amerikanischen Regelungen orientieren, bis Ende 2020 nicht ratifiziert. In Washington haben Sekundärsanktionen seit dem Zweiten Weltkrieg einen regelrechten Boom erlebt und werden bei internationalen Konflikten regelmäßig eingesetzt – doch nie so aggressiv wie im Fall Irans. Übrigens treffen diese Sanktionen nicht allein «Schurkenstaaten», sondern auch wirtschaftliche Konkurrenten wie Deutschland: Manager und Mitarbeiter von Firmen beispielsweise, die am Bau oder dem Betrieb der von Washington seit Dezember 2019 ebenfalls sanktionierten Gaspipeline Nord Stream 2 beteiligt waren und sind. Diese durch die Ostsee führende Pipeline soll ab 2021 russisches Erdgas nach Deutschland befördern.

Maßgeblich fußen Sekundärsanktionen auf «Gummiband-Paragrafen» und bewegen sich in juristischen Grauzonen, kennen zahlreiche Vorstufen und werden auch nicht immer als solche bezeichnet. Solche «Flexibilität» ist selbstverständlich gewollt. Deswegen haben die USA auch gar nicht erst versucht, ein Mandat der Vereinten Nationen für ihre völkerrechtswidrige Sanktionspolitik gegenüber Teheran einzuholen. Wo genau die völkerrechtlichen Grenzen von Sanktionspolitik verlaufen, ist unter Juristen umstritten. Die US-Sanktionen gegen Teheran gelten aber außerhalb der USA und einiger weniger ihrer Vasallenstaaten unzweideutig als völkerrechtswidrig, weil sie auf anlassgegebene Begründungen jenseits politischer Forderungen weitgehend verzichten und in ihrer Totalität die staatliche Souveränität Irans bewusst und vorsätzlich angreifen. Die Sanktionen hebeln, anders gesagt, höhere Rechtsgüter aus: Das Völkerrecht steht über nationalem Recht – theoretisch jedenfalls.

Offenbar glaubten die Hardliner in Washington, die sich als Folge des Embargos verschärfende Wirtschaftslage im Iran würde zu einem Aufstand der unzufriedenen Bevölkerung gegen die Machthaber führen, zu einer Implosion des Regimes. Das allerdings ist nicht geschehen, ist übrigens noch nirgendwo geschehen infolge von Sanktionspolitik. Im Juni 2019 endeten alle Sondergenehmigungen, die Washington unter anderen der Türkei, Indien, Südkorea oder Japan gewährt hatte, um zunächst weiterhin ungestraft Erdöl aus dem Iran beziehen zu dürfen. Damit verlor Teheran einen Großteil seines Außenhandels, der maßgeblich auf dem Export von Erdöl und Erdgas beruht. Die Politik des «maximalen Drucks» erreichte ihren vorläufigen Höhepunkt – in der irrigen Annahme, die iranische Führung werde gewissermaßen kapitulieren, sich mindestens aber zu erneuten Atomverhandlungen mit den USA bereiterklären, selbstverständlich zu den Bedingungen Washingtons.

Welche Regierung würde das tun? Angesichts der Rhetorik aus Trumps Umfeld war der iranischen Führung bewusst, dass Neuverhandlungen ihre Lage kaum zum Besseren wenden, möglicherweise aber den Weg zu weiteren «Strafmaßnahmen» ebnen könnten. Gänzlich unbeschadet der Einsicht, dass von Washington unterzeichnete Verträge offenbar das Papier nicht wert sind, auf dem sie geschrieben stehen. Die Haltung Teherans lautete daher sinngemäß: Wir können über alles reden, sofern die Sanktionen gegen uns wieder aufgehoben werden.

Parallel verschlechterte sich 2019 die Sicherheitslage im Persischen Golf. Im Mai kam es erstmals zu Sabotageakten gegenüber Handelsschiffen im Umfeld der Straße von Hormus – jenem Nadelöhr von 60 Kilometer Breite, zwischen dem Iran und Oman sowie den Vereinigten Arabischen Emiraten gelegen, das nahezu alle Erdölexporte aus der Golfregion passieren müssen. Rund ein Fünftel des weltweit geförderten Erdöls nimmt diesen Weg. Für die wiederholten Angriffe auf Tanker verschiedener Nationalitäten, die meist begrenzte Schiffsbrände zur Folge hatten, machten die USA und ihre Verbündeten den Iran verantwortlich. Beweise gibt es dafür keine, doch ist der Verdacht nicht abwegig: Wer sich mit dem Iran anlegt, riskiert die sichere Erdölversorgung, so könnte die Botschaft Teherans lauten. Allerdings ist ebenso wenig auszuschließen, dass die amerikanischen Juniorpartner in der Region, Israel und Saudi-Arabien, vereint in ihrer Gegnerschaft zum Iran, für die Zwischenfälle verantwortlich sind – um die Konfrontation anzuheizen. Immer in der Hoffnung, dass die USA sich endlich zum Waffengang gegen die verhasste Islamische Republik entschließen.

«Ausgezeichnete Nachrichten»

Diese Hintergründe sind wesentlich, um die nachfolgenden Ereignisse einordnen zu können. An jenem 4. Juli 2019, dem amerikanischen Unabhängigkeitstag, twitterte John Bolton: «Ausgezeichnete Nachrichten: GB hat den Supertanker *Grace 1* festgesetzt, der in Verletzung der EU-Sanktionen mit iranischem Öl für Syrien beladen ist.»[5]

Damit erweckte er den Eindruck, London habe auf eigene Initiative gehandelt, im Sinne der EU, nicht etwa auf Drängen der USA. Allerdings war das Gegenteil richtig, wie der spanische Außenminister Josep Borrell noch am selben Tag klarstellte: Die Festsetzung der *Grace 1* sei «nach einer entsprechenden Aufforderung der USA an Großbritannien erfolgt».[6] Es ging also offensichtlich mehr um die Durchsetzung der amerikanischen Politik des «maximalen Drucks» gegenüber Teheran als um die EU-Sanktionen.

Die iranische Seite verwies darauf, dass diese gegen Syrien verhängten Sanktionen der EU für Teheran gegenstandslos seien, und verlangte die sofortige Freigabe des Schiffes. Das allerdings wies London zurück. Zwar hielt die britische Regierung offiziell am Atomabkommen mit dem

Iran fest, doch andererseits war sie für die Zeit nach dem Brexit verstärkt auf gute Beziehungen zu den USA angewiesen. Dieser Spagat zwischen Europa und Amerika konnte nicht gutgehen, und die Reaktion der Iraner ließ nicht lange auf sich warten. Zwei Wochen später, am 19. Juli, kaperten Revolutionsgardisten den unter britischer Flagge fahrenden Tanker *Stena Impero* am östlichen Ausgang der Straße von Hormus. Mit 30 000 Tonnen Nutzlast ein Zwerg, gemessen an der *Grace 1*, doch die Botschaft verstand sich von selbst. Die offizielle Begründung lautete, das Schiff habe gegen geltende maritime Bestimmungen verstoßen, was immer das bedeuten mochte. Außenminister Hunt bezeichnete die Aktion umgehend als «einen Akt staatlicher Piraterie».[7]

Das war sie auch. Doch was hatten die Briten erwartet? Dass die Iraner die Festsetzung der *Grace 1* in Gibraltar lediglich zur Kenntnis nehmen?

Nach dem Zweiten Weltkrieg haben die USA Großbritannien als dominante Ordnungsmacht im Nahen und Mittleren Osten abgelöst. Seither begnügen sich die Briten (nicht nur) dort mit der Rolle eines imperialen Juniorpartners. Vom Putsch gegen den demokratisch gewählten iranischen Präsidenten Mossadegh 1953 bis hin zum Irak-Krieg 2003 und dem seit 2015 andauernden Krieg im Jemen – London war stets der Pudel an Washingtons Seite, wie Spötter anmerkten. Oft genug haben die Briten dafür einen hohen Preis bezahlt. So hält etwa der 2016 veröffentlichte, regierungsamtliche Chilcot-Bericht über die britische Beteiligung am Irak-Krieg unter anderem fest, London habe in den Jahren 2003 bis 2009 politisch maßgeblich dieses eine Ziel verfolgt: die eigenen Soldaten ohne Gesichtsverlust und ohne die Amerikaner zu verärgern möglichst schnell wieder abzuziehen. Infolgedessen wurden mehr und mehr britische Soldaten vom Irak nach Afghanistan verlegt. 400

von ihnen haben diesen Wunsch nach Größe und Bedeutung mit ihrem Leben bezahlt.

Nichts lag auch den Brexiteers ferner, als die Amerikaner herauszufordern. Die wiederum hatten ihren Coup gegen die *Grace 1* gut vorbereitet. Am 29. Mai 2019 entzog die Schifffahrts-Behörde in Panama ihren Eignern auf amerikanischen Druck das Recht, unter der Flagge Panamas zu fahren, wie auch rund 60 weiteren iranischen Schiffen in den Monaten zuvor.[8] Das Timing war kein Zufall: Gerade erst hatte die *Grace 1* ihre Reise angetreten. Die Begründung des panamaischen Außenministeriums ist nicht ohne Charme, mit Blick etwa auf die 2016 veröffentlichten Panama-Papers, und hier insbesondere den auf Steuerbetrug spezialisierten panamaischen Offshore-Dienstleister Mossack Fonseca. Panama bekämpfe seit Jahren konsequent Geldwäsche und die Finanzierung von Terrorismus. Es bestehe der Verdacht, die *Grace 1* sei an solcher Finanzierung beteiligt, namentlich «den destabilisierenden Aktivitäten in einigen Regionen, die von terroristischen Gruppen angeführt werden».[9] Gemeint war die Revolutionsgarde, die militärische Elitetruppe Teherans, die Präsident Trump im April 2019 offiziell als ausländische Terrororganisation gebrandmarkt hatte.

Besagter «Flaggenentzug» hat zur Folge, dass sowohl das entsprechende Schiff wie auch dessen Ladung seinen Versicherungsschutz verliert, sofern es nicht anderswo versichert wird. Um das zu verhindern, wies der im US-Außenministerium zuständige Beamte für die Sanktionspolitik gegenüber Teheran, Brian Hook, ausdrücklich darauf hin, dass sich die US-Sanktionen auch auf Versicherungsleistungen für iranische Schiffe in Drittstaaten erstreckten. Und für den Fall, dass die Iraner ihre Schiffe selbst versichern, warnte Hook: «Sollte es zu einem Unfall mit einem iranischen Tanker kommen, werden iranische Versicherungsgesellschaften schlichtweg nicht in der Lage sein, den Schaden zu begleichen.»[10]

Entgegen den Behauptungen aus Washington und London ist mehr als fraglich, ob die EU-Sanktionsbestimmungen gegenüber Syrien für die *Grace 1* tatsächlich galten. Diese Bestimmungen, erstmals festgehalten im Ratsbeschluss der EU Nummer 36 vom 18. Januar 2012, sind laut Artikel 35 nur innerhalb des Territoriums der EU-Mitgliedsstaaten rechtsgültig oder aber im Kontext «nationaler oder geschäftlicher Entitäten», darunter Flugzeuge und Schiffe, insoweit sie «der Rechtsprechung eines EU-Mitgliedstaates unterliegen».[11] Nach britischer Darstellung hatte sich das iranische Schiff freiwillig in die Küstengewässer Gibraltars begeben, für einen Versorgungsstopp. Der Iran dagegen behauptet, der Tanker sei in internationalen Gewässern aufgebracht worden. Doch selbst wenn sich die *Grace 1* tatsächlich in den von Gibraltar beanspruchten Hoheitsgewässern aufgehalten haben sollte und damit innerhalb der EU, bleibt deren Festsetzung juristisch heikel. Denn völkerrechtlich ist höchst umstritten, ob einseitig verhängte Sanktionen, in diesem Fall der EU gegenüber Syrien, auch zulasten Dritter gehen können. Ist Brüssel befugt, Rechtsnormen zu setzen, die etwa für den Iran gelten? Die meisten Völkerrechtler würden das verneinen, aus guten Gründen. In dem Fall wären auch andere berechtigt, nach demselben Rechtsprinzip zu verfahren. Was sollte dann beispielsweise China daran hindern, Taiwan zu sanktionieren und alle Schiffe festzusetzen, die Kurs auf die aus Pekings Sicht abtrünnige Insel nehmen?

Doch die Briten standen im Fall der *Grace 1* noch vor einem weiteren Problem. Denn woher wollten sie wissen, dass der Tanker überhaupt die Absicht hatte, Syrien anzulaufen? Vermutlich gab es geheimdienstliche Informationen aus Washington, aber zweifelsfrei beweisen ließ sich die

Absicht nicht. London entschied sich daher für einen Taschenspielertrick. Einen Tag vor dem Aufbringen der *Grace 1*, am 3. Juli 2019, verabschiedete die Regierung von Gibraltar die Sanktionsregulierung LN.2019/131. Sie erteilt dem Chief Minister, dem Gouverneur von Gibraltar, die Befugnis, jedwedes Schiff festzusetzen, bei dem «berechtigte Gründe» Anlass geben zu dem «Verdacht», dass es gegen bestehende EU-Bestimmungen verstoßen hat oder es «möglicherweise» tun könnte.[12] Das sind immerhin drei Eventualitäten in sehr kurzer Abfolge.

Piraten auf Hoher See

Dazu muss man wissen, dass Gibraltar rechtlich als britisches Überseegebiet gilt. Die Regierung von Gibraltar besitzt nicht mehr Befugnisse als etwa eine deutsche Landesregierung. Ausdrücklich obliegen Fragen der Verteidigung, der Außenpolitik und der inneren Sicherheit nicht den Verantwortlichen vor Ort, sondern ausschließlich der Regierung in London. Hätten die Behörden in Gibraltar also besagte Sanktionsregulierung in Eigeninitiative getroffen, wären sie der Amtsanmaßung schuldig geworden, hätten sie gegen britisches Recht verstoßen. Nein, Gibraltar hat ganz eindeutig eine Regieanweisung aus London umgesetzt.[13]

Eine gar nicht befugte Exekutive setzt also neues Recht, bezeichnenderweise einen Tag vor dessen erstmaliger Anwendung, und erklärt die sofortige Gültigkeit dieses Rechts im Namen der Europäischen Union, ohne jede Absprache mit Brüssel. Das verstößt, gelinde gesagt, gegen jede Geschäftsordnung. Letztendlich ging es dabei auch gar nicht um die Durchsetzung von EU-Recht. Vielmehr benutzten die Drahtzieher in London, also Brexiteers, die EU, um sich den Amerikanern anzudienen. Das mag erklären, warum es der Europäische Auswärtige Dienst (European External Action Service), zuständig für die Umsetzung außen- und sicherheitspolitischer Beschlüsse Brüssels, während der gesamten Krise um die Beschlagnahme der *Grace 1* vorzog, eisern zu schweigen. Auch die EU-Außenbeauftragte Federica Mogherini äußerte sich nicht zu diesem Thema. Erst, nachdem die Iraner als Vergeltung die britische *Stena Impero* festgesetzt hatten, warnte sie vor «gefährlichen Entwicklungen» in der Region.[14] Sie meinte allerdings nicht das Mittelmeer, sondern den Persischen Golf.

Da ihre juristischen Hilfskonstruktionen völkerrechtlich nicht haltbar sind, hat die britische Regierung zwangsläufig auch gegen das Seevölkerrecht verstoßen. Dieses, kodifiziert im Seerechtsübereinkommen der Vereinten Nationen, garantiert die freie Fahrt auf den Weltmeeren, sofern nicht ein Schiff die völkerrechtlichen Grenzen des Rechts auf friedliche Durchfahrt verletzt. Dazu gehört etwa Waffen- oder Menschenschmuggel. In solchen eng begrenzten Fällen darf ein Schiff von Anrainer- oder auch Drittstaaten aufgebracht werden. Für internationale Meerengen gilt darüber hinaus, dass die Transitdurchfahrt grundsätzlich nicht behindert werden darf. Das Festsetzen eines Schiffes innerhalb einer Meerenge oder eines Kanals wäre nur dann gerechtfertigt, wenn sich der Staat, der das Schiff aufbringt, im Krieg befindet mit dem Land, dem es zuzuordnen ist. Im Gutachten des Wissenschaftlichen Dienstes des Bundestages vom 2. August 2019 heißt es auf Anfrage der Linksfraktion unmissverständlich: «Nach gegenwärtigem Kenntnisstand ist daher davon auszugehen, dass die Festsetzung des iranischen Öltankers ‹Grace 1› am 4. Juli 2019 durch britische Marinekommandos in der Straße von Gibraltar keine Rechtsgrundlage im Seevölkerrecht findet.»[15]

Deutlicher lässt sich eine schallende Ohrfeige kaum in

Worte fassen. Andererseits – wen interessiert das? Weder deutsche, allgemein westliche Qualitätsmedien noch hiesige Politiker haben es für notwendig erachtet, das britische Vorgehen zu kritisieren, geschweige denn zu verurteilen. Möglicherweise auch deswegen nicht, weil das Völkerrecht aus Sicht der USA und der EU spätestens seit dem Kosovo-Krieg 1999 nur noch eine untergeordnete Rolle spielt – sofern westliche Akteure dagegen verstoßen. Damals kam es zum ersten NATO-Einsatz *out of area* überhaupt, also zum Zweck einer militärischen Intervention, die nicht der Verteidigung eines NATO-Mitgliedsstaates dient. Eine völkerrechtliche Grundlage für diesen Einsatz gegen Serbien und Montenegro, ein UN-Mandat, war nicht gegeben.

Die Causa Kosovo markiert auch den Beginn eines zunehmend offensiv vertretenen NATO-Selbstverständnisses, demzufolge nicht allein die Landesverteidigung deren Aufgabe sei, sondern auch, unter anderem, die Sicherung von Rohstoffen oder Verkehrswegen. Eine solche Zielsetzung erfordert nötigenfalls eine flexible Auslegung internationaler Rechtsnormen. Das von Bundespräsident Joachim Gauck auf der Münchener Sicherheitskonferenz 2014 vorgetragene und zum geflügelten Wort gewordene Diktum, Deutschland müsse künftig «mehr Verantwortung übernehmen», bezeichnet dabei den Weg – auch und gerade in Richtung von Militäreinsätzen. Der deutschen Öffentlichkeit allerdings ist dieser «robuste» Einsatz für Freiheit und Frieden nur schwer zu vermitteln. 78 Prozent der Deutschen sind gegen Auslandseinsätze der Bundeswehr, so etwa das Ergebnis einer repräsentativen Umfrage des Meinungsforschungsinstituts TNS Emnid im Auftrag der Wochenzeitung *der Freitag* von 2014.[16] Jüngere Umfragen kommen zu ähnlichen Ergebnissen: 60 bis 80 Prozent der Bevölkerung lehnen dergleichen Engagement konstant ab.

Die Deutschen an die Front!

Die Festsetzung des iranischen Tankers durch die britische Marine wurde seitens hiesiger Politik wie auch der Medien zur Kenntnis genommen, mehr nicht. Doch als zwei Wochen später Revolutionsgardisten das britische Schiff kaperten, war die Empörung groß. Zwar bestritt Außenminister Hunt, dass es irgendeinen Zusammenhang zwischen der Festsetzung der *Grace 1* und jener der *Stena Impero* geben könnte. Er bezeichnete die Aktion der Revolutionsgardisten als «in jeder Hinsicht inakzeptabel» und «feindseligen Akt».[17] Hunts Nachfolger, Außenminister Dominic Raab, schloss die wechselseitige Freilassung beider Schiffe aus: «Es gibt kein Quidproquo. Es geht hier nicht um einen Tauschhandel.»[18] Denn nach britischer Logik war ja das eigene Tun gesetzeskonform, das iranische hingegen nicht. Natürlich gab es diesen Tauschhandel am Ende doch. Jedenfalls hat sich London hinter den Kulissen um eine politische Lösung der Krise bemüht und die US-Regierung ersucht, auf jede eskalierende Rhetorik zu verzichten – was in der Tat auch geschah.[19] In gewisser Weise war das der britische Griff zur Notbremse, um nicht unverhofft als «Pudel» der USA in einen Krieg gegen den Iran hineingezogen zu werden.

Dessen ungeachtet warb London im Zuge dieser Konfrontation für eine europäische Marinemission zur Sicherung des Seeverkehrs entlang der Straße von Hormus. Parallel dazu bemühten sich aber auch die USA, ihre eigene Militärpräsenz vor Ort zu «internationalisieren» und somit aufzuwerten, nachdem sie bereits im Mai 2019 zusätzlich einen Flugzeugträger, eine Bomberstaffel und mehrere Kriegsschiffe in die Golfregion entsendet hatten. Auch die Bundesregierung sah sich mit dem Ersuchen Washingtons konfrontiert, sich an einer solchen, US-geführten Marine-

mission zu beteiligen. In der deutschen Innenpolitik entspann sich ein wochenlang geführter Disput, ob Berlin mit-
machen sollte oder nicht. Der Tenor lautete: Wenn der Einsatz europäisch geführt ist, ja, unter amerikanischem Befehl,
nein. Das erscheint zunächst salomonisch, ist es aber nicht
wirklich, denn im Kriegsfall spielen solche Feinheiten keine
Rolle mehr. Am Ende kam es zu keinem EU-Einsatz. Stattdessen ließ London den eigenen Vorschlag eines europäischen Marineeinsatzes fallen und schloss sich der im
August 2019 eingeleiteten, US-geführten «Operation Senti-
nel» («Wächter») zur «Überwachung der Gewässer am Golf»
an. Mit von der Partie: Australien, Bahrein und Israel, letzteres Land im Bereich der militärischen Aufklärung.

Deutsche Medien haben sich in dieser Frage eindeutig
positioniert. Lieber heute als morgen hätten sie die Bundeswehr an den Golf expediert – unbeschadet der möglichen
Konsequenzen. So heißt es etwa im Leitartikel des *Spiegel*: «Sicher, die Gefahren eines solchen Einsatzes wären
beträchtlich. Schlimmstenfalls könnte Europa und damit
die Bundeswehr in einen militärischen Konflikt mit Iran
hineingezogen werden … Trotzdem wäre es ein Fehler,
wenn Deutschland sich ein weiteres Mal hinter der Kultur
der militärischen Zurückhaltung verschanzen würde …»
Man könne «sich nicht mehr aus der Verantwortung steh-
len …» Es gehe ja schließlich nicht darum, «unter irgend-
einem Vorwand ein missliebiges Regime zu stürzen …»
Vielmehr «sollen Geleitschiffe in internationalen Gewässern internationales Recht schützen. Denn Iran benutzt das
weltwirtschaftlich wichtige Nadelöhr der Straße von Hormus für seine asymmetrische Kriegsführung.» Die gegen
den Iran verhängten Wirtschaftssanktionen rechtfertigten
«nicht ein völkerrechtswidriges Vorgehen gegen die freie
Seeschifffahrt. Zwar hat London die iranische Aktion provoziert, indem es, möglicherweise ebenfalls völkerrechts-

widrig, einen iranischen Tanker in der Straße von Gibraltar stoppte.» Dennoch sei das britische Anliegen einer Marinemission legitim, zumal sich London klar von der US-Politik des «maximalen Drucks» distanziert habe, wie die Autorin mutmaßt.[20]

Bemerkenswert ist der Bezug auf eine vermeintliche «Kultur der militärischen Zurückhaltung», die offenbar als Ausdruck von Schwäche oder Dummheit gilt. Der Gedanke, eventuell in einen Krieg am Golf hineingezogen zu werden, scheint die Autorin nicht weiter zu bekümmern – obwohl der angesichts der russischen und chinesischen Unterstützung Irans schlimmstenfalls einen Weltenbrand entfachen könnte. Immerhin räumt sie ein, dass «London die iranische Aktion provoziert» habe. Man beachte: Die Briten haben die *Grace 1* «gestoppt», nicht etwa aufgebracht. Die Festsetzung der *Stena Impero* durch Teheran ist hingegen Teil einer «asymmetrischen Kriegsführung» und stellt ein «völkerrechtswidriges Vorgehen gegen die freie Seeschifffahrt» dar. Das Vorgehen Londons in der Straße von Gibraltar ist dagegen nur «möglicherweise» völkerrechtswidrig.

Doch bei Artikeln solcher Grundierung geht es weniger um Fakten als vielmehr um Framing, die Einbettung von Ereignissen, Themen oder Personen in Deutungsraster. Der *bad guy* ist der Iran, Großbritannien aber ist und bleibt, allem Brexit zum Trotz, Teil der westlichen «Wertegemeinschaft». Jede Relativierung der Grundannahme «gut» gegen «böse», jede Differenzierung würde das zugrundeliegende Anliegen des Textes relativieren: *The Germans to the front!* Dieser Legende gewordene Befehl des britischen Admirals Seymour während der Niederschlagung des chinesischen Boxeraufstands 1900 hat offenbar an Strahlkraft wenig eingebüßt – jedenfalls unter Politikern und Meinungsmachern.

Egal, welche Zeitung oder Zeitschrift, der Tonfall ändert

sich kaum. «Im Persischen Golf steht mehr auf dem Spiel als die Sicherheit der Handelswege», konstatiert *Die Zeit.* Und fragt: «Kann Deutschland in jedem Fall militärischen Beistand verweigern?» Selbstverständlich nicht, folgt man den beiden Ko-Autoren: «Was sich in jener Region zusammenballt, ist hochexplosiv. Und mitnichten können die Deutschen hoffen, in jedem Fall unbeteiligt und unbehelligt danebenstehen zu können.» Einen Militäreinsatz an amerikanischer Seite sehen sie zwar kritisch und liegen damit im Trend. Mit erkennbarem Bedauern jedoch halten sie fest, dass 59 Prozent der Deutschen laut Umfrage eine deutsche Beteiligung an einem internationalen Marineeinsatz zur Sicherung der Schifffahrtswege ablehnen. «Verwundern konnte das niemanden. Deutschland hat sich nach dem Ende des Kalten Krieges in der sicherheitspolitisch bequemen Vorstellung eingerichtet, von Freunden umgeben zu sein.» Da ist die Politik glücklicherweise «längst weiter, schließlich beteiligt sich die Bundeswehr derzeit an einem guten Dutzend Auslandseinsätzen, von Mali bis nach Afghanistan». Denn die passive Haltung der Bevölkerung wie auch «der beklagenswerte Zustand der Bundeswehr ... verringert das politische Gewicht und auch den Handlungsspielraum der Bundesrepublik». Der ist offenbar umso größer, je mehr deutsche Soldaten weit entfernt von Rhein und Elbe ihren Dienst versehen. Weiterhin geben die Autoren zu bedenken, dass «der iranische Präsident Hassan Ruhani sogar Kontrollrechte in der Meerenge zwischen dem Jemen und Eritrea geltend gemacht» habe, «die zum Suezkanal führt».[21]

Gehört alles uns

Letzteres gilt zwar auch für die USA, China, Frankreich, Großbritannien, Saudi-Arabien und die Vereinigten Arabischen Emirate, das aber erfahren die Leser des Artikels nicht. Die vier erstgenannten Länder unterhalten aus diesem Grund Militärbasen in Dschibuti. Die Hintergründe der Krise mit dem Iran, allen voran die amerikanische Aufkündigung des Atomabkommens, die Wirtschaftssanktionen, die von Washington inszenierte Krise um die *Grace 1* und ihre Folgen – sie werden mit keinem Wort erwähnt.

Auch der Kommentator der *Süddeutschen Zeitung* befürwortet einen von den Briten angeregten europäischen Marineeinsatz am Golf, nicht aber unter amerikanischer Führung – das ist Konsens unter Meinungsmachern. Der Vorschlag aus London sei «klug», heißt es. Dass die Briten selbst ihn kurz darauf wieder fallen ließen und stattdessen die Amerikaner umarmten, konnte der Autor nicht wissen. Vielleicht hätte er es sich aber denken können, mit Blick auf die amerikanisch-britische Allianz am Golf seit dem Zweiten Weltkrieg. «Die Mission wäre nicht alleine eine Antwort darauf, dass Iran den unter britischer Flagge fahrenden Tanker *Stena Impero* in omanischen Gewässern aufgebracht hat, sondern generell auf Teherans Versuche, die strategische Bedeutung der Straße von Hormus in politisches Erpressungspotential umzumünzen.» Wie gut, möchte man ergänzen, dass Amerikaner und Briten gar nicht erst auf die Idee kommen würden, die strategische Bedeutung der Straße von Gibraltar in politisches Erpressungspotential umzumünzen. Deswegen wohl erwähnt der Kommentator auch mit keinem Wort die *Grace 1*.

Und noch ein Grund fällt ihm ein für eine auch deutsche militärische Präsenz an der Straße von Hormus: «Kaum ein Land ist vom freien Strom der Waren so abhängig. Das Öl

aus dem Golf geht überwiegend nach Asien, doch ein
Schock für die Weltwirtschaft würde an Deutschland nicht
vorübergehen.»[22] Die Frage sei gestattet, ob der Autor
ebenso verständnisinnig wäre, würden etwa die Chinesen
mit vergleichbarer Begründung Kriegsschiffe in die Straße
von Gibraltar oder gar den Ärmelkanal entsenden.

In dasselbe Horn stößt auch der Leitartikel der *Frankfurter Allgemeinen Zeitung*: «Es geht um die Herrschaft»,
heißt es bereits in der Überschrift. «Amerika und Europa
können die Golfregion aus eigenem Interesse nicht anderen Akteuren überlassen – nicht einer anderen externen
Macht, wie etwa Russland, und noch weniger Iran.» Die
Lage ist ernst, der Gegner nicht zu unterschätzen: «Im Juni
war Iran für (folgenlose) Angriffe auf Öltanker nahe der
Meerenge verantwortlich gewesen.» Diese Einschätzung,
der zufolge der Iran Urheber der Angriffe entlang der
Straße von Hormus sei, ist Konsens in deutschen Medien
wie auch unter transatlantisch orientierten «Denkfabriken». Beweise gibt es dafür allerdings keine. Entsprechend
wäre hier ein Konjunktiv hilfreich gewesen. Und weiter:
«Anfang Juli hinderte ein britisches Schiff einen iranischen
Tanker an der Weiterfahrt nach Syrien. Das Vorgehen war
gerechtfertigt, um die internationalen Sanktionen gegen
Syrien durchzusetzen.» Dass es auch völkerrechtswidrig
und zudem politisch inszeniert war, bekümmert den Autor
nicht.

In dem Konflikt am Golf gehe «es nicht allein um die
Freiheit der Schifffahrt und um die reibungslose Versorgung der Weltwirtschaft mit dem Schmiermittel Erdöl. Das
übergeordnete Ziel ist vielmehr die Kontrolle einer Region,
deren strategische Bedeutung in einer Welt, die weiter von
Erdöl abhängt, nicht zu unterschätzen ist.» Eine «Pax
Iranica» dürfe es daher nicht geben. «Denn der Westen
braucht aus den arabischen Golfmonarchien nicht allein

Erdöl, er braucht vor allem ihre Petrodollars ...» Und «in dieser Ordnung ist Iran ein Störenfried».[23]

Dieser Artikel der FAZ ist innerhalb der Leitmedien durchaus der ehrlichste. Der Autor versteckt seine imperiale Gesinnung gar nicht erst hinter wohlfeilen Umschreibungen. Unverblümt gibt er zu verstehen, was Sache ist: Unterm Strich gehören das Erdöl und die Petrodollars am Golf uns im Westen. Wer diese Ordnung stört, muss eben die Konsequenzen tragen.

Am 15. August 2019 erklärte der Oberste Gerichtshof Gibraltars die Beschlagnahme des iranischen Tankers für beendet. Doch die Abfahrt verzögerte sich, weil Mannschaft und Kapitän um ihre Ablösung gebeten hatten und ersetzt werden mussten. Das US-Justizministerium nutzte die Gelegenheit, um mit Hilfe eines Bundesgerichts in Washington die erneute Beschlagnahme der *Grace 1* anzuordnen. Zur Begründung hieß es, die iranische Firma Paradise Global Trading LLC mit Sitz in Dubai, der die *Grace 1* gehöre, beteilige sich an Geldwäsche und Bankenbetrug und kooperiere mit «Terroristen», der iranischen Revolutionsgarde. Bankguthaben der Firma in Höhe von rund einer Million US-Dollar wurden konfisziert.[24] Im Übrigen unterliege das Schiff den US-Sanktionsbestimmungen gegen den Iran. Dieser Sichtweise schlossen sich die Richter in Gibraltar (und mit ihnen die britische Regierung) nicht an, da weder Großbritannien noch die EU Sanktionen gegen den Iran verhängt hätten, die denen der USA entsprechen würden. Im Übrigen gelte die Revolutionsgarde in der EU nicht als Terrororganisation. Am Tag dieser Urteilsverkündung, am 18. August, verließ der Tanker, umbenannt in *Adrian Darya 1* und nunmehr unter iranischer Flagge, Gibraltar in Richtung Osten. Sofort verhängte das US-Außenministerium Sanktionen gegen den Tanker und dessen neuen Kapitän, den Inder Akhilesh Kumar. «Das sollte eine

Lektion für jeden sein», der auf die Idee komme, «dabei zu helfen, iranisches Öl an das mörderische Assad-Regime zu schicken», twitterte US-Sicherheitsberater Bolton.[25]

Parallel drohte Washington Staaten, Häfen und Unternehmen Strafmaßnahmen an, die das Schiff anlanden ließen. Entsprechend irrte der Tanker durchs Mittelmeer, wollte angeblich in Griechenland, der Türkei oder im Libanon andocken, durfte oder konnte aber nicht. Brian Hook, im US-Außenministerium zuständig für die Umsetzung der Sanktionsbestimmungen gegen den Iran, bot dem indischen Kapitän per E-Mail eine Belohnung von mehreren Millionen US-Dollar, sofern er ein Land ansteuere, wo die *Adrian Darya 1* und dessen Ladung konfisziert werden könne. Kumar lehnte das allerdings ab.[26] Die Sanktionen gegen ihn und den Tanker wurden daraufhin verschärft.

Die ganze Zeit über hatten sich die Iraner in der Frage bedeckt gehalten, wohin das Erdöl ursprünglich geliefert werden sollte. Nach fast dreiwöchiger Odyssee schaltete das Schiff schließlich sein Ortungssignal aus. Satellitenaufnahmen vom 6. September 2019 zeigen die *Adrian Darya 1* vor der syrischen Küste, in Höhe der Stadt Tartus, wo die Ladung, gerade noch in internationalen Gewässern, umgeschlagen wurde. US-Sicherheitsberater Bolton äußerte sich erwartungsgemäß empört: «Der Iran kann mit keinerlei Lockerung der Sanktionen rechnen, sofern das Land nicht aufhört zu lügen und Terror zu verbreiten.»[27]

Egal, was man von der politischen Führung in Teheran hält oder nicht: Sie hat mit der Lieferung von Erdöl an Syrien keinerlei internationales Recht gebrochen. Zwar hatte die iranische Seite den Behörden in Gibraltar schriftlich versichert, die *Grace 1* werde kein Land unter EU-Sanktionen ansteuern, aber das hat sie auch nicht – das besorgte vielmehr die *Adrian Darya 1*, die im Übrigen in Syrien selbst ja nicht andockte. Ein hintersinniger kleiner Winkelzug, durchaus. Andererseits: Wie man in den Wald ruft, so schallt es zurück.

Auf den Putsch folgt die Revolution

Im Gegenzug gaben die Iraner die *Stena Impero* am 23. September 2019 wieder frei. Eine unglückselige Posse hatte ihr Ende gefunden. Verantwortlich für die Krise waren Washington und London, was deutsche Meinungsmacher aber nicht davon abhielt, für ein gegen Teheran gerichtetes militärisches Engagement auch der Bundeswehr im Persischen Golf einzutreten. Vor diesem Hintergrund verwundert nicht, dass die von Präsident Rouhani, ebenfalls im September, vor den Vereinten Nationen vorgestellte Friedensinitiative für die Straße von Hormus (Hormuz Peace Endeavor, HOPE) deutschen Medien kaum der Erwähnung wert war. Darin schlug die iranische Führung, in Fortführung vergleichbarer Initiativen seit den 1990er Jahren, vor, eine Art Sicherheitsrat für die Golfregion einzurichten, angelehnt an die OSZE, um Spannungen und Missverständnisse zwischen den arabischen Anrainerstaaten des Golfs und dem Iran abzubauen. Mit dem Fernziel einer regionalen Sicherheitsarchitektur ohne Beteiligung der USA.[28]

Die Ereignisse im Umfeld der *Grace 1* sind nur eine Episode im jahrzehntelangen Kräftemessen zwischen dem Westen einerseits, insbesondere den USA und Großbritannien, und der Islamischen Republik andererseits. Die Vorgeschichte des Konflikts reicht zurück ins Jahr 1951, als Premierminister Mossadegh zum Nachteil Londons und britischer Aktionäre die iranische Erdölindustrie verstaatlichte. Die Antwort erfolgte zwei Jahre später, 1953, mit einem von Washington und London gemeinsam orchestrierten Militärputsch gegen Mossadegh. Anschließend wurde Schah Resa Pahlevi als De-facto-Alleinherrscher eingesetzt, ein Vasall Washingtons, der nur wenig Rückhalt in der Bevölkerung besaß und mit seiner von oben angeordneten Modernisierung des Landes mittels wirtschaftlicher Großprojekte umfassend gescheitert ist. Die Quittung für dessen Gewaltherrschaft sowie den Putsch von 1953 erfolgte, eine Generation zeitversetzt, in Gestalt der iranischen Revolution und der Machtübernahme Khomeinis 1979. Die blutige Konsolidierung der Islamischen Republik, die Verfolgung und Liquidierung Andersdenkender, die Geiselnahme amerikanischer Diplomaten, das Menetekel eines Exports der iranischen Revolution, Khomeinis Fatwa gegen den Schriftsteller Salman Rushdie, die einem Mordaufruf gleichkam – diese und andere Ereignisse und Verwerfungen trugen dazu bei, dass sich der Iran im Westen das Image eines «Schurkenstaats» einhandelte, lange bevor Präsident George W. Bush ihn 2002 endgültig auf der «Achse des Bösen» verortete.

Nach einer Phase zwischenzeitlicher Entspannung zwischen Washington und Teheran unter Präsident Obama standen die Zeichen seit dem Amtsantritt Präsident Trumps 2017 wieder auf Konfrontation. Am 8. Mai 2018 kündigte er das Atomabkommen mit dem Iran auf, offiziell Joint Comprehensive Plan of Action (JCPOA) genannt. Ziel und Sinn des Abkommens war es, eine nukleare Bewaffnung Teherans auszuschließen. Persönliche Gründe, insbesondere seine Aversion gegen Obama, sollen bei Trumps Entscheidung eine maßgebliche Rolle gespielt haben.[29] In seiner ersten programmatischen Rede als US-Außenminister setzte Mike Pompeo Teheran zwei Wochen später ein Ultimatum, stellte er zwölf «nicht verhandelbare» Forderungen. Die wichtigsten: Das Land habe sämtliche Urananreicherung ebenso wie sein ballistisches Raketenprogramm einzustellen, des

Weiteren die Unterstützung pro-iranischer Verbündeter im Libanon, in Syrien, im Irak sowie im Jemen. Andernfalls würden die Sekundärsanktionen so lange verschärft und beibehalten, bis der Iran sein «bösartiges» Verhalten ändere.[30]

Auf dergleichen Forderungen, die dem juristischen Straftatbestand der Nötigung und Erpressung sehr nahe kommen, würde sich kein Land der Welt einlassen. Wer so redet, will nicht verhandeln, sucht nicht den Ausgleich, sondern die Konfrontation. Und die bekam Washington auch.

Im August 2018 setzten die USA alle unter Obama aufgehobenen Sanktionen gegen die Islamische Republik wieder in Kraft. Drei Monate später, im November, folgten weitere Sanktionen, die sich vor allem gegen die iranische Erdölindustrie und das Bankenwesen richteten. Im April 2019 erklärte Präsident Trump die iranische Revolutionsgarde, die militärische Elitetruppe, zur Terrororganisation, wie erwähnt. Damit darf nach US-Auffassung niemand mehr mit Firmen Handel treiben, die ihr gehören, ihr nahestehen oder auch nur zugeordnet werden. Das betrifft gleichermaßen die *bonyads,* die religiösen Stiftungen, die weite Teile der iranischen Wirtschaft kontrollieren und eng mit der Revolutionsgarde verflochten sind. Dieses Dekret diente als zusätzlicher Vorwand, um etwa gegen die *Grace 1* vorzugehen.

Eine militärische Institution in einem souveränen Staat zur Terrorgruppe zu erklären, ist ein Novum auch in der amerikanischen Rechtsgeschichte. Dieses Vorgehen Washingtons ist im Grunde eine Kriegserklärung auf Raten. Abzulesen auch daran, dass die USA im Mai 2019 einen Flugzeugträger nebst Begleitschiffen und einer Bomberstaffel in die Golfregion verlegt haben: ein erster Schritt, dem weitere Truppenverstärkungen folgen sollten. Ein Jahr lang, bis zum 8. Mai 2019, dem Jahrestag der Atomvertrags-Aufkündigung seitens der US-Regierung, hat sich Teheran auch weiterhin an alle Auflagen des JCPOA gehalten. Seit dessen Abschluss hatte die Internationale Atomenergiebehörde IAEA mit Sitz in Wien namens der Vereinten Nationen und der Signatarstaaten zahlreiche – unangemeldete – Inspektionen in iranischen Atomanlagen durchgeführt. Mit dem Ziel zu prüfen, ob sich Teheran an die vertraglichen Bestimmungen halte. In mehr als einem Dutzend Berichten hatten deren Inspektoren der iranischen Seite bescheinigt, dass sie bis dato kein einziges Mal vertragsbrüchig geworden sei.

Wer, wie die iranische Führung, das Messer an der Kehle spürt, hat zwei Möglichkeiten: Selbstaufgabe oder Widerstand. Die Iraner haben auf den «maximalen Druck» der USA mit «maximalem Gegendruck» reagiert. Beginnend mit besagtem Jahrestag haben sie sukzessive die Urananreicherung hochgefahren, jenseits der vereinbarten Obergrenzen und in kleinen Schritten, um Großbritannien, Frankreich und Deutschland unter politischen und diplomatischen Druck zu setzen. Idealerweise sollten sie ihrerseits auf die USA einwirken, das Atomabkommen am Leben zu erhalten und vor allem die verheerenden Sanktionen zu beenden oder abzuschwächen. Doch die Europäer haben sich nur halbherzig engagiert. Letztendlich fehlten ihnen der Mut und der Wille, die in dem Fall unweigerliche Konfrontation mit den USA zu riskieren, gar noch zugunsten eines «Schurkenstaats». Zwar gab es Versuche, die Sanktionen mit Hilfe der «Zahlungsinstanz» INSTEX in Paris zumindest teilweise abzufedern, doch erwiesen sich diese Bemühungen als ineffizient und wenig mehr denn Augenwischerei.

Trump hier, Dschingis Khan dort

Auf den Druck der USA folgte der Gegendruck: brennende Schiffe im Umfeld der Straße von Hormus im Sommer 2019, wie dargelegt, im Hintergrund der wochenlange Dauerstreit um die *Grace 1* und die *Stena Impero*, des Weiteren Angriffe der jemenitischen Houthi-Rebellen auf saudische Pipelines. Und immer mehr US-Truppen brachen auf in Richtung Golf. Nicht zu vergessen die rhetorische Aufrüstung: Nachdem eine Rakete unbekannter Herkunft unweit der US-Botschaft in Bagdad gelandet war, ohne Schaden anzurichten, twitterte Präsident Trump am 19. Mai: «Wenn der Iran kämpfen will, wird das das offizielle Ende Irans sein. Drohen Sie niemals wieder den Vereinigten Staaten!» Worauf der iranische Außenminister Javad Zarif tags darauf reagierte: «Angestachelt vom #B Team, hofft @realdonaldTrump das zu erreichen, was Alexander der Große, Dschingis Khan und andere Aggressoren nicht geschafft haben … Drohen Sie niemals einem Iraner. Versuchen Sie es mit Respekt – das funktioniert!»[31]

Am 20. Juni 2019 schossen die Iraner eine amerikanische Drohne ab, nach iranischen Angaben über iranischem Hoheitsgebiet, nach amerikanischen über dem Persischen Golf. Präsident Trump erklärte daraufhin, er habe im letzten Moment einen Vergeltungsschlag gegen den Iran «abgeblasen», um zivile Opfer zu vermeiden. Gleichzeitig forderte er Teheran zu Gesprächen auf, billigte jedoch weitere Sanktionen, die sich namentlich auch gegen Revolutionsführer Khamanai und Außenminister Zarif richteten. Wer so handelt, sucht ganz offenkundig nicht die Deeskalation. Im August testete der Iran ein neues Raketen-Verteidigungssystem, woraufhin die USA im September die iranische Raumfahrtbehörde sanktionierten. Ebenfalls im August reiste Zarif zu einem Überraschungsbesuch ins französische

Biarritz, wo der G7-Gipfel tagte. Zwar kam es dort zu keiner Begegnung mit dem ebenfalls anwesenden Trump, doch war Präsident Emmanuel Macron ein diplomatischer Coup gelungen, der zur Entschärfung der Krise beitragen sollte. Frankreichs Versuche, dem Iran einen Kredit über fünf Milliarden Euro zu gewähren, um die wirtschaftlichen Folgen des Embargos abzufedern, scheiterten jedoch infolge amerikanischer Einwirkung. Stattdessen erhielt Teheran im Dezember einen Kredit über fünf Milliarden US-Dollar aus Moskau, nachdem Benzinpreiserhöhungen im Iran zu Unruhen mit Hunderten Toten geführt hatten.

Offenbar ist der US-Administration nicht entgangen, dass die Politik des «maximalen Drucks» nicht funktioniert. Die iranische Führung jedenfalls zeigte keinerlei Bereitschaft, sich auf das amerikanische Diktat einzulassen. Dass ein Krieg am Golf unabsehbare Folgen haben und seinen Wahlkampf 2020 gefährden könnte, hatte mittlerweile wohl auch Präsident Trump erkannt. Wie es scheint, hat er zwischenzeitlich überlegt, die Sanktionen abzuschwächen, um der Diplomatie eine Chance zu geben. Vor allem deswegen soll er Sicherheitsberater Bolton am 10. September entlassen haben, den Iran-Hasser seiner Regierung schlechthin.[32]

Vier Tage später jedoch, am 14. September, reklamierten die Houthi-Rebellen einen Drohnen- und Marschflugkörperangriff auf zwei große Erdöleinrichtungen im Osten Saudi-Arabiens für sich, der die weltgrößte Erdölraffinerie in Abqaiq in Brand setzte, ebenso das angrenzende Khurais-Erdölfeld. Der Schaden belief sich auf eine unbekannte Milliardenhöhe, wochenlang war der saudische Erdöl-Export um die Hälfte eingebrochen. US-Außenminister Pompeo wies die Selbstbezichtigung der Houthis zurück und machte den Iran für diesen «nie zuvor dagewesenen Angriff auf die Versorgung der Welt mit Erdöl» verantwortlich.[33]

Beweise für seine Behauptung blieb er schuldig. Wäre

dem so, hätten die Iraner ihren Widersachern einen Kriegs-
grund gewissermaßen frei Haus geliefert, was nicht sehr
plausibel ist. Vor allem arabische Quellen spekulierten,
dass nicht die Houthis, sondern pro-iranische Milizen vom
Irak aus die saudischen Ziele ins Visier genommen hatten –
angeblich als Reaktion auf anhaltende israelische Angriffe
auf ihre Stellungen.[34] Ob mit oder ohne Rückendeckung
aus Teheran blieb offen.

Ungeachtet einer weiterhin donnernden Rhetorik der
US-Regierung, der zufolge der Iran der weltweit größte
Unterstützer terroristischer Gruppen sei, für Tod und Zerstörung stehe, maßgeblich für die Kriege in Syrien und im
Jemen verantwortlich sei, wie Trump am 24. September vor
der Vollversammlung der Vereinten Nationen in New York
erklärte, waren die Angriffe auf Saudi-Arabien doch ein
game changer. Insbesondere Trumps Ankündigung, man
werde den Wüstenstaat im Kriegsfall zwar verteidigen,
aber Saudi-Arabien trage «100 Prozent der Kosten, einschließlich der Kosten für unsere Soldaten»,[35] machte den
Herrschern in Riad wie auch in Abu Dhabi unmissverständlich klar, dass sie von Washington keine Gefälligkeiten zu
erwarten haben. Unabhängig davon könnte ein Krieg gegen den Iran durchaus das Ende der Golfmonarchien bedeuten, so die Erdölfelder flächendeckend brennen, die
ausländischen Arbeitskräfte flüchten und die Volkswirtschaften zusammenbrechen. Jedenfalls haben Saudi-Arabien und die Vereinigten Arabischen Emirate als Reaktion
auf den verheerenden Drohnenangriff, der gleichzeitig ein
Offenbarungseid für die Verteidigungsfähigkeit des saudischen Militärs war, ihre offiziellen wie inoffiziellen Ge-
sprächskontakte zu Teheran intensiviert.[36] Saudi-Arabiens
Kronprinz Mohammed Bin Salman, bekannt für seine iran-
feindlichen Tiraden, erhielt offenbar Redeverbot. In Sachen
Iran meldete sich nachfolgend vornehmlich dessen Vater zu

Wort, der greise König Salman, zumeist staatsmännisch im Tonfall.

Während Washingtons Verbündete am Golf vorsichtig auf Distanz zur anti-iranischen Agenda der Regierung Trump gingen, entschieden sich die drei westeuropäischen Signatarstaaten des Atomabkommens für den entgegengesetzten Weg: Sie näherten sich Washingtons Haltung an. Am 23. September machten Berlin, London und Paris in einem gemeinsamen Kommuniqué den Iran für den Angriff auf die saudischen Erdölanlagen verantwortlich: «Eine andere plausible Erklärung gibt es nicht.»[37] Boris Johnson, nunmehr Premierminister, wies in dem Zusammenhang erstmals darauf hin, dass sich Großbritannien aus dem 2015 geschlossenen Atomabkommen zurückziehen könnte.[38]

Mit Blick auf den Brexit und die künftig noch engeren Beziehungen zwischen London und Washington ist dieser Vorstoß nachvollziehbar. Die deutsche Haltung ist dagegen eher von fehlender strategischer Orientierung denn interesse- oder vernunftgeleiteter Politik geprägt. Hatte das Auswärtige Amt die amerikanischen Sekundärsanktionen gegenüber dem Iran zunächst als völkerrechtswidrig bezeichnet, so heißt es von offizieller Seite seit Anfang 2019 nur noch, dass Berlin sich daran nicht beteilige.[39] Im Juni reiste Außenminister Heiko Maas nach Teheran, eigenem Bekunden zufolge, um das Atomabkommen zu retten und die politische Lage zu entschärfen. Seine iranischen Gesprächspartner zeigten sich gleichwohl befremdet. Nach einem ausführlichen Monolog Maas' über die Unverbrüchlichkeit der deutsch-israelischen Beziehungen bat ihn Außenminister Zarif, doch bitte auf das eigentliche Thema der Begegnung einzugehen, die Sanktionsfrage. Daraufhin habe Maas zu verstehen gegeben, dass Berlin nichts für den Iran tun könne, aber gleichwohl erwarte, dass Teheran alle Auflagen des Atomabkommens einhalte.[40]

Der Westen und seine Werte

Stattdessen jedoch fuhr die iranische Regierung die Urananreicherung weiterhin Stufe um Stufe hoch, um die Europäer zu mehr Engagement zu bewegen und die wirtschaftliche Strangulierung Irans wenigstens abzuschwächen.
Doch deren Neigung, mit Washington die Konfrontation zu
riskieren, blieb weiterhin gering. Als die Iraner im November 2019 die Urananreicherung im Forschungszentrum
Fordo wieder aufnahmen, erstmals nach vier Jahren, und
gleichzeitig einem Team der IAEA aus Wien den Zutritt zur
Atomanlage in Natanz verwehrten, erstmals seit Aufkündigung des Atomabkommens durch die Regierung Trump,
war aus Sicht Berlins, Londons und Paris' offenbar eine
rote Linie überschritten. In einer gemeinsamen Erklärung
nach einem Treffen aller 28 EU-Außenminister zeigte sich
die EU-Außenbeauftragte Mogherini am 11. November
«extrem beunruhigt» und warnte die Führung in Teheran
vor neuen Sanktionen.[41] Insbesondere ihre Behauptung,
die Europäer hätten sich an alle Bestimmungen des Atomabkommens gehalten, veranlasste Außenminister Zarif zu einer
geharnischten Reaktion auf Twitter: «An meine EU/E3-Kol-
legen: ‹Alle Verpflichtungen aus dem JCPOA eingehalten›?
IHR? Tatsächlich? Zeigt mir EINE, die Ihr in den letzten
18 Monaten eingehalten habt.»[42]

In der Sache hat er durchaus recht: Weder die EU noch
die E3, also Deutschland, Frankreich und Großbritannien,
haben jenseits von Lippenbekenntnissen dem Iran bei-
gestanden und das Atomabkommen verteidigt. Da es ihnen
an der Bereitschaft fehlte, Geopolitik nötigenfalls auch
gegen den erklärten Willen Washingtons zu gestalten, war
der weitere Weg vorgezeichnet. Früher oder später würden
sich auch die E3-Staaten aus dem Atomabkommen zurückziehen oder es ganz aufgeben – und die Schuld für dessen

Scheitern nicht Washington zuweisen, sondern Teheran. Mit allen Konsequenzen, die sich daraus ergeben.

2019 war ein Schlüsseljahr der Konfrontation zwischen den USA und dem Iran. Fast wäre es zum Krieg gekommen, hätten nicht vor allem innenpolitische Erwägungen, das bevorstehende Wahljahr 2020, Präsident Trump zum Innehalten bewogen. Die amerikanische Obsession mit dem Iran hat allerdings eine lange Vorgeschichte, die nahtlos an Europas koloniale Politik im Nahen und Mittleren Osten anschließt. Im Kern geht es darum, dass kein Imperium geopolitische Widersacher duldet, die den eigenen hegemonialen Ordnungsansprüchen zuwiderhandeln. Der Iran ist das letzte verbliebene Land im weiten Raum zwischen Marokko im Westen und Indonesien im Osten, das sich westlichen und insbesondere amerikanischen Vorstellungen nicht unterwirft, stattdessen eng mit Russland und China kooperiert. (Das gilt auch für Syrien unter Assad, doch ist das Land, kriegszerstört, kein Machtfaktor mehr.) Und der Iran ist aufgrund seiner geografischen Lage und Größe, seiner politischen, wirtschaftlichen sowie historischen Bedeutung und nicht zuletzt seiner gebildeten Mittelschicht für den Nahen und Mittleren Osten das, was Deutschland oder Frankreich für Europa sind. Eine bedeutende Mittelmacht, die zwangsläufig über Einfluss verfügt.

Ohne Sanktionen würde die iranische Wirtschaft boomen, die politische Bedeutung Teherans entsprechend zunehmen. Nicht zuletzt auf Kosten Saudi-Arabiens und Israels, der beiden wichtigsten Verbündeten der USA in der Region. Entsprechend drängen beide Washington, den Druck auf die Islamische Republik aufrechtzuerhalten. So gesehen ist es fast egal, wie sich die politische Führung dort verhält oder nicht – sie ist und bleibt im Visier. Und sei es, um Russland und China über den Umweg der Iran-Sanktionen zu schwächen. Daran wird sich nichts ändern, bis entweder ein neuer Schah an die Macht gekommen ist, der Iran Krieg und Zerstörung erleidet wie der Irak oder Syrien oder aber die US-Führung zur Diplomatie zurückkehrt, aus Sorge vor den Folgen einer militärischen Konfrontation am Golf auch für die Weltwirtschaft, ihrer in dem Fall gefährdeten Versorgung mit Erdöl und Erdgas.

Keine Kolonialmacht hat jemals Widerstand gegen die eigene Vorherrschaft geduldet. Nach Kräften haben Militär, Politik und Justiz jede Unabhängigkeitsbewegung im Keim zu ersticken versucht, meist erfolgreich. Bis sich die Ära des Kolonialismus mit dem Zweiten Weltkrieg überlebt hatte. Die USA entwickelten sich zum neuen Hegemon. Mit Hilfe politischer, geheimdienstlicher und militärischer Interventionen ist es Washington seither gelungen, in zahlreichen Ländern auf allen Kontinenten dafür Sorge zu tragen, lange Zeit im Namen des Antikommunismus, dass unliebsame Regierungen beseitigt und durch pro-amerikanische ersetzt worden sind. Oder aber es wurden und werden bereits bestehende Diktaturen verteidigt und am Leben erhalten, jeder Demokratiebewegung zum Trotz – sofern die jeweiligen Machthaber als geostrategische Verbündete gelten. Als machterhaltend für Militärs und/oder Oligarchen erweist sich grundsätzlich auch Wohlverhalten. Indem sie beispielsweise der Einrichtung von US-Militärbasen zustimmen oder sich bei Abstimmungen in den Vereinten Nationen Washington nicht entgegenstellen. Das Verhalten Panamas beim «Flaggenentzug» iranischer Schiffe fällt in diese Kategorie. Die militärischen Eingriffe der USA wie auch jene, die eher unsichtbar im Hintergrund wirken, haben seit dem Zweiten Weltkrieg Millionen Menschen das Leben gekostet und ganze Staaten verheert, vor allem in Lateinamerika und in der arabisch-islamischen Welt, Vietnam nicht zu vergessen.[43]

Dessen ungeachtet gelten die USA in der hiesigen Öffentlichkeit aber keineswegs als «Schurkenstaat», sondern als unersetzliche Nation, Garant für Freiheit, Demokratie und Menschenrechte. Der Glaube an den Überbau einer «westlichen Wertegemeinschaft» ist so allmächtig, dass allein die Frage nach den machtpolitischen Interessen der USA oder der NATO, zunehmend auch der EU unter Ideologieverdacht gerät, wird sie denn mit allzu großem Nachdruck gestellt.

Wie aber gelingt es, eine neo-imperiale Agenda medial so zu inszenieren, dass diese Inszenierung gar nicht erst als solche wahrgenommen wird, sondern vielmehr als Verteidigung höherer Werte daherkommt, der Eindämmung eines als irrational und fanatisch wahrgenommenen Akteurs, der Wahrung der Menschenrechte? Wie funktioniert ein solches «Meinungsmanagement»? Und wie kommt es, dass Politiker wie auch Journalisten mit bemerkenswerter Leichtfüßigkeit zur Demonstration militärischer Stärke aufrufen? Gegenüber dem Iran, Russland und zunehmend auch China? Gibt es tatsächlich keine Alternativen zur Entsendung etwa von Kriegsschiffen in den Persischen Golf? Wann hätte es denn die letzte «erfolgreiche» Intervention einer westlichen Streitmacht in der Region gegeben? Im Irak? In Libyen? Afghanistan? Wieso spielt erfahrbare Wirklichkeit beim Appell, endlich auch die Bundeswehr an die Front zu schicken, keinerlei Rolle? Obwohl doch Deutschland Weltmeister ist der «Erinnerungskultur»? Wie kann es sein, dass ein Krieg, nötigenfalls auch gegen Russland oder China, nicht länger als Tabu gilt?

«Fackeln der Freiheit»: Big Business bewährt sich als Meister der Manipulation

Als die USA im April 1917 auf Seiten Großbritanniens und Frankreichs in den Ersten Weltkrieg eintraten, sah sich Präsident Woodrow Wilson mit einem ernsthaften Problem konfrontiert. Ein Großteil der Amerikaner war zu jener Zeit pazifistisch und neutralistisch eingestellt. Hinzu kam, dass die nach Millionen zählenden deutschen Einwanderer mit den Mittelmächten sympathisierten und auch die damals starken Gewerkschaften in diesen «Krieg der Reichen» nicht hineingezogen werden wollten. Unmittelbar nach Kriegseintritt rief die Regierung Wilson daher das *Committee on Public Information*, kurz CPI, ins Leben. Kriegspropaganda hat es immer schon gegeben. Aber das CPI öffnete gewissermaßen das Tor in eine ganz neue Dimension. Nie zuvor war es einer Regierung gelungen, innerhalb weniger Wochen und Monate eine gesamte Bevölkerung dermaßen effizient und zielgerichtet zu beeinflussen, dass sie begeistert in diesen «Krieg, der alle Kriege beenden soll», zog oder ihn doch überwiegend unterstützte, «um die Welt sicher für die Demokratie zu machen» – «*a war to end all wars*», «*to make the world safe for democracy*», in den berühmt gewordenen Worten Wilsons. Kriegsgegner galten nunmehr als Vaterlandsverräter, wie überall und zu allen Zeiten, sobald die Front steht.

Die Medien wurden in einem Umfang zur Mobilisierung der öffentlichen Meinung eingesetzt, wie er größer kaum hätte gedacht werden können. Die Zeitungen, vom CPI gedruckte und landesweit vertriebene Pamphlete, aber auch die entstehende Filmindustrie wurden zu gewaltigen Resonanzböden der Propaganda. Das Radio spielte als Massenmedium noch keine Rolle – das änderte sich erst in den 1920er Jahren. Von New York bis Los Angeles wurden die Zeitungen zensiert und mit Propagandamaterial versorgt, einige kritische auch geschlossen. Das CPI brachte wochentags eigene Broschüren in sechsstelligen Auflagen heraus, die noch die hinterste Provinz erreichten. In schaurigen Tönen malten sie aus, was Amerika drohe, sollten die Deutschen das Land erobern. Am auflagenstärksten, fünf Millionen Mal gedruckt, war ein Pamphlet mit dem Titel *How the War Came to America*, das einen hinlänglich vertrauten Ton anschlug: Dieser Krieg sei den USA aufgezwungen worden, und sie hätten gar keine andere Wahl, als die Demokratie weltweit zu verteidigen.

Plakate und Poster überzogen das Land, die meist dasselbe Motiv variierten: finstere Männer mit Pickelhaube, bajonettbewehrt und mit knochigen/blutigen Händen, die nach anderen Ländern oder unschuldigen, verängstigten Frauen und Kindern ausgreifen, zu Füßen einer zerstörten Landschaft. Hollywood produzierte Kurzfilme mit bekannten Schauspielern, darunter Charlie Chaplin. Sie halfen, das von der britischen Propaganda bereits erfolgreich eingesetzte Feindbild der «Hunnen», marodierender Horden deutscher Soldaten, nun auch der amerikanischen Öffentlichkeit zu vermitteln. Als besonders wirksam erwies sich der Einsatz der sogenannten *Four-Minute Men*. Im gesamten Land wurden Zehntausende, überwiegend ortsbekannte Prominente mobilisiert, die etwa vor einer Kino- oder Theatervorstellung, aber auch auf Märkten vierminütige Reden hielten. Vermeintlich spontan, tatsächlich jedoch folgten sie meist vorgegebenen Skripten des CPI. Hatte die jeweilige Lokalgröße das Wort ergriffen, wetterte sie gegen die «Hunnen», gegen «Potsdam», gegen «die preußischen Herren», gegen den Kaiser, oftmals ergänzt um erfundene Gräuelgeschichten. Auf diese Weise erfolgten Woche für Woche landesweit rund 175 000 (!) Auftritte, die im Laufe der Zeit weite Teile der erwachsenen Bevölkerung erreichten. Das CPI entwickelte sich zu einem veritablen Propagandaministerium, bis es 1919 aufgelöst wurde.

Nieder mit den Hunnen!

Wahrscheinlich hatten auch die Urheber dieser Meinungsmache nicht mit einem solch durchschlagenden Erfolg gerechnet. Die Erfahrungen aus jener Zeit, wie und mit welchen Methoden die öffentliche Meinung zu beeinflussen sei, eröffneten ungeahnte Möglichkeiten. «Öffentlichkeitsarbeit» erschien als das Gebot der Stunde und führte zunehmend Regie in demokratisch verfassten Gesellschaften, auch wenn das *Committee on Public Information* nunmehr Geschichte war. Aus seinem Umfeld entstand 1921, gegründet von einflussreichen Bankern, Geschäftsleuten und Rechtsanwälten, das *Council on Foreign Relations*, CFR, das heute zu den einflussreichsten «Denkfabriken» weltweit zählt und maßgeblichen Einfluss auf die Gestaltung US-amerikanischer Außenpolitik nimmt. Der Aufstieg der USA zur Weltmacht wurde vom CFR über Jahrzehnte strategisch begleitet und vorgedacht, auch mit Hilfe seiner Fachzeitschrift *Foreign Affairs*. Alle amerikanischen Präsidenten haben ihre außenpolitischen Berater vorzugsweise aus dessen Reihen rekrutiert, mit Ausnahme Trumps.

Zu den Mitbegründern des *Committee* wie auch des *Council* gehörte Walter Lippmann (1889–1974), der als einer der einflussreichsten, wenn nicht *der* einflussreichste amerikanische Journalist des vorigen Jahrhunderts gilt.

Von den 1930er bis in die späten 1960er Jahre wurden seine Kolumnen in mehr als 200 US-Zeitungen gleichzeitig veröffentlicht, auf dem Höhepunkt seiner Karriere erreichte er regelmäßig mehr als zehn Millionen Leser. «Sein persönlicher Einfluss war legendär, Lippmanns Name konnte beinahe jede Türe öffnen. Mehrmals ist es ihm gelungen, den politischen Diskurs in den USA zu verändern; Präsidenten, Politiker und die politisch interessierte Öffentlichkeit hörten auf ihn ... Er hat den berühmten 14-Punkte-Plan von Wilson entscheidend mitgestaltet, verfasste politische Reden für viele Präsidenten und beriet Kennedy und Johnson.»[1] In diesem 14-Punkte-Plan umriss Präsident Wilson im Januar 1918 die Konturen einer Nachkriegsordnung für Europa, als programmatische Grundsatzrede vor beiden Häusern des US-Kongresses. Mehrere Formulierungen des Plans stammten direkt aus der Feder Lippmanns. Ihm werden auch die griffigen Sprachbilder des «Krieges, der alle Kriege beenden soll», sowie des «Kalten Krieges» zugeschrieben.

Nachdem die Deutschen im Februar 1917 den unbegrenzten U-Boot-Krieg ausgerufen hatten und wider jedes Völkerrecht auch Schiffe der bis dato neutralen USA zu versenken begannen, verfasste Lippmann einen seiner wirkungsvollsten Artikel, zugunsten eines amerikanischen Kriegseintritts. Darin beschwor er die *Atlantic Community*, die «atlantische Gemeinschaft», in der die Vereinigten Staaten Seite an Seite mit den Briten in die Schlacht ziehen, um die Freiheit der Weltmeere zu verteidigen. Das würde ein heutiger Leitartikler, ob Deutscher, Brite oder Amerikaner, mit Blick auf den Persischen Golf kaum anders formulieren. Und von der «atlantischen Gemeinschaft» ist der Weg zur «transatlantischen» oder «westlichen Wertegemeinschaft» nicht mehr weit. Es irrt, wer glaubt, Geschichte sei Vergangenheit.

Lippmann stammte aus großbürgerlichen Verhältnissen, studierte mehrere Fächer in Harvard ohne Abschluss und verkehrte bereits als Mittzwanziger in den höchsten Kreisen der Gesellschaft. Er bewunderte Sigmund Freud, den er in Wien auch persönlich kennenlernte, und übertrug dessen Theorie des Unbewussten auf die Politik. Lippmanns einflussreichstes Buch, *Public Opinion,* erschien 1922 und liest sich wie eine frühe Warnung vor der politisch-medialen Inszenierung von Wirklichkeit, in Gestalt etwa von Marketing, Werbung, politischem Spin, Framing oder Fake News. Gleichzeitig aber, und darin liegt die Ambivalenz dieses Buches wie auch seines Wirkens insgesamt, lieferte Lippmann der Machtelite beinahe eine Gebrauchsanweisung, um die Herrschaft des Volkes in eine Elitendemokratie zu überführen. Dort gibt eine kleine Gruppe aus Reichen und Mächtigen die Richtung vor und stellt die entscheidenden Weichen.

Im Kern argumentiert Lippmann in *Public Opinion* wie folgt: Die Welt, in der wir leben, ist so komplex geworden, dass sich Ereignisse wie der Erste Weltkrieg, die Revolution in Russland, Naturkatastrophen in fernen Ländern, der Alltag in anderen Kulturen, aber auch wirtschaftliche Zusammenhänge oder politische Sachzwänge der Lebenserfahrung der meisten Menschen entziehen. Darauf reagieren sie, indem sie sich in ihre eigenen Vorstellungswelten zurückziehen: «Zweifellos erfolgt die Anpassung des Menschen an seine Umwelt auf der Ebene gesellschaftlichen Lebens durch das Medium der Fiktionen. Unter Fiktionen verstehe ich nicht etwa Lügen. Ich verstehe darunter ein Bild der Umwelt, wie es sich der Mensch mehr oder weniger selbst schafft... Denn die reale Umgebung ist insgesamt zu groß, zu komplex und auch zu fließend, um direkt erfasst zu werden.»[2]

Machteliten folgen ihren eigenen Bilderwelten

Mangels unmittelbaren Zugangs zur «äußeren Welt», also erfahrbarer Wirklichkeit jenseits des eigenen Lebensumfeldes, orientieren sich die meisten Menschen an einer «Pseudoumwelt», an jenen Bildern, die «der Mensch mehr oder weniger selbst schafft». Die Welt, wie sie ist, und wie wir sie sehen, können jedoch «einander völlig widersprechen».[3] «Alles, was der Mensch tut», beruht «nicht auf unmittelbarem und sicherem Wissen …, sondern auf Bildern, die er sich selbst geschaffen hat oder die man ihm gegeben hat.»[4] Das Entstehen selbstgeschaffener Bilder, der «Pseudoumwelt», verortet Lippmann im Bereich «menschlicher Natur», aber auch sozialer und gesellschaftlicher Prägung. Und wendet sich daraufhin seinem eigentlichen großen Thema zu: Wie entsteht *Public Opinion*, öffentliche Meinung, wie wird «ein nationaler Wille, ein Gruppengeist, ein soziales Ziel, oder wie immer man es nennen will, gebildet»?[5]

Wesentlich unter Zuhilfenahme von Bilder-Experten. Weder Politik noch Medien wären gut beraten, den zwangsläufig begrenzten Sachverstand der breiten Masse zu überfordern oder die Wahrheitsfindung zu übertreiben: «Denn das Schauspiel eines Streites im Olymp ist zwar unterhaltend, wirkt aber zersetzend.»[6] Lippmann zufolge kann es nicht darum gehen, die Bevölkerung über die Subjektivität ihrer «Bilderwelten» oder die damit einhergehenden Folgen aufzuklären, darunter die Neigung zu vorgefassten Meinungen oder Stereotypisierungen. Regierungsverantwortung erfolgreich auszuüben bedeutet für ihn, gesellschaftlich prägende «Bilderwelten» politisch einzuspannen und dienstbar zu machen. Sie entweder zu bestärken, ihnen den erforderlichen Raum zu lassen oder aber nötigenfalls zu erzeugen.

Ohne es offen auszusprechen, plädiert Lippmann zwischen den Zeilen für eine Elitenherrschaft, in der herausragende, idealerweise moralisch integre Persönlichkeiten, von ihm als «Experten» bezeichnet, in den Bereichen Erziehung, Bildung, Wirtschaft, Kultur, Politik die «Bilderwelten» so beeinflussen, dass die breite Masse ihren Vorgaben wohlwollend und widerspruchslos folgt. Ein Mittel zum Zweck seien dabei die Printmedien, obwohl er die eher geringschätzt, da sie primär an der Steigerung ihrer Auflagen interessiert seien: «Meine Schlussfolgerung besteht darin, dass öffentliche Meinungen für die Presse organisiert werden müssen, wenn sie vernünftig sein sollen ...»[7]

Was bei Lippmann eher anklingt, nennt der zweite große Ideenlieferant für Propaganda und Öffentlichkeitsarbeit des vorigen Jahrhunderts, Edward Bernays, den wir gleich kennenlernen, unverblümt beim Namen: «Die bewusste und intelligente Manipulation der organisierten Gewohnheiten und Meinungen der Massen ist ein wichtiges Element in der demokratischen Gesellschaft. Wer die ungesehenen Gesellschaftsmechanismen manipuliert, bildet eine unsichtbare Regierung, welche die wahre Herrschermacht unseres Landes ist.»[8]

Lippmann erscheint hin- und hergerissen. Überzeugend legt er dar, dass Macht und Herrschaft nicht auskommen ohne die Manipulation von «Bilderwelten», jedenfalls aus Sicht der für ihn maßgeblichen Eliten. Gleichzeitig erkennt er jedoch die Gefahren für Staat und Gesellschaft, die sich daraus ergeben, etwa in Gestalt demagogischer Verführung. Darüber hinaus hatten Lippmanns marktfundamentale Überzeugungen großen Einfluss auf das Entstehen neoliberaler Ordnungsmodelle. Im August 1938 fand in Paris das Walter-Lippmann-Kolloquium statt, organisiert von führenden europäischen Intellektuellen und Ökonomen, darunter Friedrich August von Hayek. Dieses Kolloquium gilt als Initialzündung des Neoliberalismus als einer geistig-politischen Bewegung, wenngleich dessen Anliegen und Inhalte damals nicht annähernd so weit gefasst waren wie heute. Hayek erkannte frühzeitig, dass die von Lippmann beschriebenen «Bilderwelten» ein ideales Rüstzeug zur Beeinflussung und Manipulation der öffentlichen Meinung auch im Bereich der Ökonomie waren und sind – mit dem Fernziel einer «unsichtbaren Regierung» und «wahren Herrschermacht», unter Mitwirkung der von Lippmann gepriesenen «Informationselite». Um die Deutungsmacht solcher «Bilderwelten» an einem Beispiel aus der Gegenwart zu illustrieren: Politik und Medien haben es im Rahmen der «Reform»-Debatten rund um die SPD-Agenda 2010 wohlweislich vermieden, Kapitalinteressen offen zu benennen. Lieber schrieben sie wirtschaftliche Zusammenhänge dem anonymen Wirken «des Marktes» zu, im Singular. Dieser freie Markt erschien als wankelmütiger, gleichwohl unfehlbarer Gott, der nach Opfergaben verlangt. Vorzugsweise in Form von Privatisierungen oder «Kostenreduzierung», um auch weiterhin «Wachstum» zu generieren und «Arbeitsplätze zu schaffen». Die damit einhergehenden sozialen Verwerfungen, die zunehmende Prekarisierung der Arbeitsverhältnisse, wurden ausgeblendet oder dem eigendynamischen, schicksalsgleichen Wirken der Globalisierung zugeschrieben: «dem Markt» eben, der nach «Wettbewerbsfähigkeit» verlangt.

Marktideologie um jeden Preis

1947 gründete der Österreicher Hayek die Mont Pèlerin Society (MPS) in der Schweiz, ein Zusammenschluss von Akademikern, Geschäftsleuten und Journalisten mit dem Ziel, künftige Generationen von den Vorzügen der «freien

Marktwirtschaft» und des Neoliberalismus zu überzeugen. Mit durchschlagendem Erfolg: Im Geist der MPS entstand in den nachfolgenden Jahrzehnten das wohl größte Elitennetzwerk aller Zeiten, mit Hunderten von gleichgesinnten oder ähnlich gelagerten Partnern und Institutionen in Politik, Wirtschaft und den Medien weltweit, darunter zahlreichen «Denkfabriken». Letztere vor allem «sind im Propaganda-Geschäft tätig, ihr Ziel ist Interessensvertretung, die Unterstützung politischer Maßnahmen, die den liberalen Ideen eines freien Marktes nützen», wie es in einem Newsletter der MPS von 1991 heißt.[9]

Im Gegensatz zu anderen massenwirksamen Ideologien wirkt der Neoliberalismus im Hintergrund, ist er ein reines Elitenprojekt. So vielgestaltig sein Erscheinungsbild und seine weltanschaulichen Ausprägungen auch sein mögen, er beruht auf einem Kapitalismus der Finanzmärkte. Demzufolge geht es ihm vorrangig um Deregulierung, die Privatisierung ursprünglich staatlicher Daseinsvorsorge, um freien Kapitalfluss, möglichst ohne Beschränkung oder Besteuerung. Und nicht zuletzt um die aggressive Verteidigung der eigenen Vormachtstellung gegenüber nicht-westlichen Konkurrenten auf dem Weltmarkt, auch mit Blick auf knapper werdende Ressourcen und Bodenschätze. Dazu gehört ebenso die Sicherung von Verkehrsadern, darunter die im Persischen Golf. Der Rollenwechsel der NATO ist wesentlich vor diesem Hintergrund zu sehen – weg von der reinen Landesverteidigung hin zu *out-of-area*-Einsätzen. Seinen globalen, marktfundamentalen Siegeszug hat der Neoliberalismus in den 1980er Jahren angetreten, zunächst unter Reagan und Thatcher in den USA und Großbritannien.

Acht Nobelpreise für Wirtschaft haben die Ideologen des freien Marktes aus den Reihen der Mont Pèlerin Society bislang entgegengenommen: ein schlagender Beweis für deren wirkmächtiges *networking*. Die Kehrseite einer

Marktideologie um jeden Preis sind Erderwärmung und Klimawandel, Börsen-Crashs und ihre Folgen wie 2008, die ganze Staaten an den Rand des wirtschaftlichen Abgrunds geführt haben, wachsende soziale Ungleichheiten, allen voran die stetig größer werdende Schere zwischen Arm und sehr Reich, geopolitische Verwerfungen, Kriege und Gewalt, Migration und Flüchtlingsbewegungen, das Erstarken rechtsextremer Parteien, der Siegeszug autoritärer Demagogen, die Verrohung gesellschaftlicher Umgangsformen und vieles mehr. Gewiss hat der Neoliberalismus angesichts der von ihm angerichteten Schäden erheblich an Nimbus eingebüßt, ist allerdings im politischen Handeln auch weiterhin wirksam. Auf der Weltbühne ebenso wie im nationalen oder regionalen Umfeld. Um ein Beispiel für Letzteres zu nennen: Der Berliner Senat treibt seine Pläne zur Privatisierung der S-Bahn wider alle Einwände voran, obwohl etwa das Beispiel Großbritanniens lehrt, dass der Rückzug der öffentlichen Hand aus dem Transportwesen vor allem zweierlei bedeutet – die Verteuerung und die Verschlechterung des Angebots.

Medien in demokratischen Gesellschaften werden gerne als «vierte Staatsgewalt» bezeichnet, die eine Wächterfunktion ausübt. Diese Rolle spielen sie durchaus, doch wäre es naiv anzunehmen, sie wären nicht interessegeleitet. Medien sind auch und vor allem ein Kampfplatz, auf dem zahlreiche Akteure versuchen, die öffentliche Meinung in ihrem Sinne zu beeinflussen – Unternehmen, Lobbyisten, Verbandsvertreter, nicht zuletzt Regierungen und Elitennetzwerke. Medien spiegeln nicht allein die Realität, mehr noch spiegeln und legitimieren sie gegebene Machtverhältnisse. Dergleichen Einflussnahme geschieht bevorzugt mit Hilfe subtil wirkender Propaganda. Diese nun wiederum in «Öffentlichkeitsarbeit» umbenannt zu haben und ihr somit die Anrüchigkeit zu nehmen, darüber hinaus

Werbung und Marketing auf geradezu geniale Weise neu erfunden und gar einen Militärputsch so verkauft zu haben, wie
westliche Interventionen von Afghanistan bis Libyen auch
heute noch gerechtfertigt werden, als selbstloser Einsatz für
Freiheit und Menschenrechte – das ist das ebenso große wie
fragwürdige Verdienst von Edward Bernays (1891–1995).

Wie eine Elitendemokratie funktioniert

Die erfolgreiche Regierungspropaganda Washingtons fand
nach Ende des Ersten Weltkrieges ihre Fortsetzung im Bereich der Wirtschaft. Nicht nur Politiker und Journalisten,
auch Geschäftsleute erkannten die Vorteile und Möglichkeiten, die mit der Manipulation der öffentlichen Meinung
einhergingen, mit «der Herstellung von Konsens», in den
ebenfalls geflügelten Worten Walter Lippmanns, in den
USA ein bis heute geläufiges Sprachbild: «*the manufacture
of consent*». Bis zur Weltwirtschaftskrise 1929 traten in
Amerika ganze Heerscharen von Predigern und Propagandisten auf, die fest davon überzeugt waren, mit Hilfe guter
Werbung und Konsumsteuerung nicht nur sich und ihre
Auftraggeber reich machen zu können, sondern tatsächlich
auch einer «besseren Zukunft» den Weg zu ebnen. Der
gebürtige Wiener Bernays, dessen Mutter eine Schwester
Sigmund Freuds, dessen Tante väterlicherseits Freuds Ehe-
frau war, verstand sich anders als sein Vorbild Lippmann
nicht als Intellektueller, sondern in erster Linie als Manager
und Verkäufer von «Bilderwelten». Er betrachtete die Welt
vornehmlich aus der Perspektive des Meinungs-Marke-
tings. Einerlei, ob im Dienst der Politik oder der Wirtschaft.
Bernays verhalf dem als verschlossen geltenden Präsidenten Calvin Coolidge (1923–1929) zu einem neuen Image,
präsentierte ihn der Öffentlichkeit mit Hilfe medienwirk-

samer Auftritte als geistreichen Causeur. Mit derselben Konsequenz und Beharrlichkeit entwarf er gelungene Werbekampagnen für Großkunden aus der Wirtschaft. Sein 1928 erschienenes Buch *Propaganda* ist ein Hohelied auf die Kraft der Verführung durch intelligente Verkaufstaktiken. Da er die wie kaum ein Zweiter selbst mit größtem Erfolg umzusetzen verstand, avancierte der schmale Band zu einer Art Bibel der Öffentlichkeitsarbeit für Politik und Wirtschaft. Auch NS-Propagandaminister Joseph Goebbels hatte ein Exemplar von *Propaganda* in seiner Bibliothek – obwohl Bernays Jude war.

Während Lippmann sein Ideal einer Elitendemokratie vorsichtig umkreist, redet Bernays Klartext. «Ein Präsidentschaftskandidat mag ja aufgrund seiner allgemeinen Beliebtheit aufgestellt werden. Doch letztendlich kann es durchaus sein, dass über ihn von einem halben Dutzend Männern entschieden wird, an einem Tisch in einem Hotelzimmer.»[10] «Kleine Gruppen sind in der Lage, darüber zu befinden, was der Rest von uns denkt, je nachdem, wie es ihnen gefällt.»[11] «Wenn es gelingt, Anführer zu beeinflussen, ob mit oder ohne ihrer bewussten Kooperation, kontrolliert man automatisch die Gruppen, denen sie vorstehen … Denn der Mensch ist ein geselliges Wesen, er fühlt sich wohl in der Herde …»[12] «Glücklicherweise ist der ernsthafte und begnadete Politiker fähig, den Willen des Volkes zu prägen und zu beeinflussen, unter Einsatz von Propaganda.»[13] «Was wir brauchen, ist eine (politische, ML) Führung, die, demokratisch angeleitet von einer intelligenten Minderheit, weiß, wie die Massen auf Linie gebracht und geführt werden.»[14]

Bernays zufolge besteht der entscheidende Unterschied zwischen einer Demokratie und einer Diktatur darin, dass in einer Diktatur nur eine einzige manipulierte Wahrheit zugelassen ist, die Bevölkerung in einer Demokratie dagegen zwischen mehreren manipulierten Wahrheiten wählen kann. Wie Lippmann war auch Bernays ein Freund von Big Business und ein früher «Neoliberaler». Zu den nachhaltigsten Erfolgen seiner «Öffentlichkeitsarbeit» gehört die bis dato größte Propaganda-Kampagne in Friedenszeiten, die von 1919 bis 1934 unter seiner Regie und bezahlt von General Electric (GE) geführt wurde – bis die National Electric Light Association schließlich, wie vom «Markt» erhofft, privatisiert wurde. Wichtigster Anteilseigner wurde erwartungsgemäß GE, das durch diesen Kauf zum größten Energieanbieter in den USA aufstieg. Heute ist General Electric einer der größten Mischkonzerne der Welt.

Aus Sicht der beiden einflussreichsten amerikanischen Ideengeber für Propaganda und Öffentlichkeitsarbeit im vorigen Jahrhundert waren Big Business, Marktfundamentalismus, gelenkte Demokratie und Meinungsmanagement natürliche Verbündete. Dass sie mit ihrer Einschätzung nicht falsch lagen, unterstreicht der Siegeszug des Neoliberalismus, der auf diesen vier Säulen beruhte.

Rauchen ist gesund!

Bis zu Bernays' kommerziellen Siegeszügen bestand Werbung im Wesentlichen aus Produktanpreisung: Dieses Waschmittel, diese Zahnpasta, diese Automarke sei besser als alle anderen ihrer Art. Bernays erfand die Werbung neu, indem er die beworbenen Produkte als Lifestyle-Events inszenierte. Entsprechend berichteten die Medien, wie von ihm beabsichtigt, über diese Happenings und verhalfen somit den jeweiligen Produkten landesweit zur größtmöglichen und überdies kostenlosen Aufmerksamkeit. Der erste Großkunde, bei dem Bernays diese Methode anwendete, war Mitte der 1920er Jahre die Beech-Nut Packing Company, die damals vor allem Schinken und Speck verkaufte. (Heute heißt sie Beech-Nut Corporation und stellt in erster Linie Kinder- und Babynahrung her.) Sehr zum Missfallen der damaligen Manager bestand das Frühstück der meisten Amerikaner aus Toast, Orangensaft und Kaffee. Bis Bernays daranging, deren Frühstücksgewohnheiten grundlegend zu verändern. Getreu seiner richtigen Einsicht: «Es sind unsichtbare Herrscher, die das Schicksal von Millionen bestimmen»,[15] suchte er nach Multiplikatoren, nach «Bilder-Produzenten». Mit deren Hilfe erweckte er neue Bedürf-nisse, denen die Medienkonsumenten bereitwillig folgten, wie von unsichtbarer Hand gelenkt. Bei dieser wie auch nachfolgenden Werbekampagnen setzte er vor allem auf zwei Berufsgruppen: Ärzte und Schauspieler, denen die Öffentlichkeit gemeinhin vertraut oder die sie als Vorbilder ansieht.

Von Bernays fürstlich entlohnt, erklärten nunmehr Ärzte in den Wochenschauen der Kinos oder auch vor Radio-Mikrofonen, wie gesund und bekömmlich doch ein Früh-stück aus Spiegelei, Schinken und Speck sei. Umfassend berichteten die Zeitungen über diesen neuen, von maß-geblichen Autoritäten empfohlenen Ernährungstrend. Be-kannte Schauspieler setzten sich an einen liebevoll gedeck-ten Frühstückstisch im Kreis ihrer Familie und betonten, wie viel mehr Energie sie aus einem Frühstück mit Schinken und Speck bezögen, wie sehr das schmecke, wie wohltuend es sei. Sarkastisch schreibt Bernays' Biograf Larry Tye: «Und so wurde die arterienverklebende Kombination» aus Spie-gelei, Schinken und Speck «für alle Zeiten ... ein fester Bestandteil des amerikanischen Frühstückstisches.»[16] Für Bernays' Auftraggeber war dieser «Gesinnungswandel» gleichbedeutend mit einer Gelddruck-Maschine.

Ähnlich im Ansatz, aber deutlich unverfrorener in der Umsetzung war die bekannteste Werbekampagne Bernays',

jene für die American Tobacco Company und ihr Flaggschiff, die Zigarettenmarke Lucky Strike. Sie begann 1928
und erstreckte sich über acht Jahre – mit sensationellem
Erfolg, die Marke wurde für Jahrzehnte zum Weltmarktfüh-
rer. Wieder setzte er auf Ärzte, die der Öffentlichkeit rau-
chend erklärten, wie gesund das Rauchen doch sei, wieder
fiel Schauspielern die Aufgabe zu, den neuen Lifestyle der
breiten Masse als Vorbild zu vermitteln. Landesweite Werbekampagnen warnten vor den Folgen der Übergewichtig-
keit – um die zu vermeiden, greife man am besten zu einer
Lucky Strike. Denn die bewirke, dass sich ein vorzeitiges
Sättigungsgefühl einstelle. Bernays sorgte dafür, dass Res-
taurants Zigaretten auf ihren Dessertkarten führten. Die
Werbung appellierte an die Klugheit der Hausfrau, stets für
einen genügenden Vorrat an Zigaretten daheim zu sorgen,
wie sie es ja auch mit Lebens- oder Waschmitteln halte.

Innerhalb nur eines Jahres, 1928, erhöhte sich der Umsatz von American Tobacco um 32 Millionen US-Dollar, das
entspräche heute einer Summe von mehreren Hundert Millionen Dollar. Nach diesem Erfolg kippte Bernays im Jahr
darauf, 1929, ein gesellschaftliches Tabu: das Rauchen von
Frauen in der Öffentlichkeit. Er engagierte Schauspiele-
rinnen, die während der alljährlichen Osterparade in Man-
hattan auf den Paradewagen mitfuhren und demonstrativ
rauchten. Zuvor hatte Bernays die Aktion großspurig angekündigt, so dass die Medien umfassend über diesen «Skandal» berichteten. Die Frauen hielten dabei nicht lediglich
Lucky Strikes in ihren Händen, sondern ganze «Fackeln
der Freiheit», wie der Werbeslogan lautete. Von nun an
galten rauchende Frauen in den USA als emanzipierte Frei-
heitskämpferinnen, explodierten die Umsätze von American Tobacco. In Deutschland, West wie Ost, galt das Rauchen von Frauen erst in den 1960er Jahren als Ausdruck
von Gleichberechtigung.

Alles eine Frage des Lifestyles

Damals schon war bekannt, dass Rauchen gesundheitsschädlich ist. Bernays selbst hat aus gutem Grund nie geraucht. Ihm zufolge bestimmte allerdings der Kunde, was Wahrheit sei. Bernays hat die Werbung revolutioniert. An seinem Ansatz, nicht das beworbene Produkt selbst in den Vordergrund zu stellen, es vielmehr emotional einzubetten in einen übergeordneten Zusammenhang, den Lifestyle, hat sich bis heute im Grundsatz wenig geändert – verfeinert haben sich lediglich die Methoden. So albern und verlogen das Sprachbild «Fackeln der Freiheit» heute erscheint, traf es damals doch direkt ins Herz einer allenthalben und zu allen Zeiten leicht zu manipulierenden Öffentlichkeit. Jede Propaganda, Öffentlichkeitsarbeit, Werbung zielt ab auf «die bewusste und intelligente Manipulation der organisierten Gewohnheiten und Meinungen der Massen», um diesen Schlüsselsatz Bernays' noch einmal aufzugreifen.

Als Erster auch hat der Neffe Sigmund Freuds, der die Schriften von «Uncle Sigi» über das Unbewusste nie gelesen, aber ganz offenkundig osmotisch verinnerlicht hatte, eine militärische Intervention der USA propagandistisch vorbereitet und begleitet, und zwar 1954 in Guatemala. Methodisch macht es keinen Unterschied, ob man der Öffentlichkeit «Fackeln der Freiheit» oder einen Militärputsch als Freiheitskampf gegen den Kommunismus verkauft. Vor allem dann nicht, wenn sich die Interessen von Big Business mit den hegemonialen Ansprüchen Washingtons überschneiden. In dem Fall wird das Meinungsmanagement mit Hilfe der Medien fast zum Selbstläufer.

Seit den 1880er Jahren importierten die USA große Mengen Bananen aus Zentralamerika. Als größter Importeur etablierte sich 1899 die United Fruit Company UFC (heute Chiquita). Mit Hilfe einer aggressiven Strategie er warb sie innerhalb weniger Jahre große Landflächen von Südmexiko bis nach Kolumbien sowie in der Karibik. Sukzessive verwandelte sie die zentralamerikanischen Staaten in «Bananenrepubliken», in denen Diktatoren vor Ort die Interessen der UFC und ihrer lokalen Verbündeten durchsetzten, der hauchdünnen Oberschicht. 1928 kam es in Kolumbien zu einem Aufstand der Arbeiter auf den Bananen-Plantagen, die sich gegen ihre Ausbeutung wehrten. Das Militär griff ein, bis zu 2000 Arbeiter wurden erschossen. An den sklavenähnlichen Arbeitsbedingungen änderte sich nichts. Das brutale Regiment der UFC in Kolumbien beschreibt Gabriel García Márquez eindrücklich in seinem Roman *Hundert Jahre Einsamkeit*.

Ende der 1940er Jahre gehörte die UFC zu den größten Unternehmen in den USA. Um weiter zu wachsen, wurde Bernays engagiert, der seinen Landsleuten auf erprobte Weise nahelegte, dass Bananen gesund seien und in keinem Haushalt fehlen dürften. Gleichzeitig suchte er das Image der Firma zu verbessern, indem er ausgewählte Journalisten zu Reportage-Reisen nach Zentralamerika einlud. Vor allem mit der *New York Times* (NYT) entstand im Laufe der Zeit eine enge Zusammenarbeit. Sicher auch deswegen, weil Bernays' Gattin Doris eine Cousine von Arthur Hays Sulzberger war, dem Herausgeber der Zeitung. Auf Anraten Bernays' veröffentlichte die NYT zahlreiche Artikel über Guatemala, die der Sichtweise der UFC folgten.

Bananen sind gesund?

Guatemala war wie auch seine Nachbarn fest im Griff dieser Company, die fast die gesamte Infrastruktur des Landes kontrollierte, von der Post über die Eisenbahn bis zum einzigen Karibik-Hafen. Nahezu alle Landbewohner arbeite-

ten unter elendsten Bedingungen auf den Bananen-Plantagen. Rund 70 Prozent der Landfläche besaß oder kontrollierte die UFC, die keinerlei Steuern zahlte. Dann aber, bei
den Wahlen 1944, im Windschatten des Zweiten Weltkrieges und aus diesem Grund möglicherweise allzu nachlässig
manipuliert, wurde der bisherige, langjährige Diktator wider Erwarten abgewählt. Die neue, im heutigen Sprach-
gebrauch «linksliberale» Regierung, mit 85 Prozent der
Stimmen ins Amt mehr gefegt denn gewählt, bemühte sich
um soziale Reformen, verstärkt seit 1951, unter dem neuen
Präsidenten Jacobo Arbenz Guzmán. Der führte eine mode-
rate Einkommenssteuer ein, ebenso eine erste Sozialver-
sicherung. Arbeiter durften sich nunmehr gewerkschaftlich
organisieren und streiken. Verstärkt wurden Schulen und
Krankenhäuser gebaut, Straßen und Häfen modernisiert.
Vor allem aber konfiszierte die Regierung Arbenz mehrere
Hundert Quadratkilometer brachliegendes Plantagenland
und entschädigte die Eigentümer, die einheimische Oberschicht, mit Staatsanleihen. Das Land verteilte sie anschließend unter besitzlosen Tagelöhnern. Als Arbenz 1953 auch
brachliegendes Land der UFC enteignen ließ, eine Fläche
von der Größe Hamburgs, war die rote Linie endgültig
überschritten. Soziale Reformen auf Kosten von US-Groß-
unternehmen, im Hinterhof der Vereinigten Staaten – was,
wenn dieses Beispiel Schule machte?

Zwischenzeitlich war Bernays bereits zu Hochform auf-
gelaufen, noch immer im Sold der UFC. Äußerst besorgt
hatte er den Chef der Öffentlichkeitsarbeit der Bananen-
Company bereits im März 1951 vor den möglichen Folgen
gewarnt, die eine Verstaatlichung der Erdölindustrie im
Iran durch Mossadegh nach sich ziehen könnte. Die Nachrichten aus entfernten Teilen der Welt verbreiteten sich
neuerdings in Windeseile auf allen Kontinenten, betonte er.
Und das, was da im fernen Iran geschehen sei, dürfe sich

auf keinen Fall andernorts wiederholen. Bernays empfahl, sofortige Maßnahmen zum Schutz US-amerikanischer Geschäftsinteressen in Lateinamerika zu ergreifen. Konkret, so sein Vorschlag, solle ein hochrangiger lateinamerikanischer Politiker die Verstaatlichung im Iran verurteilen. Ein namhafter Jurist Begründungen liefern, um Enteignungen generell für illegal zu erklären. Eine amerikanische Elite-Universität solle eine Konferenz organisieren und dabei der Frage nachgehen, wie solcher Feindseligkeit am besten zu begegnen sei. Und schließlich mögen der US-Präsident und das Außenministerium klarstellen, dass Enteignungen südlich des Rio Grande im Widerspruch zur Monroe-Doktrin von 1823 stünden, die Lateinamerika zum politischen und wirtschaftlichen Einzugsgebiet der USA erklärt.[17]

Orchestriert von Bernays' Medien-Kontakten und getrieben von den Ereignissen im Iran, veröffentlichten US-Zeitungen, vorneweg die NYT, zunehmend alarmistische Artikel über Guatemala, wo der «Sowjetkommunismus» Amerika und den *American way of life* bedrohe. In den Kinos zeigten die Wochenschauen, wie die United Fruit Company im Einklang mit den patriotischen Kräften Guatemalas und im Dienst an den Menschen Freiheit, Demokratie und Wohlstand zu fördern suchte. Doch die Kommunisten der Regierung Arbenz säten Hass und Zwietracht, nähmen die Bevölkerung zur Geisel und agierten zunehmend als fünfte Kolonne Moskaus. Dieser Tenor der Berichterstattung prägte monatelang das Bild Guatemalas in den Medien und somit in der US-amerikanischen Öffentlichkeit.

Bernays hatte ein Team von rund 100 «linientreuen» Journalisten zusammengestellt, die wiederholt Guatemala und Zentralamerika bereisten, meist auf Kosten der UFC, und ihre Beiträge im Geist von Big Business verfassten. Bernays' Biograf Larry Tye wundert sich: «Es ist erstaunlich, dass eine so große Anzahl anerkannter Reporter entweder nicht wusste oder nicht wissen wollte, dass Bernays im Auftrag einer Firma handelte, für die wirtschaftliche Interessen größten Ausmaßes auf dem Spiel standen.»[18]

Big Business bestimmt die Spielregeln, die CIA setzt sie um

Bernays' Propaganda verfing erwartungsgemäß, ebenso die Vorstöße der UFC im Außenministerium. Sicher auch deswegen, weil Außenminister John Foster Dulles lange Zeit als Jurist im Dienst der United Fruit Company gestanden hatte. Auch sein Bruder, CIA-Chef Allen Dulles, wusste, was zu tun ist, denn die wirtschaftlichen Interessen der UFC und die geopolitischen der USA ergänzten und überschnitten sich. Im Juni 1954 rückte eine CIA-geführte Söldnertruppe von 400 Mann, unter dem nominellen Kommando des Exil-Guatemalteken Castillo Armas, auf die Hauptstadt vor. Gleichzeitig griffen US-Kampfjets ohne Länderkennung strategisch wichtige Ziele in Guatemala an, während US-Regierungsvertreter, allen voran der Botschafter in Guatemala-City, die einheimische Militärführung aufforderten, Arbenz fallenzulassen. So geschah es, und dem demokratisch gewählten Präsidenten blieb keine andere Wahl, als sich ins mexikanische Exil zu begeben. Sein Nachfolger wurde Putsch-Führer Armas, der drei Jahre im Amt blieb – bis zu seiner Ermordung. Zu seinen ersten Amtshandlungen gehörte, der UFC ihr konfisziertes Land zurückzugeben und die sozialen Programme einzustellen. Die Plantagenarbeiter verloren ihre erkämpften Rechte, vor allem das Streikrecht. Es folgte ein 40 Jahre andauernder Bürgerkrieg mit mehr als 200 000 Toten.

Bemerkenswert ist, und hier schließt sich endgültig der Kreis, dass der Putsch 1954 in Guatemala nach demselben Drehbuch erfolgte wie der ein Jahr zuvor, 1953, in Teheran,

zum Sturz Mossadeghs.[19] Diese beiden «erfolgreichen» Um-
stürze demokratisch gewählter Regierungen lieferten der
CIA die logistischen und organisatorischen Blaupausen für
zahlreiche weitere Putsche und Putschversuche weltweit.[20]

Das Beispiel Guatemala zeigt, wie Medienbilder entstehen und politisch instrumentalisiert werden. Und es illustriert, nach welchem Drehbuch die politischen und wirtschaftlichen Machteliten eines Imperiums nötigenfalls
handeln, sobald sie ihre Interessen bedroht sehen – Wahlen
hin oder her. Dass dabei ein ganzes Land in den Abgrund
gestürzt wird, in diesem Fall Guatemala, wen ficht es an?
Die Folgen der bis heute andauernden Ausbeutung Zen-
tralamerikas durch Bananen-Barone und Oligarchen sind
Staatszerfall, der Aufstieg von Gangs und Drogen-Kartel-
len, endemische Gewalt und schließlich die Flucht Zehn-
tausender perspektivloser Latinos in Richtung USA. Diese
Migration wiederum beflügelt den dortigen Rechtspopulismus, versinnbildlicht in der Besessenheit der Regierung
Trump, eine Mauer entlang der Grenze zu Mexiko zu
bauen. Die USA ernten heute, was sie damals gesät haben.
Wie auch im Fall Irans: Auf den Sturz Mossadeghs 1953
folgte, wie erwähnt, 1979 die um eine Generation zeit-
versetzte Antwort in Gestalt der Islamischen Revolution.

Werdegang und Wirken von Walter Lippmann wie auch
von Edward Bernays, der beiden maßgeblichen Vordenker
von Meinungsmanagement in westlichen (Eliten-)Demo-
kratien, offenbaren zweierlei. Die Öffentlichkeit kann mit
Hilfe der Massenmedien und/oder von gut aufgestellten
Netzwerken im Hintergrund ohne weiteres manipuliert
und gelenkt werden – sowohl mit Blick auf ihre Konsum-
entscheidungen wie auch auf ihre politischen Einstellungen. Ist «das Böse» erst einmal klar benannt, erscheinen
selbst Kriege oder militärische Interventionen als legitime
Verteidigung von Freiheit und Demokratie. Ob der Feind

nun «der Hunne» ist, «der Sowjetkommunismus» oder «die Mullahs», ist lediglich eine Frage der Feinjustierung.

Bernays ist insoweit Geschichte, als «Öffentlichkeitsarbeit» heutzutage nicht mehr als *one-man show* betrieben werden kann. Heute befördern «Denkfabriken», Lobbygruppen, PR-Agenturen oder juristische Kanzleien das Meinungsmanagement, meist unsichtbar hinter den Kulissen. Doch die Saat, die Dr. Jekyll und Mr. Hyde, Lippmann und Bernays, gesät haben, geht mit Hilfe dieser Kreise auch weiterhin auf.

Die Brutkasten-Lüge

Ein Beispiel: Im August 1990 hatte der irakische Diktator Saddam Hussein, ruiniert von seinem achtjährigen Krieg gegen den Iran (1980–1988), geführt mit Rückendeckung Washingtons, das Nachbarland Kuweit überfallen, um dessen Erdöl-Einnahmen an sich zu reißen. Quasi über Nacht wurde aus dem langjährigen Verbündeten der USA der Dämon schlechthin, ein neuer Hitler. Um die amerikanische und westliche Öffentlichkeit auf einen Krieg am Golf zur Rückeroberung Kuweits im Januar 1991 einzustimmen, brauchte es ein ebenso emotionales wie massenwirksames «Hunnen»-Narrativ. Im Oktober 1990 erklärte eine 15-jährige Kuweiterin, der Öffentlichkeit unter ihrem Vornamen «Nayirah» vorgestellt, vor dem Menschenrechtsausschuss des US-Kongresses unter Tränen, was sie mit eigenen Augen gesehen habe. Schwerbewaffnete irakische Soldaten seien in das Krankenhaus eingedrungen, in dem sie als Hilfs-Krankenschwester tätig gewesen sei, und hätten Babys ihren Brutkästen entrissen, auf den kalten Boden gelegt und dort sterben lassen, um die Brutkästen als Kriegsbeute mitzunehmen.

Eine in der Tat herzzerreißende Geschichte. Präsident

Bush senior erwähnte sie wiederholt in seinen Reden im Vorfeld des Krieges, Amnesty International bestätigte ihre Richtigkeit, die Medien weltweit griffen sie auf, meist unterlegt von moralischer Empörung. Wer hätte auch diesem Monster Saddam Hussein und seiner Soldateska ein solches Verbrechen nicht zugetraut? Und wer wollte jetzt noch die Legitimität des amerikanischen Vorgehens zur Rückeroberung Kuweits infrage stellen, das sich freilich weniger den Brutkästen als vielmehr den hegemonialen und Ordnungsansprüchen der USA in der Golfregion verdankte?

Allein, die Geschichte war frei erfunden, wie sich nach dem Krieg herausstellte. Das Mädchen war die Tochter des kuweitischen Botschafters in den USA, die Inszenierung der Brutkasten-Lüge das Werk der PR-Agentur Hill & Knowlton mit Sitz in New York. Im Auftrag der kuweitischen Exil-Regierung und gegen ein Honorar von elf Millionen US-Dollar setzte sie, im Geist Bernays', hinter den Kulissen ein ganzes Räderwerk an medialer Manipulation und politischer Beeinflussung ins Werk.[21] Die US-Regierung wäre auch ohne diese Lüge militärisch gegen die irakische Besetzung Kuweits vorgegangen. Doch Kriege zu führen bedeutet immer auch, die heimische Öffentlichkeit rechtzeitig auf die Regierungslinie einzuschwören. Andernfalls drohen Public-Relations-Desaster wie beim Vietnam-Krieg, der auch an der «Heimatfront» verlorenging. Dabei ist offenbar keine Geschichte zu plump, wie «Nayirahs» Märchen unterstreicht, sofern sie tatkräftig von einer gut bezahlten Werbeagentur vermarktet wird. Erneut haben sich leichtgläubige Medien bereitwillig instrumentalisieren lassen. Kommt dann die Wahrheit ans Licht, ist die Empörung groß, was allerdings folgenlos bleibt. So entrüstete sich die *New York Times*, dass der Kongress «Nayirah» mit Hilfe einer PR-Firma präsentiert habe – und die habe verschleiert, dass sie die Tochter des kuweitischen Botschafters war.[22]

Was aber hat die Zeitung daran gehindert, selbst zu recherchieren? Diese Form der vorsichtigen Distanzierung – man hat uns getäuscht! – hat durchaus Methode. Eine maßgebliche Zeitung, wenn nicht das Zentralorgan der US-amerikanischen und darüber hinaus transatlantischen Meinungs- und Machtelite schlechthin, äußert sich eher vorwurfsvoll denn reumütig über einen Teilaspekt dieses Krieges, den sie zuvor selbst gutgeheißen und mit herbeigeschrieben hatte. Solche vermeintliche Läuterung ist gut fürs Image, ohne jedoch die Regierungslinie und sich selbst grundsätzlich infrage zu stellen.

Die Berichterstattung der NYT im Umfeld des Irak-Krieges 2003 folgte demselben Muster: erst Hurra, dann die Ernüchterung. Die Behauptungen Washingtons, Saddam Hussein verfüge über «Massenvernichtungswaffen», wurden seitens der NYT keiner ernsthaften Prüfung unterzogen, die Zeitung befürwortete den Krieg. Nachdem die Lügen der Macht allzu offenkundig geworden waren, übten die Verantwortlichen verhaltene Selbstkritik – ein Jahr nach dem Sturz des Diktators, als alle Würfel längst gefallen waren.[23]

Nicht allein im Vorfeld von Kriegen sind heute Lobbygruppen und PR-Agenturen in Washington, doch ebenso in Brüssel und Berlin, Paris oder London, für ihre jeweiligen nah- und mittelöstlichen Auftraggeber aktiv. Die drei Spitzenreiter in diesem Bereich investieren jährlich dreistellige Millionensummen in ihre offensive «Öffentlichkeitsarbeit»: Israel (inklusive pro-israelischer Lobby-Verbände),[24] die Vereinigten Arabischen Emirate[25] und Saudi-Arabien,[26] in der Reihenfolge. Wer in der amerikanischen Innenpolitik nicht gut vernetzt ist und/oder sich kein teures Marketing leisten kann, hat kaum eine Chance, im Kongress Gehör zu finden. Das gilt insbesondere für den Iran und die Palästinenser.

Das Propaganda-Modell:
Wie Medien unsere Wahrnehmung filtern

Obwohl Lippmann und Bernays den theoretischen wie praktischen Rahmen für Propaganda und Öffentlichkeitsarbeit nicht allein in den USA gesetzt haben, glaubt die große Mehrheit dennoch, eine Manipulation der Öffentlichkeit, ein aktives Meinungsmanagement, gebe es nur in autoritären Staaten oder Diktaturen. Diese auch unter Journalisten weit verbreitete Annahme ist allerdings ein Irrtum. Die Arbeitsweise von Massenmedien unter den Marktbedingungen des Kapitalismus haben die beiden Ko-Autoren Edward S. Herman, Ökonom und Medienanalyst, sowie Noam Chomsky, Linguist und führender Kritiker des amerikanischen Imperiums, anhand des von ihnen so benannten «Propaganda-Modells» erstmals umfassend beleuchtet. Anders als sonstige Medientheorien, die sich meist auf der Ebene des Überbaus bewegen, rückt dieses Modell erstmals Macht- und Besitzverhältnisse in den Mittelpunkt. Der Titel ihres Buches, *Manufacturing Consent*, erschienen 1988, greift zurück auf den bereits erwähnten Ausspruch Lippmanns. Im Vorwort verweisen sie auf das Postulat einer Demokratie, wonach Medien unabhängig und der Wahrheit verpflichtet sein sollten. Die meisten Medienvertreter seien auch davon überzeugt, Fakten und Hintergründe zu benennen oder aufzuzeigen.

Diese Selbstwahrnehmung habe jedoch mit der Realität wenig zu tun. Denn die Rahmenbedingungen des «freien Marktes» wirkten einem aufklärenden und kritischen Journalismus entgegen. Auf der Grundlage ihres Propaganda-Modells zeigen sie, dass *corporate media*, private Medien im Besitz von Unternehmen oder Konzernen, die Interessen der Machtelite bedienen – nicht zuletzt deswegen, weil deren Eigentümer selbst ein Teil dieser Elite sind. Entsprechend sei die Berichterstattung interessegeleitet und oft genug tendenziös, auch mittels Themenwahl, Agenda-Setting und Framing. Dabei offenbaren sich die jeweiligen Machtstrukturen meist indirekt. Angefangen mit der Personalpolitik, die der Verfestigung der gewünschten inhaltlichen Ausrichtung diene. Reporter oder Redakteure in den jeweiligen Medienhäusern würden die an sie gestellten Erwartungen meist ohne äußeren Druck verinnerlichen – sie verstehen die ungeschriebenen Regeln und halten sich daran, wobei die Selbstzensur meist jede Regieanweisung von oben, jede Zensur mit dem Rotstift, überflüssig mache.

Wer ausschert, riskiert seine Kündigung – mit Billigung übrigens der Rechtsprechung in Deutschland, die Medienunternehmen ausdrücklich als «Tendenzbetriebe» auffasst und eben nicht als Kontrollorgane einer «vierten Staatsgewalt». Dieser gerne verwendete Begriff verdankt sich allein medialer und journalistischer Eigenwahrnehmung – das Verfassungsrecht kennt lediglich drei Staatsgewalten. Auch in den Arbeitsverträgen festgehaltene «Unternehmensgrundsätze» sorgen für klare Verhältnisse. Die Medien der Axel-Springer-Verlagsgruppe beispielsweise heben darin hervor: «Wir unterstützen die Lebensrechte Israels» und «Wir zeigen unsere Solidarität in der freiheitlichen Wertegemeinschaft mit den Vereinigten Staaten von Amerika.» Was diese Grundsätze in der Praxis bedeuten, bezeugt die Lektüre von *Bild* oder *Welt* recht unmissverständlich.

Die Grenzen der Vielfalt

Herman und Chomsky zufolge haben die Verantwortlichen in den Medienhäusern ihrerseits die an sie gerichteten Erwartungen verinnerlicht und folgen den vorgegebenen Richtlinien jener Eigentümer, deren leitende
Angestellte sie sind. Die beiden Autoren sprechen von
einem «gelenkten Marktsystem», das die Berichterstattung in «die rechte Form» bringe, sie «gestalte» und generell dafür Sorge trage, die Medien «auf Linie» zu halten.
Die maßgeblichen Akteure dieses «gelenkten Markt-
systems» seien Regierungsvertreter, die Führungsebene
der Wirtschaft und ausgewählte Meinungsmacher. Die
Zahl der Beteiligten sei insgesamt klein und überschau-
bar, was die Kooperation und eventuelle Absprachen
erleichtere. Umso mehr, als Intendanten oder Chefredakteure «die Welt meist aus derselben Perspektive betrachten», einen ähnlichen sozialen Hintergrund haben und
selten grundsätzlich anderer Meinung sind. Meinungsvielfalt im Rahmen klar gesetzter Grenzen gebe es vor
allem dann, wenn innerhalb der Machteliten unterschiedliche Auffassungen über Strategie oder Taktik in Grundsatzfragen gegeben seien.

Wenn zum Beispiel ein Republikaner im Senat die Auffassung vertritt, eine nukleare Bewaffnung Irans sei nur zu
verhindern, indem die USA alle atomaren Anlagen im Land
bombardieren, ein Demokrat dagegen für ein System aus
Zuckerbrot und Peitsche plädiert, um den «Schurkenstaat»
einzuhegen, so spiegelt sich dieses «Meinungsspektrum»
auch in den Kommentaren und der Berichterstattung der
Leitmedien. Anders sieht es aus, wenn der Elitenkonsens
lautet: dieses oder jenes Regime muss weg, etwa das von
Saddam Hussein. In dem Fall wird kaum eine Chefredaktion auf die Idee kommen, dagegenzuhalten – allein aus

Sorge, vom «Markt» abgestraft zu werden, in Gestalt etwa eines Anzeigenrückgangs.

Manufacturing Consent bezieht sich ausschließlich auf US-Medien. Da das Propaganda-Modell bis heute zum Rüstzeug jeder kritischen Medienanalyse gehört, haben nachfolgende Wissenschaftler untersucht, inwieweit es auch außerhalb der USA zutreffe. Das Ergebnis verwundert nicht. Überall dort, wo Medien den Regeln des freien Marktes unterworfen sind, gelten ihnen zufolge dieselben oder sehr ähnliche Rahmenbedingungen wie im US-Kontext. Also auch im westlichen Europa inklusive Deutschlands, sogar in Südkorea und Japan, ebenso in Australien und Neuseeland, in Lateinamerika.[1]

Seit der Veröffentlichung von Hermans und Chomskys Grundlagenwerk sind zwei mediale «Revolutionen» erfolgt, die in beider Untersuchung noch keine Rolle spielen konnten, jedoch die «Öffentlichkeitsarbeit» und das Meinungsmanagement entscheidend verändert haben. Der Vollständigkeit halber seien sie hier ergänzt.

Krawall ist gut fürs Geschäft

Erstens: In den 1990er und 2000er Jahren ist die Anzahl konservativer *Talk Radio*-Stationen in den USA geradezu explodiert, die dank des Internets nicht länger auf begrenzte UKW- oder technisch unzureichende Mittelwellen-Frequenzen angewiesen sind.[2] Ihre Zielgruppe ist in der Regel ein männliches, weißes Publikum im Alter von 18 bis 65 Jahren. Das Programm besteht wesentlich aus «Hasspredigten» gegen das Ostküsten-Establishment, gegen Sozialprogramme und Sozialismus, gegen Einwanderer und Minderheiten; ihre meist charismatischen und überaus populären Moderatoren werben für unbegrenzten Waffenbesitz und einen Staat, der möglichst alles dem freien Markt überlässt. Der bekannteste TV-Ableger dieses Genres ist Fox News – seit 1996 auf Sendung mit Formaten, in denen auch gebrüllt und Streitfragen gerne auf das vermeintlich Wesentliche reduziert werden: Bist du für Amerika oder gegen uns? Für Trump oder gegen ihn? Daraufhin drehten Sender, die eher den Demokraten zuneigen, CNN und MSNBC etwa, den Spieß um und gingen ihrerseits auf Konfrontation mit den Republikanern.

Das Ergebnis ist eine wohlinszenierte Polarisierung. Mit der Folge, dass sich Einzelne und vor allem ganze soziale, ethnische und sonstige Milieus in ihre jeweiligen medialen Echokammern zurückziehen – während gleichzeitig die Werbeeinnahmen explodieren.[3] Exemplarisch für diese Entwicklung steht der Jubel von Les Moonves, CEO des Fernsehsenders CBS, der Donald Trumps Ankündigung, 2016 für die US-Präsidentschaft zu kandidieren, überschwänglich kommentierte: Der «Zirkus» der Wahlkampagne und der damit einhergehende Zustrom von Wahlwerbungsgeldern «ist vielleicht nicht gut für Amerika, aber verdammt gut für CBS, so viel steht fest … Die Gelder rollen geradezu heran, das macht richtig Spaß.» Die anschließenden Fernsehdebatten der Kandidaten erzielten Rekord-Einschaltquoten. «Dabei reden die noch nicht mal über Inhalte», so Moonves weiter. «Die werfen Bomben aufeinander, und das spiegelt sich dann in der Werbung … Ich kann nur sagen, so schrecklich das alles ist: Weiter so, Donald. Mach weiter, immer nur weiter.»[4] Der gesellschaftliche Zusammenhalt allerdings geht durch dergleichen Polarisierung zunehmend verloren.

Und zweitens: der Siegeszug des Internets. Die anfängliche Hoffnung, es werde Meinungsvielfalt und Basisdemokratie stärken, erwies sich schnell als viel zu optimistisch. Spätestens seit den 2000er Jahren besitzen einige wenige digitale Plattformen aus dem Umfeld des Silicon Valley die maßgeblichen «Produktionsmittel» im Bereich der Datenspeicherung, ihrer Verarbeitung und Distribution. Firmen wie Google, Microsoft, Amazon oder Facebook kontrollieren die Algorithmen und erschließen sich dadurch neue Geschäftsmodelle im Bereich von Big Data. Die sind das Gold der Zukunft, gleichermaßen wertvoll für Big Business wie auch für Big Brother, sie erzeugen den gläsernen Nutzer. Den Möglichkeiten der Manipulation auch von Meinungen sind dadurch so gut wie keine Grenzen mehr gesetzt, ebenso wenig der gesellschaftlichen Kontrolle. Entgegen der Selbstwahrnehmung der allermeisten Anwender fördern Soziale Medien nicht etwa die Individualität des Einzelnen, vielmehr erhöhen sie, ganz im Gegenteil, den Konformitätsdruck, privat wie öffentlich. Wer will denn riskieren, nicht «geliked» zu werden? Vor allem aber ist der Wettbewerb am digitalen Markt noch viel verzerrter als jeder andere. Mehr als die Hälfte der weltweiten Internet-Nutzung entfällt auf die sieben größten Online-Konzerne, fast 72 Prozent der Verweildauer im Netz auf die 100 meistgenutzten Internet-Adressen.[5] Nicht-Konformität findet sich wieder in den Nischen, nicht im Mainstream.

Herrschaft der Freiheit?

Doch zurück zu *Manufacturing Consent*. Ausdrücklich weisen Herman und Chomsky darauf hin, dass eine kritische Berichterstattung auch unter den Bedingungen des Propaganda-Modells weiterhin bestehe, meist an den Rändern. Denn es werde immer aufrechte Journalisten geben, während gleichzeitig eine «im Schneckentempo» wachsende Zahl von Menschen der Macht zu misstrauen lerne und ihre eigenen Überlegungen anstelle. In Chomskys Worten:

«Debatten und Diskussionen lassen sich nicht unterdrücken … Solange Kontroversen im Rahmen jener Voraussetzungen bleiben, die den Konsens der Eliten definieren, können sie sogar künstlich angeheizt werden, weil sie die Grenzen des Denkbaren, die nicht überschritten werden dürfen, befestigen und zugleich den Glauben an die Herrschaft der Freiheit befördern.»[6]

Genau darin besteht, nebenbei bemerkt, das Geschäftsmodell von Talkshows, die zwischen Erregung (Allah, Burka, Heiliger Krieg – Wie fanatisch ist der Islam?) und Sturm im Wasserglas (Hilfe! Unsere Kinder streiken fürs Klima – Dürfen die das?) pendeln. Auch parteipolitisch inspirierte Debatten überschreiten selten die Grenzen eines wohltemperiert zu nennenden Konsensrahmens. Dafür sorgen nicht zuletzt die Dauer- und Stammgäste in den jeweiligen Talkshows, die in einer Art Endlosschleife hinlänglich bekannte Positionen vertreten. Denn der Glaube an die Herrschaft der Freiheit, so Chomsky, ändere nichts daran, dass systemkritische Fragen und nichtkonforme Sichtweisen in der Regel aussortiert würden. Stattdessen rückten spektakuläre, aber banale Informationen in den Vordergrund, verstärkt durch die Boulevard-Medien. Grundsätzlich sei Propaganda schwieriger zu erkennen, «wo sich Medien in Privatbesitz befinden und es eine formale Zensur nicht gibt».

Herman und Chomsky untersuchen die Mittel und Methoden, derer sich «Wohlstand und Macht bedienen, um diejenigen Nachrichten herauszufiltern, die der Veröffentlichung wert sind» – ein Seitenhieb auf das Motto der *New York Times*: *All the news that's fit to print.* Und um ferner «Dissens an den Rand zu drängen. In der Absicht, der Regierung und den maßgeblichen privaten Interessen zu erlauben, ihre Botschaften unters Volk zu bringen».[7] Sie betonen, dass diese Filterung keineswegs Ausdruck einer

«Verschwörung» sei, sondern sich aus den wirtschaftlichen, politischen und militärischen Zwängen oder Interessen ergebe, denen die Machteliten Rechnung zu tragen hätten. Die dergestalt gefilterten Nachrichten allerdings, im erweiterten Sinn der mediale Mainstream, erfüllen laut Herman und Chomsky die Kriterien der Propaganda, wie sie Lippmann für die von ihm zum Leitbild erhobene Elitendemokratie und ihre «Bilder-Experten» umfassend beschrieben hat.

Das Propaganda-Modell benennt fünf Filter, die das Meinungsmanagement befördern. Der erste Filter: die hohe finanzielle Hürde, um auf dem Medienmarkt Fuß zu fassen. Die beiden Autoren geben die Kosten für die Einführung einer seriösen Tages- oder Wochenzeitung mit einem mindestens zweistelligen Millionenbetrag an – und das war in den 1980er Jahren. Deutlich kostspieliger noch ist die Markteinführung privater Fernsehanstalten. Herman und Chomsky zeigen, dass sich die 24 größten Medienunternehmen in den USA 1986 entweder im Besitz einzelner Familien befanden, oder aber diese Familien besaßen relevante Aktienanteile der von ihren Ahnen respektive verblichenen Verwandten begründeten Unternehmen. Im Kern hat sich an diesen Strukturen bis heute nichts geändert: Eine kleine, überaus vermögende Elite kontrolliert den medialen Mainstream, wobei familiäre Bande eine entscheidende Rolle spielen.

Neu hinzugekommen in jüngerer Zeit ist die Neigung mehrerer US-Milliardäre, finanziell angeschlagene Tageszeitungen aufzukaufen. Das bekannteste Beispiel ist Amazon-Begründer Jeff Bezos, der reichste Mann der Welt, der 2013 die *Washington Post* erwarb, neben der *New York Times* der Leuchtturm liberaler Weltanschauung: liberal im Sinne des gehobenen Bürgertums vor allem der Ostküste. Weitere Beispiele sind der Börsen-Guru Warren Buffett, der über seine Holding Berkshire Hathaway immerhin

21 Zeitungen besitzt. Und das berühmt-berüchtigte Koch-Imperium, begründet von den Brüdern Charles und David Koch, aktiven Unterstützern, unter anderem, der rechtspopulistischen Tea-Party-Bewegung. 2017 haben sie sich etwa bei Times Inc. eingekauft. Vermutlich in der Absicht, das *Time-Magazine*, den amerikanischen *Spiegel*, eines Tages zu übernehmen. Das ist ihnen jedoch nicht gelungen, stattdessen erwarb der Software-Milliardär Marc Benioff im September 2018 das *Time-Magazine*. Benioff geriet 2021 in die Schlagzeilen, anlässlich des in dem Jahr ausschließlich virtuell durchgeführten Weltwirtschaftsforums in Davos. Dort erklärte er, nicht Regierungen seien 2020 die wahren Helden im Kampf gegen die wirtschaftlichen Folgen der Corona-Pandemie gewesen, sondern CEOs wie er. Denn die Konzernlenker hätten mit ihren Ressourcen rasch auf die Krise reagiert – nicht etwa, um ihren Profit zu mehren, wie Benioff betonte, sondern um die Welt zu retten. Diese Aussage wurde vielfach so verstanden, dass kleine Seilschaften von Superreichen mittlerweile ihre eigene, transnationale Agenda verfolgen, unabhängig von jeder Staatsgewalt.

Diese Aufkäufe gehen stets einher mit der finanziellen Unterstützung von «Denkfabriken» und philanthropischen Einrichtungen, verbunden mit einer klaren Botschaft. Am aggressivsten verkündet von den Gebrüdern Koch, bekannt auch für ihre Leugnung des Klimawandels: «Mittels eines Netzwerks konservativer Spender und Interessensgruppen haben sie mehr als 1,5 Milliarden Dollar entweder selbst ausgegeben oder an Geldern eingesammelt. In der Absicht, amerikanische Politik neu auszurichten: rund um eine Ideologie, die auf dem freien Markt österreichischer Prägung beruht», wie es in der *New York Times* so trefflich heißt.[8] Gemeint ist Friedrich August von Hayek, der Lippmann-Fan und Begründer der neoliberalen Mont Pèlerin Society mit ihren zahlreichen Ablegern.

Familienwerte

Auch in Deutschland sind Medienunternehmen familien-
freundlich aufgestellt. Im Ranking der größten Medien-
konzerne steht der Bertelsmann-Konzern 2018 mit einem
Umsatz von 17,67 Milliarden Euro unangefochten an der
Spitze. Bertelsmann ist ein kapitalmarktorientiertes, aber
nicht börsennotiertes Unternehmen, der größte Medienkonzern nicht allein in Deutschland, sondern in Europa insgesamt. 77,4 Prozent der Kapitalanteile entfallen auf die
Bertelsmann Stiftung, 22,6 Prozent auf die Familie Mohn.
Der Holding gehören etwa die Verlagsgruppe Gruner+Jahr
(Stern, *Financial Times Deutschland* von 2000 bis 2012,
Capital, *Spiegel*-Verlag, dort mit einer Sperrminorität von
25,25 Prozent beteiligt), ferner 75,1 Prozent der Markt-
anteile der Sendergruppe RTL, zu der auch VOX und n-tv
zählen, sowie 53 Prozent von Penguin Random House, der
größten Buchverlagsgruppe der Welt.[9] Die Mediengruppen
Axel Springer (Platz vier), Hubert Burda (Platz fünf), Bauer
(Platz sechs), Georg von Holtzbrinck (Platz zehn) tragen
den Familienbezug und die Besitzverhältnisse bereits in
ihren Namen, auch wenn die Eigentümer ihre Macht teilweise mit Vorständen und Aktionären teilen müssen.[10]

Die Bertelsmann Stiftung gehört zu den einflussreichsten neoliberalen «Denkfabriken» in Deutschland. Entsprechend propagiert sie die Privatisierung ursprünglich staatlicher Daseinsfürsorge, insbesondere im Gesundheitswesen.
Im August 2019 hielt sie in einer Studie fest, es gebe in
Deutschland zu viele Krankenhäuser. Sie empfahl deren
Reduzierung von «aktuell knapp 1400 auf deutlich unter
600 Häuser». An dieser Forderung hielt die Stiftung auch in
einer nachträglichen Aktualisierung anlässlich der Corona-
Pandemie 2020 fest.[11] Dass in denjenigen europäischen
Staaten, wo dergleichen Empfehlungen bereits umgesetzt

und Hunderte Krankenhäuser geschlossen worden waren, die Sterbequoten am höchsten ausfielen (Italien, Frankreich, Spanien, Großbritannien), lässt die Aktualisierung unerwähnt. In den genannten Ländern ging die Reduzierung der Krankenhausbetten einher mit der forcierten Privatisierung des Leistungsangebotes, mit allerdings dramatischen Folgen.

Um öffentlichkeitswirksam auf politische Entscheidungen einzuwirken, veröffentlicht die Bertelsmann Stiftung regelmäßig eigene oder von ihr in Auftrag gegebene Studien, deren Ergebnisse in der medialen Berichterstattung stets auf große Resonanz stoßen. In einem Papier der Stiftung heißt es, sie solle «darüber hinaus ihre Fähigkeit ausbauen, politische Entscheidungsträger direkt zu beraten». Das geschieht mit Hilfe von Lobbyarbeit, gezielter Vernetzung und nicht zuletzt der Kooperation mit weiteren Elitennetzwerken, darunter der Deutschen Gesellschaft für Auswärtige Politik (DGAP) in Berlin. Die Stiftung gilt offiziell als «gemeinnützig» – ein Status, der mit erheblichen Steuervergünstigungen für den milliardenschweren Medienkonzern einhergeht. Daran gibt es deutliche Kritik, doch erscheinen dessen Bande in die Politik solide genug, auf dass hier niemand Hand anlegt.[12] Stattdessen wurde der globalisierungskritischen Organisation attac 2019 der Status der Gemeinnützigkeit aberkannt – Spenden an attac sind somit nicht länger von der Steuer abzusetzen. Der Deutschen Umwelthilfe und weiteren zivilgesellschaftlichen Organisationen droht ebenfalls die entsprechende Aberkennung. Neoliberalismus gilt demzufolge als «gemeinnützig», ihn zu kritisieren aber oder gar mit bescheidenen Mitteln den «freien Markt» herauszufordern, als «eigennützig» und somit nicht förderungswürdig.

Womit wir zum zweiten Filter des Propaganda-Modells kommen, dem Anzeigengeschäft. Die hohen Kosten des

laufenden Medienbetriebs begünstigen Fusionen und Aufkäufe, so dass Oligopole entstehen: Einige wenige Groß-
unternehmen beherrschen den Markt. In Deutschland daran abzulesen, dass mittelgroße Regionalzeitungen ihren
«Mantel», ihre überregionale Berichterstattung, meist aus
derselben Konzernzentrale beziehen und sich nur noch
im Bereich «Lokalkolorit» voneinander unterscheiden. In
den USA besitzen selbst kleinere Oligopole Hunderte von
TV- und Radiostationen. Die dortige Politik unterstützt
diese Entwicklung, etwa durch Steuererleichterungen. Entsprechend wohlwollend begegnen die Kapitaleigner den
Regierenden, sofern sie nicht den parteiischen, aggressiven
Medienhype zum Geschäftsmodell erheben, wie erwähnt,
und beispielsweise Präsident Trump entweder huldigten
(Fox News) oder aber ihn massiv angriffen (CNN, NYT).

Oligopole im Medienbereich sind auf Anzeigenkunden
angewiesen wie der Fisch auf das Wasser. Entsprechend un-
terlassen sie eine Berichterstattung, die deren Geschäfts-
gebaren kritisieren oder deren Interessen schädigen könnte.
Herman und Chomsky nennen als Beispiele wohlwollendes
Wegschauen bei Themen, die den militärisch-industriellen
Komplex betreffen, bei fragwürdigen Kontakten der Machtelite zu Tyrannen der Dritten Welt oder von Großunterneh-
men angerichteten Umweltschäden. Dieses Wegschauen
gewährleiste einen nicht versiegenden Fluss an Werbeeinnahmen. Zeitungen oder Medien, die sich an diese Regel
nicht halten, verlieren Anzeigenkunden. Die beiden Autoren weisen darauf hin, dass die in den 1960er und 1970er
Jahren noch überaus auflagenstarke Gewerkschaftspresse in
Großbritannien nach und nach aufgeben musste: Big Business setzte die neoliberalen Verheißungen der Regierung
Thatcher um, indem es dort immer weniger Anzeigen schaltete. Anschließend begann der Siegeszug des australischen
Medien-Tycoons Rupert Murdoch auch dort.

Der dritte Filter: die Nachrichtenquellen, derer sich die Massenmedien bedienen. Aus Kostengründen, aber auch aufgrund gemeinsamer Weltanschauung gehen sie eine «symbiotische Beziehung» mit Informationsträgern ein, die über Macht verfügen. An erster Stelle nennen Herman und Chomsky hier die Pressekonferenzen des Weißen Hauses, des Pentagons und des State Department, des Außenministeriums. «Diese Bürokratien produzieren große Mengen an Material, die den Bedürfnissen der Nachrichtenorganisationen nach verlässlichen und regelmäßig zur Verfügung stehenden Informationen entgegenkommen.»[13] Demzufolge liefern staatliche Beamte oder Angestellte das Nachrichtenmaterial, die Journalisten nehmen es lediglich in Empfang, ergänzt um die eine oder andere Nachfrage. Recherche geht damit nicht zwangsläufig einher. Allein das Pentagon unterhält einen «Informationsdienst» mit Tausenden Angestellten und einem jährlichen Budget von mehreren Hundert Millionen US-Dollar. Dieser «Service» kostet die Verlagshäuser nichts und hilft, kostspielige Eigenrecherchen zu reduzieren oder einzusparen.

An diesem «Geschäftsmodell» gibt es durchaus Kritik. 2009 etwa warf der Chef der US-Nachrichtenagentur AP, Tom Curley, der US-Regierung unter George W. Bush vor, dass sie das Pentagon zu einer «weltweit agierenden Propagandamaschine» ausgebaut habe. Vor allem im Zuge des Irak-Krieges sei der Druck des Militärs auf unabhängige Berichterstatter deutlich gestiegen. Führende Kommandeure hätten ihm, Curley, zu verstehen gegeben, dass man «die AP und ihn zerstören wird, wenn er und die Nachrichtenagentur weiterhin auf journalistischen Prinzipien bestehen».[14] Dessen ungeachtet neigen gerade Nachrichtenagenturen dazu, offizielle Verlautbarungen, sogar Pressemitteilungen von Regierungsvertretern oder Lobby-Organisationen, ungeprüft und vor allem ohne Quellenan-

gabe zu übernehmen und als Drehscheibe in den Medien-
betrieb einzuspeisen.

Eine weitere wichtige und kostengünstige Nachrichten-
quelle seien, so Herman und Chomsky, die «Experten», die
meist im Dienst von «Denkfabriken» stehen und Meinungen vertreten, die selten die Bahnen des Mainstreams
verlassen. Sie würden von der Machtelite «kooptiert» und
dienten der Legitimation politischer oder wirtschaftlicher
Eigeninteressen, auch in Fragen von Krieg und Frieden.
Das ist in Deutschland nicht anders als in den USA. Da alle
größeren hiesigen «Denkfabriken» transatlantisch orien-
tiert sind, ergibt sich das Meinungsbild etwa in außenpolitischen Fragen wie von selbst.

Die Dinge beim Namen nennen? Lieber sie weichspülen

Den vierten Filter bezeichnen Herman und Chomsky als
Flak, also als Flugabwehrgeschütz. *Corporate Media* sind
daran interessiert, möglichst massentaugliche Inhalte zu
vermarkten. Dabei achten sie darauf, nicht ins Visier von
gesellschaftlichen Gruppen oder jenen Teilen der Machtelite zu geraten, die mit ihrer Themensetzung oder Berichterstattung möglicherweise nicht einverstanden sind. In dem
Fall könnten diese Unzufriedenen mit Hilfe von «Sperrfeuer» gegen die Medienhäuser vorgehen, beispielsweise
Petitionen an den Kongress richten oder Verleumdungs-
klagen einreichen. Solche Rufschädigung und vor allem
jede sich daraus ergebende Verunsicherung der Werbe-
kunden gilt es unbedingt zu vermeiden. Wider dergleichen
«Sperrfeuer» bedarf es der Flak, konkret der Kooperation
zwischen den Regierenden und den Programm-Machern,
um sich idealerweise bereits im Vorfeld über die roten
Linien zu verständigen. Das Ergebnis ist eine Art Deal:

Die Politik stellt sich hinter die Medien und verteidigt sie gegen «Querulanten». Chefredakteure oder Intendanten revanchieren sich, indem sie gar nicht erst auf die Idee kommen, sich ohne Wenn und Aber gegen einen Iran-Krieg auszusprechen, zum Beispiel. Die Flak ist kein primär ökonomischer Filter, wie die drei vorangegangenen, sondern in erster Linie ein propagandistischer. Man könnte sie auch als «Weichspül-Programm» bezeichnen.

Ein ähnliches Modell gibt es in Deutschland, allerdings intelligenter gefasst. Die öffentlich-rechtlichen Rundfunkanstalten haben die Flak gewissermaßen institutionalisiert, in Gestalt der Rundfunkräte. Ihre Mitglieder sind Vertreter gesellschaftlich relevanter Gruppen, für sich benommen ein guter Ansatz. Doch das Sagen in den Beiräten und sonstigen Gremien von ARD und ZDF haben in erster Linie politische Parteien. Die wiederum sorgen mit ihren Mitteln dafür, siehe auch Filter eins (Rundfunkgebühren) und drei, dass eine gewisse «Weichspülung» von Amts wegen gewährleistet ist.

Auch der fünfte und letzte Filter ist ein propagandistischer: die Aufteilung der Welt in «gut» und «böse». Herman und Chomsky sprechen vom Antikommunismus als dem ideologisch wirkmächtigsten Kontrollmechanismus bis zum Mauerfall, bezeichnen ihn als «dominante Religion». Journalisten, die durch Gesellschafts- oder gar Systemkritik unangenehm auffielen oder die Kriege der USA etwa in Vietnam allzu offensiv anprangerten, liefen stets Gefahr, als «Kommunisten» gebrandmarkt zu werden, was ihrer beruflichen Laufbahn selten zuträglich war. Gleichzeitig hatten weite Teile der Bevölkerung das Feindbild «Kommunismus» so sehr verinnerlicht, dass jede militärische Intervention der USA etwa in Lateinamerika als legitime Verteidigung von Freiheit und Demokratie propagiert werden konnte – auch wenn die eigentlichen Motive ganz andere waren, wie wir am Beispiel Bernays' und des Militärputsches in Guatemala 1954 bereits gesehen haben.

Mit dem Ende der Sowjetunion hatte dieses Feindbild ausgedient, lebt aber parallel zum neuen Feindbild Islam unter veränderten Vorzeichen in der Wahrnehmung Russlands fort. Sachlich berechtigte Kritik an «Putin» verbindet sich oft genug mit Dämonisierung – und dem Messen mit zweierlei Maß. Dieselben westlichen Akteure, die als Reaktion auf die Annexion der Krim 2014 Sanktionen gegen Russland verhängt haben, würden nicht ernsthaft auf die Idee kommen, ihre eigenen Maßstäbe etwa an Israel anzulegen, das schon vor Jahrzehnten die syrischen Golanhöhen und Ostjerusalem annektiert hat und sich nunmehr sukzessive das Westjordanland aneignet – nach vorheriger, ausdrücklicher Billigung der Regierung Trump und stillschweigender Duldung unter Biden.

Im Vorgriff auf die für den Juli 2020 angekündigte, dann auf unbestimmte Zeit verschobene, auf jeden Fall aber völkerrechtswidrige israelische Annexion weiter Teile der besetzten palästinensischen Gebiete verabschiedete die EU im Mai eine an sich harmlose Resolution, die dieses geplante Vorgehen der Regierung Netanjahu kritisiert, ohne Konsequenzen anzudrohen. Doch hatte der luxemburgische Außenminister Jean Asselborn zunächst darauf bestanden, diese Annexion mit jener der Krim gleichzusetzen. Sein Vorstoß scheiterte an seinem deutschen Amtskollegen Heiko Maas: Er sehe nicht, dass man Israel mit einem solchen Vergleich konfrontieren sollte, gibt ihn die luxemburgische Zeitung *Tageblatt* wieder.[15] Warum nicht, liegt auf der Hand: um Sanktionen wie im Fall Russlands bereits im Vorfeld zu verhindern. Es ist bezeichnend, dass keine einzige deutsche Zeitung, keine einzige hiesige Sendeanstalt diese Haltung Maas' auch nur erwähnt, geschweige denn diese offenkundige Anwendung doppelter

Standards als fragwürdig benannt oder gar kritisiert hätte. Zeitgleich hatte US-Außenminister Mike Pompeo den Internationalen Strafgerichtshof in Den Haag davor gewarnt, Ermittlungen gegen Israel wegen möglicher Kriegsverbrechen in den besetzten Gebieten einzuleiten. Das hätte für den Strafgerichtshof, dem weder die USA noch Israel beigetreten sind, «zwingend Konsequenzen».[16] Zwei anschauliche Beispiele entschlossener Werteorientierung, hüben wie drüben.

Alle Wege führen nach Moskau

Wer dem ideologischen Prinzip der klaren Abgrenzung von Russland nicht folgt oder gar für ein Ende der Sanktionen plädiert, wie es etwa die französische Regierung seit 2019 tut, sieht sich in Deutschland sehr leicht dem Vorwurf ausgesetzt, ein «Putin-Versteher» zu sein, also ein Handlanger oder Propagandist des Kreml. Dieses Branding dient der medialen Aussortierung von Dissidenten – als hätte es niemals eine deutsche Ostpolitik gegeben. Willy Brandt oder Egon Bahr, deren maßgebliche Architekten, müssten dieser Logik zufolge wohl als «Kreml-Trolle» gelten. Doch ohne die Ostpolitik der 1960er und 1970er Jahre hätte es mit größter Wahrscheinlichkeit weder die deutsche Wiedervereinigung noch die Europäische Union in ihrer heutigen Form gegeben. Russische Propaganda gilt als besonders verlogen und verabscheuungswürdig, transatlantisch orientierte Propaganda im Gegensatz dazu als Ausdruck höherer Moral. Letztere wird gar nicht erst als Meinungsmanagement wahrgenommen. Die Berichterstattung über Russland (nicht nur) in deutschen Medien ist ein erhellendes Fallbeispiel des Propaganda-Modells: geopolitische Interessen des Westens werden gefiltert mit Hilfe von «Bilderwelten» und der Öffentlichkeit mit großem Nachdruck als Einsatz für Freiheit und Demokratie vermittelt – nicht zum ersten Mal.

In der Aktualisierung ihres Buches von 2002 weisen Herman und Chomsky zu Recht darauf hin, dass der Islam und der «Krieg gegen den Terror» nach 9/11 an die Stelle des Antikommunismus als Dreh- und Angelpunkt massenwirksamer Ideologie im Westen getreten seien, parallel zum verstärkten Hohelied auf den «freien Markt» nach dem Scheitern des Sozialismus. Die Wendung vom «Krieg gegen den Terror» lieferte die propagandistische Blaupause für die Regimewechsel in Afghanistan und im Irak.

Nach dem verlorenen Vietnam-Krieg machten sich US-amerikanische Medien die Sichtweise Washingtons zu eigen, sie hätten durch die Art ihrer Berichterstattung zur Niederlage der USA maßgeblich beigetragen.[17] Um diesen Fehler nicht zu wiederholen, akzeptierten sie die vom Pentagon vorgegebenen Richtlinien zur Berichterstattung über den Irak-Krieg 2003. Keine Fotos oder Aufnahmen von toten US-Soldaten oder deren Särgen, ebenso wenig von getöteten Irakern, sofern der Eindruck eines Massakers entstehen könnte. Anders als in Vietnam durften sich Journalisten im Irak in den von US-Soldaten oder ihren Verbündeten kontrollierten Gebieten nicht frei bewegen, offiziell unter Verweis auf die Sicherheitslage. Stattdessen waren sie *embedded*, eingebettet: Der dortige Krieg wurde entweder aus der Perspektive kämpfender Soldaten gezeigt, fotografiert oder gefilmt von ausgewählten Kriegsreportern an ihrer Seite. Oder aber als eine Art Videospiel inszeniert: Bildgewaltige Explosionen aus der Vogelperspektive in und über Bagdad, meist im Nachtsicht-grün. Der Krieg erschien somit «sauber», präzise geführt, chirurgisch geradezu, als wären nicht Tausende Iraker den Luftangriffen zum Opfer gefallen. Gleichzeitig übernahmen US-Medien die offiziellen Sprachregelungen: «*enhanced interrogation*» (intensivierte

Befragung) statt Folter, «Kollateralschaden» statt getöteter Zivilisten, eine auch in deutschen Medien beliebte Beschönigung, «*rendition*» (Auslieferung) statt Entführung. Oder, statt Ermordung «*lethal action*» (tödliche Aktion) und statt Todesliste «*disposition matrix*» – das wohl schönste Beispiel für Orwell'schen Neusprech.

Die Friedensbewegung in den USA während des Vietnam-Krieges, spätestens 1968 zu einer Massenbewegung angewachsen, hatte die Machteliten in ihrer großen Mehrheit ebenso verunsichert wie provoziert. Chomsky stellt diese Krise in einen größeren Zusammenhang. In den 1930er Jahren hatte sich die dortige Arbeiterbewegung erhoben und wurde blutig niedergeschlagen.[18] 30 Jahre später rollte eine neue Welle der Opposition durchs Land. Wenn aber große Teile der Bevölkerung sich ein weiteres Mal organisieren und den Machteliten den Kampf ansagen, steht deren Führungsanspruch ebenso auf dem Spiel wie die außenpolitische Handlungsfähigkeit des Imperiums, das Kriege als ein legitimes Mittel zum Zweck der eigenen Machtentfaltung ansieht. Vietnam und Watergate haben in den USA zu massiven Auseinandersetzungen über die Rolle der Medien geführt, zeitweise erschienen die bewährten Methoden der «Öffentlichkeitsarbeit» und des Meinungsmanagements außer Kraft gesetzt. Vertreter des Establishments warfen den kritischen Teilen der Medien vor, mit ihrer streitlustigen und verantwortungslosen Ablehnung staatlicher Autorität die Demokratie in ihrer Existenz zu gefährden. Gemeint war allerdings weniger die demokratische Staatsform an sich, die Herrschaft des Volkes, als vielmehr die eigene Elitenherrschaft.

Demokratie? Nicht für das gemeine Volk

Hier nun kommt die «Trilaterale Kommission» ins Spiel. Sie legte 1975 eine Studie mit dem Titel *Die Krise der Demokratie* vor. Darin heißt es, dass die Medien «zu einem bemerkenswerten neuen Faktor nationaler Macht» geworden seien. Diese Entwicklung sei Ausdruck einer «exzessiven Demokratie», die innenpolitisch zur «Einschränkung der Regierungsautorität» führe und außenpolitisch zum «Niedergang des Einflusses auf demokratische Entwicklungen». Das bedeutet konkret: Die Öffentlichkeit könnte künftig militärische Einsätze infrage stellen, wenn die Friedensbewegung auf Dauer Oberhand gewönne. Diese Krise der Demokratie werde verursacht durch die Bestrebungen bislang einflussloser Minderheiten, sich zu organisieren und ihren Forderungen durch Proteste oder in den Medien Ausdruck zu verleihen. Das aber habe negative Folgen für das «reibungslose Funktionieren» demokratischer Abläufe. Anders gesagt: die Elitenvertreter haben Sorge, ihre Deutungshoheit und Vormachtstellung zu verlieren.

Einer der drei Autoren dieser Studie war der Politologe Samuel Huntington – der 20 Jahre später, 1996, ein weiteres, überaus wirksames Elitenmanifest veröffentlichte, das die Folgewirkungen und Verheerungen des amerikanischen Neo-Imperialismus in einen «Kampf der Kulturen» umdeutete. In der Studie von 1975 beklagt Huntington den Verlust der guten alten Zeit, als US-Präsident Truman das Land unmittelbar nach dem Zweiten Weltkrieg noch «mit der Unterstützung einer relativ kleinen Zahl von Anwälten und Bankern der Wall Street» regieren konnte. Damals habe es noch keine «Krise der Demokratie» gegeben, anders als in den Zeiten von Vietnam und Watergate. Die Trilaterale Kommission empfahl schlussendlich eine «Mäßigung der Demokratie», um ihre Auswüchse zu beschneiden – also außerparlamentarische Protestformen und die Forderungen gesellschaftlicher Minderheiten nach Mitsprache und Teilhabe möglichst ins Leere laufen zu lassen. Ungeachtet der Tatsache, dass diese «Minderheiten», darunter Frauen, Alte, Arbeiter, Schwarze, Latinos, die Mehrheit der Bevölkerung stellen.

Doch nicht nur an diesen «Rändern» der Gesellschaft gäbe es Unruhe. Auch «in der Familie, an der Universität, in den Unternehmen» lockere sich «die Disziplin und Status-unterschiede verwischen sich», heißt es. Alle möglichen Gruppen forderten nunmehr «ihr Recht ein, gleichberech-tigt – und manchmal mehr als gleichberechtigt – an den sie betreffenden Entscheidungen teilzunehmen». Das aller-dings sei Anlass zur Sorge – jedenfalls aus Sicht der Auto-ren, die unmissverständlich die Interessen der Reichen und Mächtigen vertreten, darunter Konzerne, Banken, die Spit-zen der Geschäftswelt.[19]

Es lohnt, einen näheren Blick auf die Trilaterale Kom-mission zu werfen, ein Musterbeispiel transnationaler Eli-tennetzwerke. Gegründet wurde sie 1973 unter Leitung von David Rockefeller mit dem Ziel, die wirtschaftliche und politische Zusammenarbeit zwischen den USA, Westeuropa und Japan zu intensivieren. Die Initiative zu ihrer Grün-dung ging von einem anderen Elitennetzwerk aus, der Bilderberg-Konferenz. Bilderberg-Konferenzen gibt es seit 1954, zum ersten Mal trafen sich die Reichen und Mäch-tigen auf Einladung von Prinz Bernhard der Niederlande in dessen Hotel Bilderberg in Oosterbeek. Daher der Name. Zum engsten Kreis der Teilnehmer gehören seit Anbeginn ebenso die Königshäuser von Belgien und Großbritannien: der alte Adel hatte aufgeschlossen zur neuen Elite. Auch die informellen Treffen der Bilderberger dienen der Vertie-fung transatlantischer Beziehungen; die Geladenen, wech-selnde Entscheidungsträger aus den Bereichen Wirtschaft, Politik, Medien, Wissenschaft, Militär und Geheimdienste, kommen meist aus NATO-Staaten. Über die organisatorischen Hintergründe schweigen sich die Veranstalter aus, man kommt an wechselnden Orten unter Ausschluss der Öffentlichkeit zusammen. Zahlreiche Teilnehmer der Bilderberg-Konferenzen waren oder sind auch Mitglieder oder geladene Gäste der Trilateralen Kommission oder anderer transatlantischer Elitenbünde, etwa der Atlantik-Brücke, der Münchener Sicherheitskonferenz oder des Weltwirtschaftsforums in Davos. In diesen Kreisen gilt das Rotationsprinzip. Man reicht einander weiter, und wer dazugehört, hat bereits in gehobenen Funktionen gedient oder steht im Begriff, das zu tun.

Eine Hand wäscht die andere

In der Trilateralen Kommission dominieren die Amerikaner, gefolgt von den Europäern und schließlich den Japanern. Man trifft sich mindestens zweimal im Jahr an wechselnden Orten und festigt bestehende politische und wirtschaftliche Bande, ohne die Öffentlichkeit mit Einzelheiten zu behelligen. Unter den europäischen Mitgliedern dominieren die Deutschen. Die Zusammensetzung der mehr als 100-köpfigen Kommission liest sich wie ein *who is who* aus Hochfinanz und politischer Macht. Zu den deutschen Vertretern gehören beispielsweise Jürgen Fitschen, früherer Co-Vorstandsvorsitzender der Deutschen Bank, Klaus-Dieter Frankenberger, Ressortleiter Außenpolitik der FAZ, Sigmar Gabriel (SPD), vormaliger Außenminister (und seit 2020 im Aufsichtsrat der Deutschen Bank – man kennt sich eben) sowie Vorsitzender der Atlantik-Brücke, Wolfgang Ischinger, Leiter der Münchener Sicherheitskonferenz, Joe Kaeser, bis Anfang 2021 Vorstandsvorsitzender der Siemens AG, Alexander Lambsdorff, stellvertretender Fraktions-

vorsitzender der FDP im Bundestag, zuständig für Außenpolitik. Parteipolitisch am stärksten vertreten ist allerdings
die CDU. Der Präsident der «Europäischen Region» innerhalb der Kommission ist ebenfalls ein alter Bekannter: der
Franzose Jean-Claude Trichet, von 2003 bis 2011 Präsident
der Europäischen Zentralbank mit Sitz in Frankfurt.[20]

Der britische Politologe Stephen Gill beschreibt das
Anliegen der Trilateralen Kommission wie folgt: «Trilatera-
lismus versteht sich als Projekt zur Entwicklung einer orga-
nischen (oder relativ dauerhaften) Allianz zwischen den
größten kapitalistischen Staaten mit dem Ziel, eine stabile
Form der Weltordnung voranzutreiben (oder zu erhalten),
die ihren dominanten Interessen entspricht.»[21] Der Medien-
soziologe Rudolf Sturmberger sieht in dem engen Schulterschluss zwischen Wirtschaft und Politik, wie er sich auf der
Ebene solcher Elitennetzwerke vollzieht, «Tendenzen der
Re-Feudalisierung. Das heißt, dass neben den offiziellen
Strukturen, ... den demokratischen ..., die inoffiziellen Struk-
turen wieder zunehmend an Gewicht gewinnen. Und die
Eliten, diese selbst ernannten Eliten, die oben sitzen, die
schotten sich zunehmend ab.»[22] Was ihnen umso leichter
fällt, als sich Elitennetzwerke überwiegend privat finanzieren und somit selbst bestimmen, welche Art der Berichterstattung sie zulassen und welche nicht.

Vollkommen abwegig und falsch wäre es allerdings, sie
als geheime Weltregierung anzusehen, im Stil einer Illumi-
naten-Verschwörung wie aus der Feder von Dan Brown.
Elitenherrschaft bedeutet nicht Verschwörung, sondern
Selbstermächtigung. Maßgeblich in Gestalt eines erfolgreichen *networking*, wozu nicht zuletzt regelmäßige Zu-
sammenkünfte gehören, Brainstorming unter exklusiven
Bedingungen. Im nächsten Schritt erwachsen daraus Entscheidungen, welche Wege Politik und Wirtschaft im transatlantischen Umfeld idealerweise beschreiten.

Apropos Verschwörung. Der Kampfbegriff «Verschwörungstheorie» hat eine lange Geschichte, ist eine Allzweckwaffe, nicht zuletzt im Sinne des Propaganda-Modells, und wird von ganz unterschiedlichen Seiten eingesetzt. Politische Karriere machte die «Verschwörung» vor allem in den USA, wo sie Washington bis Ende der 1950er Jahre dazu diente, eine als gesichert angesehene kommunistische Unterwanderung des Landes mit dem Ziel einer Destabilisierung und Machtübernahme moskautreuer Kräfte zu «framen». Nachdem die Regierung sich von anti-kommunistischen Verschwörungstheorien verabschiedet hatte, entdeckte die CIA diesen propagandistischen – und kostengünstigen – Totschläger in den 1960er Jahren für ihre Zwecke. Sie setzte ihn vor allem gegen zwei Personenkreise ein. Solche, die öffentlich Zweifel äußerten am Bericht der regierungsamtlichen Warren-Kommission von 1964, der die Ermordung Präsident Kennedys im Jahr zuvor, 1963, ausschließlich dem Schützen Lee Harvey Oswald zuwies. Und schließlich Wortführer der Anti-Vietnamkriegsbewegung, die moskaufreundliche und amerikafeindliche Verschwörungstheorien verbreiten würden.

Verschwörung!

In Deutschland dient das Verschwörungs-Label heute nicht zuletzt als «Flak» gegen Dissidenten, gegen jene, die dem elitenfreundlichen Mainstream in Politik und Medien nicht folgen oder ihm gegenüber doch ein diffuses Unbehagen empfinden. Der vierte Filter des Propaganda-Modells liest sich dann, in der Praxis angewendet, beispielsweise so, etwa beim Bayerischen Rundfunk: «Freimaurer, Illuminaten, Außerirdische – Mächte, die im Hintergrund die Welt beherrschen? Immer mehr Menschen schenken solchen

Verschwörungstheorien mehr Glauben als seriöser Berichterstattung. Eine gefährliche Entwicklung.»[23] Die Zahl derer, die ernsthaft glauben, Außerirdische würden die Welt
regieren, ist vermutlich sehr klein und gesellschaftlich wie
politisch vollkommen irrelevant. Unbeschadet der Tatsache, dass Wirrköpfe aller Couleur im Internet hinlänglich
Unsinn verbreiten. Doch geht die «Kernaussage» vermutlich in eine ganz andere Richtung: Wer der «seriösen Berichterstattung» der Leitmedien nicht folgt oder ihr mit
Skepsis begegnet, ist im Zweifel ein Phantast und Ver-
schwörungstheoretiker. Doch kann eine Berichterstattung
uneingeschränkt als seriös gelten, die ihre eigene Machtaf-
finität vermutlich nicht einmal als Problem wahrnimmt?

Auch die Landeszentrale für Politische Bildung in Baden-
Württemberg findet mahnende Worte zum Thema «Verschwörungstheorien. Warum sind sie so erfolgreich und
was kann man tun?» Unter Verweis auf eine Studie der
SPD-nahen Friedrich-Ebert-Stiftung vom April 2019 heißt
es: «Fast die Hälfte der Deutschen glaubt, dass Politiker nur
Marionetten anderer Mächte sind.» Ein vollkommen ab-
wegiger Gedanke offenbar. «So meinen beispielsweise
46 Prozent der Befragten, es gäbe geheime Organisationen,
die Einfluss auf politische Entscheidungen haben. Fast ein
Viertel der Befragten meint, Medien und Politik steckten
unter einer Decke ...» Solche Verschwörungstheorien aber
seien gefährlich: «Sie können antisemitisches und anti-
pluralistisches Denken aufweisen und führen so zu einer
Radikalisierung.»[24]

Dergleichen Versuche, das kulturelle Unbehagen gegenüber der nicht notwendigerweise korrekt beschriebenen,
aber doch richtig empfundenen Verbrüderung von Macht
und Medien als «Verschwörungstheorie» abzutun, ändern
nichts daran, dass die Kluft zwischen der veröffentlichten
und der öffentlichen Meinung auch hierzulande größer

wird. Hiesige Medien leiden zunehmend unter einem Verlust an Glaubwürdigkeit, was sich am rechten Rand der Gesellschaft im Vorwurf der «Lügenpresse» niederschlägt. Diese Entwicklung hat mehrere Ursachen, darunter das «Bauchgefühl» vieler Mediennutzer, dass «die da oben» miteinander kungeln. Mit Herman und Chomsky gesprochen: Das Meinungsmanagement weist Lücken auf, weil die regierungs- und marktkonforme Berichterstattung einerseits und die Lebenserfahrung oder Erwartungshaltung der Öffentlichkeit andererseits zunehmend auseinanderdriften. Mehrheitlich lehnt diese, wie wir bereits im Kontext einer möglichen Entsendung der Bundeswehr in Richtung Persischer Golf gesehen haben, die enge Anbindung deutscher und europäischer Politik an die Interessen der USA ab. Vor allem jedoch wollen die meisten Deutschen nicht in Kriege hineingezogen werden, die mit Landesverteidigung nichts zu tun haben.

Der Medienwissenschaftler Uwe Krüger sieht es so: «Das eigentliche Problem dieser Netzwerke im transatlantischen Elitenmilieu ist gar nicht einmal die mögliche Korrumpierung und geistige Vereinnahmung von Journalisten – auch wenn dieser Eindruck im Publikum freilich entstehen und Vertrauen vernichten kann. Tatsächlich ist es ein anderes. Wenn an den entscheidenden Stellen in deutschen Redaktionen Transatlantiker sitzen, aber große Teile des Publikums Amerika- und NATO-kritisch eingestellt sind, dann fehlen im Mainstream möglicherweise die publizistischen Vertreter, die auf hohem Niveau alternative Perspektiven artikulieren und Identifikationsfläche bieten können.»[25]

Nichts geht ohne Amerikas ordnende Hand

Unter Transatlantikern gilt als unstrittig, dass die Welt ohne
die «Ordnungsmacht» USA nicht bestehen könne. Wo sie
fehle, sei die Freiheit gefährdet, durch Russland, durch
China, oder aber es drohten Chaos und Anarchie. Wie etwa
in Nordsyrien, nach dem teilweisen Abzug der US-Truppen. Ob das dann tatsächlich der Fall ist oder eher Einbil-
dung, spielt dabei keine Rolle. Ebenso wenig wie die Tatsache, dass die Politik der USA (mit-)verantwortlich ist für
Kriege, Zerstörung, Unrecht oder Leid in großem Ausmaß
und auf allen Kontinenten. Naheliegende Fragen werden
selten gestellt: Warum haben die USA nichts gelernt aus
ihrer Niederlage in Vietnam und dem von ihnen zu verant-
wortenden Desaster im Irak? Und nehmen stattdessen den
Iran ins Visier? Die Antwort lautet: weil es Teil ist ihrer
politischen DNA. Aus imperialer Sicht sind militärische
Interventionen, Regimewechsel oder Subversion mit Hilfe
der Geheimdienste legitime Mittel zum Zweck, nämlich der
Sicherung oder Ausdehnung des eigenen Machtbereichs.
Selbstkritik jenseits von Lippenbekenntnissen hat in dieser
Logik keinen Platz.

Selbstverständlich dürfen in der eigenen Bevölkerung
nach Möglichkeit keine Zweifel an der Richtigkeit von
US-Militäreinsätzen weltweit aufkommen – ungeachtet ge-
legentlich anderslautender Wahlkampfaussagen von Prä-
sidentschaftskandidaten. Truppenreduzierungen im Irak
oder in Afghanistan verdanken sich weniger der Einsicht in
die Fragwürdigkeit militärischer Interventionen als vielmehr einer veränderten Kriegstaktik, die weniger auf *boots
on the ground* setzt denn auf Drohneneinsätze. Allein ein
Blick auf die ungebremst wachsenden Rüstungsausgaben
Washingtons lässt keinen Zweifel, dass sich die USA ungebrochen als Hegemon verstehen.[26] Wird die öffentlich ge-

äußerte Kritik an Kriegseinsätzen in Übersee zu wirkmächtig, gilt es gegenzusteuern. Indem etwa die «Exzesse der Demokratie» beschnitten werden, wie von der Trilateralen Kommission empfohlen. Und es braucht wirkmächtige Feindbilder: den Kommunismus, den Islam. Doch damit nicht genug. Für die Feinjustierung bedarf es auch intellektueller Wortführer, die den Interventionismus Washingtons insbesondere der liberalen Öffentlichkeit als Ausdruck gelebter amerikanischer oder westlicher Werte vermitteln.

Zu den ganz Großen auf diesem Gebiet gehört Norman Podhoretz, der fast ein halbes Jahrhundert lang jeden Krieg, jede militärische Machdemonstration der USA besungen hat. Der rechtslastige Publizist gilt, neben Irving Kristol, als «Gottvater» der Neokonservativen, der *Neocons*, die unter George W. Bush die außenpolitische Agenda setzten. Zuvor hatten sie die Ideologie des «freien Marktes» unter Reagan als «alternativlos» gepriesen. In den Jahren nach dem Vietnam-Krieg war die US-amerikanische Öffentlichkeit kriegsmüde und lehnte wie auch Teile der Machtelite weitere Militäraktionen in Übersee ab. Eine solche Haltung aber ist nicht allein aus Sicht «liberaler Interventionisten» der «Ordnungsmacht» USA abträglich. Ein Jahr nach Ende des Vietnam-Krieges, im April 1976, veröffentlichte Podhoretz einen langen Artikel in der Zeitschrift *Commentary*, die sich in den 1970er Jahren zu einem Zentralorgan des Neokonservatismus entwickelte und deren Chefredakteur er jahrzehntelang war. Dieser Beitrag, unter der Überschrift *Making the World Safe for Communism*, ist eine an Fanatismus grenzende Abrechnung mit dem Sowjetkommunismus und Apologetik des Vietnam-Krieges, der indirekt die Dolchstoß-Legende bemüht: Die Amerikaner hätten ihn gewinnen können, wenn nicht Inkompetenz auf allen Ebenen und fehlende Unterstützung in der Heimat einen anderen Ausgang erwirkt hätten. Stattdessen hätten die Kommunisten ihren Sieg errungen – und gerade deswegen dürfe es eines nicht geben: diesen Ungeist eines den Gegnern der Freiheit in die Hände spielenden «neuen Isolationismus».[27]

Weg mit dem Vietnam-Syndrom!

In amerikanischen Medien entspann sich ein Disput entlang Podhoretz' Einlassungen, aus denen der Begriff des «Vietnam-Syndroms» hervorging. Der Autor selbst versteht dieses Syndrom als «krankhafte Hemmung gegenüber der Anwendung militärischer Gewalt».[28] Eine solch pathologisch begründete Abneigung, andere Länder zu zerstören, liegt jedoch nicht im Interesse des Imperiums und seiner maßgeblichen Machteliten. Im ersten Moment könnte man es für absurd oder eine «Verschwörungstheorie» halten, doch die operettenhafte US-Militärintervention auf der Karibikinsel Grenada 1983, wo angeblich Kommunisten die Macht übernommen hatten, diente wesentlich der Überwindung dieses Syndroms. «Reagan, der den Kongress für das Ergebnis in Vietnam verantwortlich gemacht hatte und den dortigen Konflikt 1978 ‹einen langen, blutigen Krieg› nannte, ‹den unsere Regierung sich weigerte zu gewinnen›, begründet seine verstärkten Rüstungsausgaben, die Invasion von Grenada und die Entsendung von US-Truppen an die Krisenherde dieser Welt als klares Signal – das ‹Vietnam-Syndrom› sei nunmehr überwunden.»[29]

Auch der Golfkrieg zur Rückeroberung Kuweits von irakischer Besatzung 1991 heilte offenbar alte Wunden: «*By God, we've kicked this Vietnam syndrome*», erklärte Präsident Bush senior überschwänglich. Der Blitzsieg über den Irak habe alle Erwartungen übertroffen, so die *Los Angeles Times*: «Amerikas Soldaten und Soldatinnen kehren als Helden in ihre Heimat zurück, die, ihnen sei Dank, nicht länger von der demütigenden Erinnerung an Vietnam gequält wird.»[30]

Ob der Irak-Krieg 2003 ebenfalls dazu beigetragen hat, das «Vietnam-Syndrom» zu überwinden oder eher alte Geister zu neuem Leben erwecken half, sei dahingestellt. Podhoretz jedenfalls schlug für diesen Krieg erneut die Trommel und propagierte auch 2005 noch dessen Richtigkeit und Notwendigkeit. Alle Kritik an den zu dem Zeitpunkt hinlänglich bekannten Lügen, auf denen der Sturz Saddam Husseins beruhte, wies er nicht allein als «unbegründet», sondern gar als «verleumderisch» zurück.[31] Podhoretz, daran sei erinnert, ist kein einsamer Spinner aus dem amerikanischen Hinterland. Den Präsidenten Reagan und George W. Bush diente er als wichtiger Ideenlieferant. Und selbstverständlich befürwortet Podhoretz auch einen Krieg gegen den Iran, von dem er die Regierung Bush bereits 2007 zu überzeugen suchte. Unter dem Titel «Warum der Iran bombardiert werden muss» argumentierte er, Teheran könne nur durch die «alternativlose Anwendung von Gewalt» daran gehindert werden, «ein nukleares Arsenal zu entwickeln». Podhoretz unterschied dabei ausdrücklich nicht zwischen ziviler oder militärischer Nutzung der Atomkraft und schloss mit den Worten: «Als Amerikaner und Jude bete ich von ganzem Herzen, dass er (George W. Bush, ML) das tun wird», nämlich den Iran zu bombardieren.[32] Fast hätte stattdessen Präsident Trump seine Gebete erhört.

Regelmäßig werben auch hiesige Leitartikler oder Politiker für Militäreinsätze *out of area*, um das ablehnende Meinungsbild in der Bevölkerung in freundlichere Bahnen zu lenken. Bundestagspräsident Wolfgang Schäuble (CDU) möge als exemplarisches Beispiel dienen. Im Nachgang zu den Gedenkveranstaltungen in Berlin zum 75. Jahrestag der Befreiung von Auschwitz am 27. Januar 2020 sprach er sich für mehr Auslandseinsätze der Bundeswehr aus. «Wir können nicht alles den Franzosen und den Amerikanern überlassen.» Die Lehren aus Auschwitz, bekanntlich auch: nie wieder Krieg, dürften kein Argument sein, dauerhaft «kein Engagement zu übernehmen». Denn «wir können uns nicht wegducken. Wenn Europa eine stärkere Rolle spielen soll, dann müssen wir unseren Beitrag leisten. Ich bin da ganz bei Annegret Kramp-Karrenbauer, die dafür wirbt, dass wir mehr Verantwortung übernehmen.» Die CDU-Vorsitzende und Verteidigungsministerin hatte ebendas mehrfach gefordert.[33] Die potentiellen Einsatzgebiete der Bundeswehr reichen dieser Regierungslinie zufolge bis ins Südchinesische Meer.

Nie wieder Völkermord!

Bemerkenswert ist die überaus flexible Handhabung von Auschwitz als Argument in der Politik, konkret für die Legitimierung von Militäreinsätzen. Schäuble denkt gewissermaßen nach vorne: Gedenken ja, aber bitte keine falschen Schlüsse ziehen. Außenminister Joschka Fischer von den Grünen hingegen bemühte Auschwitz als Ultima Ratio der Werteorientierung, um den völkerrechtswidrigen Militäreinsatz von NATO und Bundeswehr 1999 im Kosovo zu legitimieren: Andernfalls drohe ein erneuter Völkermord. Diese Behauptung war wenig mehr als Kriegspropaganda, wie auch der legendäre «Hufeisenplan»,[34] doch ist im Bereich der «Bilderwelten» grundsätzlich alles möglich. Auch die militaristische Instrumentalisierung der «Erinnerungskultur», obwohl – oder gerade weil – sie in Deutschland beinahe religiöse Züge trägt.

Der Vollständigkeit halber sei nachgetragen, dass zahlreiche, auch europäische Staaten, die 2008 erfolgte und völkerrechtlich fragwürdige Unabhängigkeitserklärung der albanisch dominierten Provinz Kosovo von Serbien nicht anerkennen. Zumindest Teilen der dortigen Machtelite wird eine große Nähe zur organisierten Kriminalität nachgesagt. Über das Kosovo verläuft eine der wichtigsten Drogenhandelsrouten für Heroin aus Afghanistan nach Westeuropa, ebenso gilt das Land als eine Hochburg für Menschenhandel und Organraub. Seine Unabhängigkeit verdankt das Armenhaus Europas nur vordergründig historisch gewachsenen Animositäten zwischen Serben und Albanern. Entscheidend war die Gegnerschaft albanischer Clan- und Milizführer zu Belgrad, das wiederum enge Beziehungen zu Russland unterhält: Hier liegt des Pudels Kern. Wirtschaftlich wie politisch ist das Kosovo wenig mehr als ein Protektorat der EU, der USA und der NATO – ohne die entsprechenden Transferzahlungen könnte es nicht überleben.

Ohne irgendjemanden vor Ort um Zustimmung zu ersuchen, errichteten die USA im Zuge der NATO-Intervention im Kosovo im Juni 1999 ihre Militärbasis Camp Bondsteel, benannt nach einem US-Kriegshelden in Vietnam. Heute ist es die größte Militärbasis Washingtons in Südosteuropa. Der Menschenrechtsbeauftragte des Europarates, der Spanier Alvaro Gil-Robles, bezeichnete Camp Bondsteel 2005 als «eine kleinere Version von Guantanamo», weil dort zahlreiche Terrorverdächtige jahrelang ohne Anklage festgehalten wurden.[35]

Es passt ins Bild, dass der Internationale Strafgerichtshof in Den Haag im Juni 2020 ankündigte, den Präsidenten Kosovos, Hashim Thaçi, wegen Kriegsverbrechen anzuklagen. Ebenso neun weitere ehemalige Kämpfer aus den Reihen der «Kosovo-Befreiungsarmee» UÇK, aus deren Reihen sich ein Großteil der kosovarischen Machtelite rekrutiert. Vorgeworfen wird ihnen, während des Krieges rund

100 Kosovo-Albaner, Serben und Roma ermordet zu haben. Mit Beginn des Strafverfahrens im November trat Thaçi von allen politischen Ämtern zurück.

Doch hat es im Kosovo, Joschka Fischer sei Dank, keinen Völkermord gegeben.

Eine Zeitung mit Format:
Die Geschichte der Whistleblowerin Katharine Gun

Mit Ausnahme der Linkspartei sind alle im Bundestag vertretenen Parteien bereit, «mehr Verantwortung zu übernehmen». Ein propagandistisches Sprachbild, wie es Lippmann kaum besser hätte prägen können. Formulierungen oder Begriffe, die nicht benennen, was sie eigentlich meinen, in diesem Fall Militäreinsätze, doch emotional anrühren, positive Gefühle auslösen – so gelingt, mit Bernays gesprochen, die intelligente Manipulation der Massen. Lebt denn ein demokratisches Gemeinwesen nicht vom Engagement seiner Wählerinnen und Wähler, die doch längst Verantwortung übernehmen, unter Nachbarn, Freunden, in der Familie, im Verein? Sollten Volksvertreter, ihrem Gewissen und einem christlichen, liberalen, sozialdemokratischen oder menschenrechtsbasierten Wertekanon verpflichtet, diesem vorbildlichen Verhalten der Bevölkerung nicht auch auf anderer Ebene Rechnung tragen? Und ihrerseits mehr Verantwortung übernehmen, wie es eine vitale Demokratie gebietet, wie es der mündige Bürger ohnehin längst schon mustergültig vorlebt?

Die zutiefst verinnerlichte Überzeugung in Brüssel wie auch Berlin, als Juniorpartner der USA gemeinsamen Werten politisch Ausdruck zu verleihen, hat durch die erratische und egomane Verhalten der Regierung Trump Risse erhalten, ohne jedoch die eigene Nibelungentreue grundsätzlich infrage zu stellen. Das von Mandatsträgern wie Meinungsmachern wohlinszenierte Plädoyer für europäische oder deutsche *out-of-area*-Einsätze folgt der imperialen Logik Washingtons, ohne dieser Logik ein eigenständiges Denken und Handeln entgegenzusetzen oder eigene Interessen selbstbewusst zu vertreten. Geschweige denn sich zum unbedingten Friedenserhalt zu bekennen. Selbst dort, wo die USA die Europäische Union mit der Androhung von Sonderzöllen erpressen oder etwa Strafmaßnahmen gegen die Betreiber der Gaspipeline Nord Stream 2 verhängen, regt sich in Brüssel wie auch Berlin kaum Widerstand. Die Bereitschaft der E3-Signatarstaaten, die Konfrontationspolitik Washingtons gegenüber dem Iran leise murrend mitzutragen, passt ins Bild. Gelegentliche Unmutsbekundungen von deutscher oder europäischer Seite gegenüber dem nassforschen Auftreten Washingtons, wie sie etwa auf den jährlichen Münchener Sicherheitskonferenzen zu vernehmen sind, ändern nichts an den Geschäftsbedingungen. Bislang jedenfalls.

Aus Sicht westlicher Elitenvertreter bedarf der «freie Markt» der militärischen Selbstbehauptung zur Abwehr von Konkurrenten und zur Sicherung von Rohstoffen oder Verkehrswegen. Da die USA ihren Zenit als Weltmacht überschritten haben und nicht-westliche Widersacher wie Russland, China oder der Iran nicht bereit sind, sich amerikanischer Dominanz zu unterwerfen, wird das Klima in den internationalen Beziehungen deutlich rauer. Längst geht es nicht mehr um Ausgleich, sondern um Unterwerfung. Entsprechend rüsten alle Beteiligten auf, entwickeln sich regionale Konflikte leicht zu Stellvertreterkriegen, in Syrien etwa oder in Libyen. Handelsfragen werden unverhohlen zu Machtfragen: *America first.* Und doch gibt es kaum ein Innehalten, eine kritische europäische Selbstbefragung: Was tun, um nicht etwa als Büttel der USA in eine militärische Auseinandersetzung im Persischen Golf hineingezogen zu werden? Die europäischen Elitenvertreter innerhalb der tonangebenden transatlantischen Netzwerke versäumen es, auf naheliegende Fragen wie diese Antworten zu geben – jedenfalls haben sie die der Öffentlichkeit bislang vorenthalten.

Bagdad im Visier

Theoretisch könnten Qualitätsmedien die Lücke füllen und ein aufklärendes Gegengewicht setzen. Sie tun es aber nur in Ansätzen. Warum, das hat das Propaganda-Modell von Herman und Chomsky umfassend darzulegen versucht. Und doch ist nichts unmöglich. Fast hätte die britische Zeitung *The Observer* nolens volens den Irak-Krieg 2003 verhindern können, mit Hilfe der Whistleblowerin Katharine Gun – doch eben nur beinahe.

In unserer kurzlebigen Zeit ist dieser Krieg fast schon wieder in Vergessenheit geraten. Doch hat er den Nahen und Mittleren Osten so zum Negativen verändert wie kein anderes Ereignis in der Region seit dem Ende der Kolonialzeit. Der von den USA und Großbritannien ausgelöste Krieg hat den Irak als repressiven, aber funktionierenden Zentralstaat zertrümmert. Anschließend zerfiel er in zahlreiche ethnische und regionale Stammesgebiete, trat der «Islamische Staat» seinen Siegeszug an. Anders als in Washington gedacht, wurde der Iran zum entscheidenden Machtfaktor irakischer Innenpolitik. Weit davon entfernt, aus eigenen Fehlern zu lernen, setzen die USA und teilweise auch ihre Verbündeten noch immer auf Regimewechsel, gegenwärtig im Iran und, nicht zu vergessen, Venezuela. Offiziell sollte der Sturz Saddam Husseins den Irak in einen Leuchtturm der Demokratie für die gesamte Region verwandeln, so die Phantasiewelten der *Neocons* um George W. Bush. In Wirklichkeit ging es natürlich vor allem um den Zugriff auf Erdöl und um Geostrategie, um die Beseitigung des Störenfrieds

Saddam Hussein. Mit seinem Einmarsch in Kuweit 1990 hatte der langjährige US-Verbündete gegen die nach Präsident Carter benannte und von seinem Sicherheitsberater Brzezinski entworfene Carter-Doktrin von 1980 verstoßen: «Um unsere Position unmissverständlich klarzustellen: Jeder Versuch einer anderen Macht, Kontrolle über den Persischen Golf zu gewinnen, wird von uns als Angriff auf die Lebensinteressen der USA angesehen. Ein solcher Angriff wird mit allen erforderlichen Mitteln, einschließlich militärischer Gewalt, zurückgeschlagen werden.»[1] Diese Doktrin ist noch immer gültig und richtet sich heute in erster Linie gegen den Iran, aber auch gegen Russland und China.

Anders als sein Vater, der 1991, im Zuge der Rückeroberung Kuweits, aus gutem Grund den Irak selbst nicht besetzt hatte, folgte Präsident George W. Bush den Vorstellungen der *Neocons* und setzte nach 9/11 auf Regimewechsel erst in Afghanistan, dann im Irak. Die Entscheidung, Saddam Hussein zu stürzen, hatte die Regierung Bush im Februar 2002 abschließend getroffen. Allerdings stießen die Kriegsvorbereitungen – seit dem Sommer 2002 trafen Zehntausende US-Soldaten vor allem in Kuweit ein – weltweit auf große Vorbehalte. Mit dem Widerstand auch von Verbündeten wie Deutschland oder Frankreich hatte Washington nicht gerechnet. Vom Sicherheitsrat der Vereinten Nationen konnten die USA, anders als beim Sturz der Taliban in Kabul, ebenfalls keine Unterstützung erwarten. Allein Großbritannien blieb unerschütterlich an der Seite der Amerikaner, Tradition verpflichtet. Premierminister Tony Blair versicherte Bush: «Ich stehe an Ihrer Seite, was auch immer geschieht.»[2] Zwar gab es in keinem europäischen Land einen so großen Widerstand gegen den Krieg wie in Großbritannien, mit zeitweise Hunderttausenden Demonstranten auf den Straßen. Das allerdings spielt in einer von

Machteliten geprägten Demokratie, wie von Lippmann beschrieben, nur eine untergeordnete Rolle.

Dennoch, jeder Krieg benötigt eine Legitimation, wenigstens eine Selbstrechtfertigung. Folglich wurde Saddam Hussein wieder verstärkt mit Hitler gleichgesetzt, wie schon 1990/91. Ein Sinnbild des ultimativ Bösen: griffige Kriegspropaganda. Die grausam unterdrückte Bevölkerung verlange nach Freiheit, und diesem stummen Schrei der Verzweiflung dürfe sich der Westen nicht verschließen. Daher auch der Name der Militäraktion 2003: «Operation Iraqi Freedom». Vor allem aber warf Washington Bagdad vor, mit Al-Qaida zu kooperieren und folglich mitverantwortlich für 9/11 zu sein sowie über «Massenvernichtungswaffen» zu verfügen, also über atomare, biologische und/oder chemische Kampfstoffe. Allerdings war es den zahlreichen UN-Inspektoren, die im Irak danach gesucht hatten, nicht gelungen, diese Waffen zu finden. Kein Wunder, denn es gab sie nicht, wie Washington 2004, ein Jahr nach dem Krieg, einräumen musste. Ebenso waren die angeblichen Kontakte zwischen Bagdad und Osama Bin Laden frei erfunden. Sehr zum Unwillen der Regierung Bush zeigten auch die nichtständigen Mitglieder im Sicherheitsrat der Vereinten Nationen wenig Bereitschaft, einer UN-Resolution für den geplanten Angriff auf den Irak zuzustimmen und Washington somit den völkerrechtlichen Segen zu erteilen.

Das Drama nimmt seinen Lauf

Vor diesem Hintergrund ist das Memorandum zu verstehen, das Frank Koza, Stabschef der NSA-Abteilung «Regionale Ziele», am 31. Januar 2003 an die Mitarbeiter des Government Communications Headquarters (GCHQ) mit Sitz im englischen Badeort Cheltenham per E-Mail zustellte. Das GCHQ ist das britische Spionage-Pendant zur NSA. «Regionale Ziele» bezeichnet diejenige Abteilung innerhalb der NSA, die Staaten von übergeordneter Bedeutung für amerikanische Interessen ausspioniert. In diesem «Koza Memo», vom Verfasser selbst als «streng geheim» klassifiziert, teilt er den britischen Kollegen mit, dass die NSA «eine Flut an Maßnahmen durchführt, die sich insbesondere gegen die Mitglieder des UN-Sicherheitsrats (UNSC) richtet (abzüglich USA und GB natürlich)».[3] Um zu erfahren, wie sich die Meinungsbildung namentlich unter den nichtständigen Mitgliedsstaaten im Sicherheitsrat gestalte: Angola, Kamerun, Chile, Bulgarien und Guinea sowie, als «extra Fokus», Pakistan – mit Blick auf die ersehnte UN-Resolution, den Freibrief zum Angriff. Aber auch UN-Mitglieder außerhalb des Sicherheitsrates seien gute Zielobjekte, die «zusätzliche Perspektiven und Einblicke jeder Art» ermöglichen würden. Grundsätzlich interessierte sich Koza für «die ganze Palette an Informationen, die den US-Politikgestaltern einen Vorteil verschafft. In der Absicht, Resultate zu erzielen, die sich positiv auf US-Interessen auswirken und Überraschungen abwenden.» Er forderte die britischen Agenten auf, ihrerseits weiterführende Informationen «entlang Ihrer Produktlinien» beizusteuern, also mit eigenen Mitteln den UNSC auszuspionieren.

Selbstverständlich sind solche Abhöraktionen illegal, Koza ruft auf zur staatlichen Verschwörung. Bemerkenswert ist die Selbstverständlichkeit, man könnte fast schon sagen: imperiale Arroganz, mit der er die Mitarbeiter des GCHQ zur Mitarbeit auffordert, ohne sich vorher mit deren Chefs abgesprochen zu haben. Man darf auch aus dieser Episode schließen, wer im Verhältnis zwischen Washington und London der Koch ist und wer der Kellner.

Doch wie konnte dieses als «streng geheim» klassifizierte Memorandum, in dem unverhohlen zum Bruch internationaler Rechtsnormen aufgefordert wird, an die Öffentlichkeit gelangen? Das ist das bleibende Verdienst der Whistleblowerin Katharine Gun, auf deren E-Mail-Account das Koza-Memo ebenfalls einging. Gun, in Taiwan zweisprachig aufgewachsen, war damals 28 Jahre alt und hatte zu dem Zeitpunkt zwei Jahre als Übersetzerin und Analystin für Mandarin-Chinesisch beim GCHQ gearbeitet. Die mit einem Türken verheiratete Britin war keine Anti-Kriegsaktivistin, doch wusste sie nicht zuletzt aufgrund ihres Arbeitsumfeldes, dass die Behauptungen von Bush und Blair über das irakische Waffenarsenal nicht zutreffen konnten – zumal sich beide gerne auf Geheimdienstinformationen beriefen.

Gun beschreibt ihren Weg zur Whistleblowerin so: «Ich konnte nicht glauben, was ich da vor mir auf dem Monitor sah. Ich musste das mehrere Male lesen. Ich war ziemlich aufgeregt – nein, eher geschockt. Plötzlich wurde mir klar, dass dieses Memo von großer Bedeutung war, vielleicht sogar helfen konnte, den Weg in Richtung einer militärischen Aktion gegen den Irak abzuwenden … Ich hatte nie zuvor daran gedacht, Informationen nach außen weiterzuleiten. Aber jetzt, nachdem ich Kozas Aufforderung erhalten hatte, kam es mir so vor, als sei ich in eine ganz andere Sphäre vorgestoßen … Was ich da tun sollte, auf geheimster und oberster Regierungsebene, erschien mir vollkommen falsch.»

Kozas Schreiben erfolgte am selben Tag, dem 31. Januar 2003, an dem sich Bush, Blair und die Nationale Sicherheitsberaterin Condoleezza Rice im Weißen Haus trafen, um ihr weiteres Vorgehen abzustimmen. Vier Tage zuvor, am 27. Januar, hatte der Oberste Waffeninspekteur der UN, der Schwede Hans Blix, einen Zwischenbericht seiner Arbeit vorgelegt. Daraus ging hervor, dass Bagdad voll und ganz den Vorgaben der UN-Resolution 1441 zur Überprüfung seiner Waffenarsenale entsprochen hatte. ABC-Waffen seien nicht gefunden worden. Dieser Zwischenbericht hatte Washington ebenso verärgert wie London. Die Zeit drängte, denn für den 5. Februar war der Auftritt von US-Außenminister Colin Powell vor den Vereinten Nationen geplant, bei dem er unwiderrufliche Beweise für die Massenvernichtungswaffen Iraks vorlegen wollte – wahrscheinlich die letzte Chance, eine UN-Resolution für den Angriff zu erwirken. Diese Rede sollte in die Geschichte eingehen: Sie beruhte ausschließlich auf Lügen und Falschdarstellungen und beschädigte die Glaubwürdigkeit der USA auch in westlichen Hauptstädten auf lange Zeit.

Katharine Gun weiter: «George Bush und Tony Blair, vor allem aber Tony Blair, vermittelten der Öffentlichkeit den Eindruck, sie seien an einer diplomatischen Lösung in Sachen Irak interessiert ... In Wirklichkeit aber suchten sie händeringend nach einer Zustimmung der Vereinten Nationen, um den Krieg zu rechtfertigen, den sie offenbar wollten ... Man hat uns (im Geheimdienst, ML) aufgefordert, an einem illegalen Verfahren mitzuwirken. Mit dem letztendlichen Ziel, eine militärische Intervention wider das Völkerrecht herbeizuführen.»

Sie glaubte, nicht frei von der Naivität, wie sie moralisch integren Personen häufig zu eigen ist, die Öffentlichkeit müsse von dem Koza-Memo erfahren – das könne den Weg in Richtung Krieg aufhalten. «Ehrlich gesagt kam mir die Überlegung, die E-Mail nach außen zu tragen, schon bei der ersten Lektüre, aber eine Entscheidung hatte ich da noch nicht getroffen ...»[4] Je länger sie darüber nachdachte, umso mehr gelangte sie zu der Überzeugung, handeln zu müssen. Sie beschloss, das Memo an eine Zeitung weiterzuleiten. Gun war sich darüber im Klaren, damit eine strafbare Handlung zu begehen, gegen den Official Secrets Act zu verstoßen, der sie zu vollkommener Verschwiegenheit über ihre Tätigkeit gegenüber Dritten außerhalb des GCHQ verpflichtete. Sie musste ihre Entscheidung also allein treffen, auch ohne Rücksprache mit ihrem Mann, Yaşar Gün. Der Türke besaß trotz ihrer Heirat nur einen begrenzten Aufenthaltstitel für Großbritannien, was sich rächen sollte.

Schmutzige Tricks

Nach einem Wochenende quälenden Abwägens schritt Katharine Gun zur Tat. Während die Führungsebene des GCHQ der NSA ihre Bereitschaft zur Zusammenarbeit erklärte, druckte sie das Memo aus und nahm es an sich. Spätestens in dem Moment, als sie damit ihre Arbeitsstätte verließ, hatte sie sich strafbar gemacht. Über eine Freundin gelangte das Koza-Memo an die freie Journalistin Yvonne Ridley, die sich mit ihrer Berichterstattung aus Afghanistan einen Namen gemacht hatte. Da sie in der Anti-Irakkriegsbewegung aktiv war, erschien es ihr ratsam, die Geschichte nicht selbst zu verfolgen. Mediale Kriegsbefürworter würden sie sofort als «unglaubwürdig» abstempeln. Stattdessen übergab sie das Memo dem befreundeten Martin Bright, Redakteur beim linksliberalen *Observer*. Die Zeitung selbst war in ihrer Irak-Berichterstattung gespalten. Ressortleitung und Chefredaktion folgten der offiziellen Regierungslinie – Massenvernichtungswaffen! – und befürworteten ein militärisches Vorgehen gegen Bagdad. Die für Innen- wie auch Außenpolitik zuständigen Redakteure dagegen, darunter Martin Bright, waren längst überzeugt, dass dieser zu erwartende Krieg auf Lügen fußte.

Wie aber die Authentizität des Koza-Memos überprüfen? Theoretisch hätte es sich ja auch um eine Fälschung handeln können, lanciert von Kriegsgegnern. Fast einen Monat recherchierten drei Redakteure des *Observer* diskret hinter den Kulissen, darunter dessen US-Korrespondent. Dabei war äußerste Vorsicht geboten, denn mit der Veröffentlichung des Memorandums machte sich die Zeitung ebenso strafbar wie die Whistleblowerin. Die Verantwortlichen waren jedoch überzeugt, dass die Regierung nicht wagen würde, gegen eine Zeitung juristisch vorzugehen. Allerdings hätte sie im Vorfeld massiven Druck auf die Chefredaktion ausüben können, damit es gar nicht erst zu einer Veröffentlichung kommt.

Der britische Spielfilm *Official Secrets* (2019), der die Geschichte Katharine Guns erzählt, zeigt sehr eindringlich, welche Kämpfe innerhalb der Redaktion ausgefochten wurden, bis der Artikel endlich erscheinen konnte. Die Kriegsbefürworter fühlten sich natürlich brüskiert. Der cholerische Ressortleiter, hin- und hergerissen zwischen dem Gebot eines jeden leitenden Redakteurs, der jeweiligen Regierung nicht frontal in die Parade zu fahren, und der journalistisch gebotenen Professionalität, Fakten nicht einfach leugnen zu können, setzte die Veröffentlichung allen Widerständen zum Trotz durch. Das ist, man muss es ausdrücklich betonen, ein mutiges Bekenntnis gewesen. Hätte er weniger Rückgrat gezeigt, wäre nicht nur die Wahrheit vermutlich gar nicht erst ans Licht gekommen. Für Katharine Gun wäre es geradezu eine Katastrophe gewesen – wahrscheinlich wäre sie ohne viel Aufhebens, vor der Öffentlichkeit verborgen, auf lange Zeit im Gefängnis verschwunden, hätte man sie denn als Whistleblowerin enttarnt. Und damit musste sie rechnen. Durch die Veröffentlichung jedoch hatte sie immerhin ideelle Verbündete.

Die Bombe zündete am 2. März 2003. Unter der Überschrift «Enthüllt: Schmutzige Tricks der USA, um die Abstimmung über den Irak-Krieg zu gewinnen» präsentierte der *Observer* nicht allein das Koza-Memo, sondern auch die Ergebnisse weiterführender Recherchen. Unter anderem heißt es: Das Memorandum «kommt inmitten zuneh-

mend bedrohlicher Töne seitens der USA gegenüber unent-
schlossenen Staaten im Sicherheitsrat, die vor den uner-
freulichen wirtschaftlichen Konsequenzen gewarnt wurden,
falls sie sich den USA widersetzten.» Die Zeitung benennt
Condoleezza Rice als die wahrscheinliche Urheberin der
tatsächlich durchgeführten Spionage-Aktion. «Viele Diplomaten der Vereinten Nationen gehen davon aus, dass sie
abgehört werden. Doch offenbart das Memo erstmals den
Umfang und das Ausmaß der von den USA abgefangenen
Kommunikation der UN-Missionen in New York. Die Enthüllung kommt zu einer Zeit, in der sich Diplomaten der
entsprechenden Staaten über die ‹Feindseligkeit› der US-
Maßnahmen in den Tagen zuvor beklagen. In der Absicht,
sie (in Sachen Irak, ML) auf Linie zu bringen, auch mit Hilfe
von Drohungen» vor allem wirtschaftlicher Art.[5]

Sofort nach der Veröffentlichung leitete das GCHQ in-
terne Ermittlungen ein, um herauszufinden, wer das Koza-
Memo geleakt hatte. Dessen Mitarbeiter wurden intensiv
und mehrfach hintereinander verhört. Auch Katharine Gun.
Drei Tage nach der Veröffentlichung, am 5. März, offen-
barte sie sich ihren Vorgesetzten. «Ich bin nicht gut darin zu
lügen, und ich versuche, ein ehrlicher Mensch zu sein.
Hätte ich weiterhin gelogen, wäre ich unehrlich gewesen,
wie sie. Ich bin lediglich meinem Gewissen gefolgt. Und
mein Gewissen ist wirklich ein Ärgernis.»[6] Gun wurde daraufhin verhaftet, kam aber gegen Auflagen bis zum Pro-
zessbeginn wegen Verstoßes gegen den Official Secrets Act
wieder frei. Der sie verhörende Kommissar fragte sie,
warum sie das getan habe: «Sie arbeiten für die britische
Regierung.»

Ihre Antwort: «Nein, ich arbeite für das britische Volk.
Ich erstelle nicht Geheimdienstinformationen, damit die
Regierung das britische Volk belügen kann.»[7]

Zu glauben, die Wahrheit verändere machtpolitische

Interessen und Schachzüge, führe gar zu einem Kurswechsel, ist leider ein Irrtum. Weder der Scoop des *Observer* noch der Rücktritt zweier Minister und einer Staatssekretärin der Regierung Blair aus Protest, kurz vor dem Irak-Krieg, änderten den längst beschlossenen Lauf der Dinge. Jenseits des *Observer* verfing das Spionage-Thema in britischen Medien eher am Rande, thematisch dominierten die Verwerfungen innerhalb der Regierung. Nicht die Veröffentlichung des Koza-Memorandums und die unheilige Allianz zwischen NSA und GCHQ sollten in der britischen Öffentlichkeit nachhallen, sondern der sensationell zu nennende Prozessverlauf gegen Gun im Januar 2004.

Am Tag nach der Veröffentlichung glühten die Telefone beim *Observer*, zahlreiche US-Medien suchten Martin Bright zu interviewen, darunter Fox News und CNN. Die erste «Flak» kam vom Drudge Report, einer rechtslastigen Nachrichten- und Kommentar-Plattform und einer der am häufigsten besuchten US-Internetseiten. Der Report bezweifelte die Authentizität des Koza-Memos, indem er auf die britische Schreibweise bestimmter Wörter verwies, die im amerikanischen Englisch nicht üblich seien. Daraus zog der Verfasser den Schluss, dass es sich bei dem Memo um eine Fälschung handeln müsse. Tatsächlich aber hatte eine Redaktionsassistentin den Text wie üblich über das hausinterne Rechtschreibprogramm laufen lassen – ein lässlicher Fehler, doch für die Gegenseite eine Steilvorlage zur Desinformation. Kurz nach dieser «Enthüllung» des Drudge Reports sagten alle – ausnahmslos alle – US-Medien, die es gerade noch so eilig hatten, Bright zu interviewen, ihre Gesprächstermine wieder ab. Es gibt keine Belege, aber vieles deutet darauf hin, dass es hier einige koordinierte Anrufe von höchster Stelle gegeben haben dürfte, unter Berufung auf die «Nationale Sicherheit».

Freedom Fries

Erst nachdem der *Observer* am 9. März in einem weiteren Artikel beschrieb, welche Irritationen die Abhöraffäre innerhalb der Vereinten Nationen ausgelöst hatte, und sich der Verdacht erhärtete, dass über die UN hinaus weltweit führende Gegner des Irak-Krieges abgehört wurden, bis hinauf zum Papst, verfing das Thema auch in US-Medien. Tenor: alles halb so wild, überall werde abgehört, von allen Geheimdiensten.[8] Der *Observer*-Artikel zitierte auch Daniel Ellsberg, der 1971 die geheimen Pentagon-Papiere über die rechtswidrigen Handlungen des Verteidigungsministeriums und des Weißen Hauses im Vietnam-Krieg geleakt hatte. Ihm zufolge waren die Enthüllungen Guns «zum richtigen Zeitpunkt gekommen und potentiell wichtiger als die Pentagon-Papiere».[9] Keine einzige US-Zeitung griff dieses Ellsberg-Zitat auf.

Um von ihren Spionage-Machenschaften abzulenken, beschuldigten Bush und Blair vor allem Frankreichs Präsidenten Jacques Chirac, um nahezu jeden Preis eine UN-Resolution zur Kriegsermächtigung zu verhindern. Das stimmte nicht, ähnlich wie die Bundesregierung verlangte auch die französische nach klaren Beweisen für das Vorhandensein irakischer «Massenvernichtungswaffen». Doch die Propaganda verfing, vor allem in der amerikanischen Öffentlichkeit – es war die Zeit, als Pommes Frites, in den USA French Fries genannt, in «Freedom Fries» umbenannt und französische Produkte in amerikanischen Supermärkten boykottiert wurden. Es braucht nicht viel, eine patriotisch gestimmte Öffentlichkeit mit einfachen Mitteln in die Irre zu führen.

In der Nacht vom 19. auf den 20. März 2003, zwei Wochen nach der Verhaftung Katharine Guns, griffen die USA und Großbritannien den Irak an. Im Rahmen einer «Koalition der Willigen» – 43 Staaten, die sich ungeachtet der

Rechtslage um eigener Vorteile willen auf die Seite der Aggressoren gestellt hatten, politisch und/oder militärisch: von Afghanistan über Mikronesien bis zu den Vereinigten Arabischen Emiraten. Darunter auch zahlreiche europäische Länder, etwa Dänemark, Litauen, Polen, Spanien oder Italien. Da der Krieg völkerrechtswidrig war, bemühte die Regierung Bush eine eigene Sprachschöpfung, ihn zu rechtfertigen: er sei «präemptiv». Saddam Hussein könnte Terroristen mit (Massenvernichtungs-)Waffen versorgen – eine Gefahr für die Menschheit, so die an den Haaren herbeigezogene Begründung des eigenen, «präemptiv» verstandenen Überfalls. Das Völkerrecht kennt den Präventionskrieg zur Abwehr eines unmittelbar bevorstehenden Angriffs. Ein «Präemptivkrieg» dagegen ist sprachlicher und juristischer Unfug, vergleichbar einem schwarzen Schimmel. Oder «Freedom Fries» mit Marmelade.

Verglichen mit anderen bekannten Whistleblowern ist es Gun deutlich besser ergangen. Weder wurde sie zur Flucht nach Russland gezwungen wie Edward Snowden, noch suchte man sie in Einzelhaft zu brechen wie Chelsea Manning oder Julian Assange. Und doch war sie größtem psychischen Druck ausgesetzt. Als ihr Mann die Verlängerung seiner Aufenthaltsgenehmigung beantragte, wurde er festgenommen und sollte abgeschoben werden. Allein die Intervention eines Parlamentsabgeordneten und Kriegsgegners beim Innenministerium bewirkte, dass Yaşar Gün am Folgetag, kurz vor seinem Einstieg ins Abschiebeflugzeug, wieder freigelassen wurde. Gleichzeitig bekam die Familie finanzielle Probleme, ihre Zukunft war ein schwarzes Loch. Doch am Ende stand nicht Guns Verurteilung, sondern ihr Freispruch – der sich einem intelligenten Schachzug ihres Anwaltes Ben Emmerson verdankte. Der spätere Sonderberichterstatter der Vereinten Nationen für Menschenrechte gehörte damals zur NGO «Liberty», die sich für politisch Verfolgte einsetzt. Zwei Monate nach Anklageerhebung begann das eigentliche Strafverfahren mit der Anhörung Guns am 19. Januar 2004. Es kam zu einem Paukenschlag, weil die Staatsanwaltschaft ihre eigene Anklage bereits am ersten Verhandlungstag überraschend wieder fallen ließ.

Freispruch!

Katharine Gun war mittlerweile sowohl in den USA wie auch in Großbritannien einer breiteren Öffentlichkeit bekannt geworden. Zahlreiche Prominente hatten sich für sie eingesetzt, darunter der Schauspieler Sean Penn und das Urgestein der amerikanischen Bürgerrechtsbewegung, Jesse Jackson. In einem für die Zeitung typischen Double Bind erlaubte die *New York Times*, die den Irak-Krieg mit herbeigeschrieben hatte, ihrem Kolumnisten Bob Herbert einen Meinungsartikel, den er ursprünglich schon nach dem Scoop des *Observer* im März 2003 veröffentlichen wollte, aber nicht durfte. Zeitgleich zum Prozessauftakt in London am 19. Januar 2004 schrieb Herbert: «Katharine Gun hat das wahre Wesen der Demokratie deutlich besser verstanden als Tony Blair: Daraus folgt, dass es Katharine Gun ist, die bestraft wird … Wir reden hier nicht von einer notorischen Kriminellen. Wir reden hier nicht von jemandem, der die demokratischen Prinzipien untergraben hätte, über die George W. Bush und Tony Blair ständig und selbstgerecht schwätzen, während sie sie mit Füßen treten. Frau Gun glaubt an ebenjene Prinzipien und war mutig genug, sie auf der Grundlage ihrer Überzeugungen zu verteidigen.»[10]

Hätten sich die Medien vor dem Krieg die Haltung Katharine Guns zu eigen gemacht, wäre der Lauf der Geschichte möglicherweise ein anderer gewesen. Warum sie es nicht getan haben, helfen das Propaganda-Modell ebenso wie Lippmanns Konzept einer Elitendemokratie zu verstehen. Es geht nicht um Recht und Gesetz, geschweige denn um Wahrheit. Es geht um Machtpolitik, verklärt als Wertekanon. In deutschen Medien spielte der Fall der Whistleblowerin 2003/04 jenseits von Agenturmeldungen keine Rolle.

Wie aber konnte Guns Anwalt Emmerson die Anklage austricksen? Indem er im Vorfeld signalisiert hatte, dass er die Frage der Legalität des Irak-Krieges in den Vordergrund rücken werde. Gun sei keine Landesverräterin, sondern habe aus «Notwendigkeit» gehandelt, um größeren Schaden von Großbritannien abzuwenden und den Tod Unschuldiger, darunter britische Soldaten, zu verhindern. Dem Rechtsbruch Guns sei der deutlich schwerer wiegende Rechtsbruch der Regierung Blair vorausgegangen. Entsprechend hatte Emmerson angekündigt, Akteneinsicht in teils geheim gehaltene Regierungsdokumente zu beantragen. Der entscheidende Schwachpunkt war der britische Generalstaatsanwalt Lord Goldsmith, gleichzeitig der Oberste Rechtsberater des Außenministeriums. Am 30. Januar 2003 hatte er Premierminister Blair schriftlich mitgeteilt, dass die bestehende UN-Resolution 1441 über die Waffeninspektionen im Irak «keine Anwendung von Gewalt autorisiert»; dafür bräuchte es eine weitere UN-Resolution – siehe oben. Nach einem Besuch in Washington änderte Goldsmith seine Haltung und erklärte am 7. März, dass eine weitere UN-Resolution nicht unbedingt erforderlich wäre, Großbritannien in dem Fall allerdings eine Anklage vor einem internationalen Gerichtshof riskiere. Am 17. März, unmittelbar vor Kriegsbeginn, schrieb er Blair, eine Invasion sei grundsätzlich «gesetzeskonform», auch ohne zweite UN-Resolution.[11] Ein rasanter und vermutlich keineswegs karriereabträglicher Gesinnungswandel.

Ob Guns Anwalt Emmerson diese Zusammenhänge in

allen Details kannte, hat er für sich behalten. Doch konnte der Regierung nicht daran gelegen sein, die Frage der Legalität des Krieges und konkret die wechselnden Ansichten Goldsmiths vor Gericht erörtert zu sehen. Also zog die Staatsanwaltschaft ihre eigene Anklage zurück, zum Erstaunen des Richters. Katharine Gun wurde, obwohl sie gegen den Official Secrets Act verstoßen hatte, freigesprochen – aus übergeordneten Gründen. Wie sich später herausstellte, hatte die Staatsanwaltschaft bereits mit Kriegsbeginn beschlossen, den Fall Gun juristisch nicht auszufechten. Warum also wurde das Verfahren nicht längst schon eingestellt? Die Antwort gibt der Staatsanwalt dem Verteidiger im Spielfilm *Official Secrets* am Ende: Ein allzu schneller Schlussstrich wäre ja geradezu eine Ermutigung für andere Whistleblower gewesen. So habe sie monatelang «Höllenängste» über ihre Zukunft und die ihres Mannes ausgestanden – wenigstens das.

Katharine Gun selbst sagte unmittelbar nach ihrem Freispruch: «Ich würde es wieder tun.» Heute führen sie und ihre Familie ein unauffälliges Leben in der Türkei.

Irak-Krieg? Ja, aber ...

Deutsche Leitmedien sind in ihrer Berichterstattung im Vorfeld des Irak-Krieges einen anderen Weg gegangen als der *Observer* mit seinen Enthüllungen. Die vergleichende Lektüre des politischen Teils einschließlich der Leitartikel von *Der Spiegel*, *Die Zeit* und der *Süddeutschen Zeitung* im Zeitraum August 2002 bis März 2003 erlaubt dieses Resümee: Rund zwei Drittel der Beiträge halten das Vorgehen der Regierung Bush gegenüber dem Irak für grundsätzlich gerechtfertigt, auch wenn die jeweiligen Autoren durchaus Einzelheiten amerikanischer Strategie oder Taktik kritisie-

ren. Rund ein Drittel der Artikel in den genannten Presseorganen entfällt auf Gegenstimmen, die den abzusehenden
Krieg gegen den Irak aus völkerrechtlichen, ethisch-moralischen und/oder innen- wie außenpolitischen Gründen
ablehnen. Nicht selten entfallen diese Gegenstimmen auf
Gastautoren. Unter den Redakteuren sind vor allem zwei zu
nennen, die ebenso kontinuierlich wie konsequent gegen
den Irak-Krieg angeschrieben haben: Hans Leyendecker
und Heribert Prantl, beide damals leitende Redakteure der
Süddeutschen. Leyendecker hat insbesondere die amerikanischen «Beweise» über irakische Massenvernichtungswaffen zerpflückt. Prantl dagegen wandte sich den unhaltbaren
Kriegsbegründungen Washingtons zu und kommentierte
mit teils spitzer Feder den Kurs der Oppositionsparteien
CDU/CSU, deren Führung, vor allem Angela Merkel und
Wolfgang Schäuble, am liebsten auf Seiten der USA in diesen Krieg gezogen wäre.

Frei von Anfechtungen war dagegen die *Frankfurter
Allgemeine Zeitung*, das Flaggschiff hiesiger Transatlantiker. Deren politische Berichterstattung und Kommentierung im genannten Zeitraum war ein durchgängiges
Hohelied auf Washington bei gleichzeitiger Geißelung der
SPD-geführten Regierung Schröder, die sich frühzeitig gegen den Irak-Krieg positioniert hatte, wie auch die Mehrheit der Deutschen. Im Original liest sich das dann etwa so:

«Tatsächlich wird der Bundeskanzler wissen, dass auch
die Deutschen sich mehr vor dem irakischen Diktator und
seiner Vorliebe für Massenvernichtungswaffen fürchten
müssen als vor der vermeintlichen Irrationalität und Kriegslüsternheit einer zwei Jahrhunderte alten Demokratie. Doch
Saddam ist weit, und antiirakische Stimmungen haben im
linken Lager Deutschlands eine unvergleichlich kürzere
Traditionslinie und damit auch geringere Mobilisierungskraft als die antiamerikanischen Ressentiments.»[12]

«Es gibt zwar keine neuen Erkenntnisse über die amerikanische Politik gegenüber dem Irak, doch Schröder redet so, als sei der Krieg beschlossene Sache.»[13] Im August 2002, als dieser Artikel erschien, war der Irak-Krieg in der Tat längst beschlossen. Das hätte auch der Autor wissen können, hätte er denn recherchiert. Doch was zählen Fakten, wo Meinung gefragt ist?

«Bagdad konnte Schröders ‹ohne uns› und seine brüskierende Kritik an Amerika als das ansehen, was es ist: als ernsthaftes Zerwürfnis und als beginnende Spaltung des Westens.»[14] Diese Haltung ist charakteristisch für (konservative) Transatlantiker. Gerne beschwören sie den geeinten Westen, Sinnbild des Wahren und Guten, stets von Spaltung und Schwächung bedroht. Sei es durch «Putin» oder andere Oberschurken, sei es durch naive Gutmenschen und Friedensträumer in den eigenen Reihen, in diesem Fall den Bundeskanzler.

«Der amerikanische Präsident will den Krieg, flüstert die Welt. Das soll sie auch glauben. Denn selbst und gerade wenn George W. Bush nichts mehr verabscheute als einen Krieg gegen den Irak, müsste er den Eindruck erwecken, er sei fest entschlossen, ihn zu führen, wenn dies notwendig wäre.»[15] Präsident Bush – ein verkanntes Genie? Der Eindruck entsteht, bei sinnfreier Aneinanderreihung zahlreicher Konjunktive.

Der gute Hegemon

Wenige Tage vor Kriegsbeginn veröffentlichte die FAZ den folgenden Gastbeitrag, bombastisch tituliert: «Wir brauchen das Imperium Americanum. Die multipolare Weltordnung ist eine Gefahr für den Frieden. Die Vereinigten Staaten müssen Hegemon der Menschheit werden».[16] Darin heißt es: «Der Mensch ist dann am freundlichsten, wenn er, entwaffnet, zum Bösen keine Gelegenheit bekommt. Für diese schwierige, schreckliche, unlösbare, aber unabdingbare Aufgabe muss sich die Menschheit auf die Suche nach dem Hegemon begeben, dem einen, dem – möglichst – guten. Seine Aufgabe besteht darin, alle A-,B- und C-Waffen zu zerstören, mit List und mit Tücke und mit Waffengewalt – und vor allem bald, ganz bald. Irak ist nur der erste Schritt auf diesem langen, verantwortungsvollen und vielleicht auch blutigen Weg. Dieser Hegemon kann, wenn überhaupt, nur eine einzige Macht sein, die Vereinigten Staaten. Sie verkörpern unsere Tradition, unsere Werte, unsere Hoffnungen – kraftvoller und verantwortungsvoller als wir selbst. Das Imperium Americanum ist unsere Chance. Eine andere haben wir nicht.»

Das grenzt an die Prosa von «Landser»-Heften, ist aber wohl in erster Linie die Verneigung eines Menschen mit schwacher Ich-Identität vor dem inbrünstig verehrten Übervater, dem amerikanischen Imperium. Aus dessen Reihen wird offenbar «ganz bald» ein neuer Messias hervortreten und segensreich als Erstes im Irak wirken. Dass dergleichen religiös anmutende Verzückung mit erfahrbarer Realität nichts zu tun hat, belegt allein das Koza-Memo recht unmissverständlich. Eine Frage allerdings lässt der Text offen: Wem wird nach dieser Logik die Aufgabe zuteil, die ABC-Waffen in amerikanischem Besitz zu zerstören? Den Aposteln aus den Reihen der *Neocons*?

Eine Woche nach Kriegsbeginn mahnte die FAZ: «Die Deutschen, die den Begriff ‹Angst› im Zusammenhang mit der Nachrüstung zu weltweiter Verbreitung verhalfen, sind heute nicht im mindesten darüber besorgt, dass an die Stelle enger Abstimmung mit der alten Schutzmacht, der man Existenz, Freiheit und Wiedervereinigung verdankt, Gegnerschaft in der Frage des Krieges und Sprachlosigkeit zwischen Präsident Bush und Kanzler Schröder getreten sind. Die Genugtuung der großen Mehrheit darüber, dass sich die Bundesregierung einem von vielen so bewerteten Angriffskrieg versagt, macht sie blind für wichtige Aspekte der Wirklichkeit», allen voran «die Zerstörung des deutsch-amerikanischen Verhältnisses».[17] Für überzeugte Transatlantiker spielen Tatsachen wie der klare Rechtsbruch der Regierung Bush und deren Manipulationen nur eine untergeordnete Rolle. Stattdessen treibt sie die Verteidigung und Beibehaltung ihrer vom Geist der Geschichte umwehten «Fiktionen» (Lippmann) um, gerne unter Einsatz einer hochgradig elaborierten, aber meist wenig dinglichen, sinnenfeindlichen Sprache. Man schwebt mit Vorliebe, so scheint es, im Überbau der eigenen Selbsterhöhung.

Last, not least diese Einordnung, unter der programmatischen Überschrift «Gewalt kann Frieden schaffen» (George Orwell beschrieb es in seinem Roman *1984* sehr ähnlich: «Krieg ist Frieden»): «Die Antikriegsbewegung liegt mit ihrem Instinkt nicht falsch: Die amerikanische Regierung hat die Welt tatsächlich getäuscht … Die Vereinigten Staaten haben sich mit diesem kühnen Unterfangen», gemeint ist der völkerrechtswidrige Angriff auf den Irak, «das viel lauterer ist als die meisten amerikanischen Interventionen seit dem Zweiten Weltkrieg, weiter denn je von Europa und dem Rest der Welt entfernt. Es stecken Eigensinn und Rücksichtslosigkeit in dem Unterfangen. Aber auch, das wird gerne übersehen, Verantwortungsgefühl … Amerikas Erfolg wäre besser als Europas Erfolg», denn der alte Kontinent sei viel zu friedensversessen. «Wem das imperiale Motiv vollkommen fremd ist, der ist kein verlässlicher Freund des Friedens.»[18]

Liest man die ideologiegesättigten Artikel der damaligen Kriegsbefürworter, fühlt man sich in eine andere Welt versetzt. Eine Welt, in der zweierlei nicht vorkommt: eine nüchterne Analyse der Faktenlage ebenso wenig wie die Kosten des Krieges. Das Leid und das Sterben der Iraker, der Menschen vor Ort, ist Hardcore-Transatlantikern keinen Gedanken wert. Getötete Araber und Muslime stehen außerhalb des «christlich-jüdischen Abendlandes» und fallen in die Kategorie «Kollateralschaden». Das gilt nicht nur für den Irak-Krieg, sondern auch für die Wahrnehmung der übrigen, dem Regimewechsel gewidmeten militärischen Interventionen in der Region.

Einmal angenommen, eine führende iranische Zeitung würde die folgenden Zeilen veröffentlichen: «Wer das zionistische Regime fällen oder doch lähmen will…, zerschlage Stromversorgung, Kommunikationsanlagen, Fabriken und Brücken à la Serbien; noch besser: Raffinerien, Benzinlager, Flugplätze und Häfen. Und nimmt, Präzisionswaffen hin oder her, Abertausende von Ziviltoten in Kauf.» Die entsprechenden politischen und medialen Reaktionen in den USA, in Deutschland und anderswo lägen auf der Hand – ein Aufschrei der Empörung, zu Recht wohlgemerkt, verbunden mit der Forderung nach Konsequenzen für derlei Vernichtungsphantasien. Doch erschienen sind diese Zeilen nicht im Iran, sondern in Deutschland – wenngleich es im Originaltext von *Zeit*-Mitherausgeber Josef Joffe selbstverständlich nicht «das zionistische Regime» heißt, sondern «die Assad-Diktatur».[19]

Menschenrechte? Nicht für die Bösen

Die Perspektive besagter Hardcore-Transatlantiker ist durchweg die des Feldherren-Hügels. Die imperiale Logik ihrer Wahrnehmung ist ihnen entweder nicht bewusst oder sie haben sie so sehr verinnerlicht, dass sie ihnen selbstverständlich erscheint. Gerne bemühen sie die Menschenrechte, die ihnen jedoch in erster Linie als Alibi zur Durchsetzung eigener, hegemonialer Interessen dienen. Aus Fehlern wie dem Irak-Krieg lernen sie nicht. Ihre geistige Heimat ist die unbedingte Loyalität gegenüber den Machteliten in den USA, deren politische, wirtschaftliche oder militärische Exzesse sie zu relativieren verstehen. Dass ein Imperium niemals andere Interessen verfolgt als seine eigenen – ein solcher Gedanke erschiene ihnen vermutlich abwegig, absurd oder aber als Ausdruck von Feindpropaganda. (Seit Trumps *America first* mag dem einen oder anderen ein Licht aufgegangen sein.)

Nun ist es keineswegs abwegig, dass sich der Schwächere dem Stärkeren unterwirft. Die USA sind der Hegemon, die West- und Mitteleuropäer dessen Verbündete oder Vasallen, je nach Standpunkt. Ist es klug, dem Willen der für uns maßgeblichen Weltmacht nicht Genüge zu tun und schlimmstenfalls zu enden wie der Iran? Selbstverständlich nicht. Es geht aber nicht um schwarz oder weiß, sondern um die Feinabstimmung – auch in Grundsatzfragen. Wer stets und ständig als dienstbarer Geist zur Verfügung steht, darf sich nicht wundern, am Ende an der Seite der USA in den Krieg zu ziehen. Das bleibende historische Verdienst der Regierung Schröder war es, sich dem völkerrechtswidrigen Waffengang gegen den Irak zu versagen. Obwohl das Desaster dieses Krieges bis heute fortwirkt, sich etwa der Aufstieg des «Islamischen Staates» der Zerstörung Iraks erst verdankt, sind die wenigsten Transatlantiker bereit, auch nur zur Kenntnis zu nehmen, was ihr Weltbild erschüttern könnte. Das ist durchaus menschlich, politisch aber gefährlich. Obwohl das damalige «Nein» der Bundesregierung weder den Untergang des Abendlandes noch Deutschlands zur Folge hatte, sind hiesige Entscheider und Meinungsmacher längst übereingekommen, «mehr Verantwortung zu übernehmen». Und warum auch nicht, wer behelligt sie denn mit kritischen Fragen?

Zu den wenigen, die solche noch stellen, gehören Whistleblower wie Katharine Gun. Sie unterscheiden sich von den meisten Elitenvertretern dadurch, dass sie über ein ethisches Fundament verfügen und ein Weltbild vertreten, das den Menschen zugewandt ist. Ihre politischen Überzeugungen sind selten machtaffin und kein Ausdruck bloßer Gesinnungsethik. Vor allem aber lassen sie sich weder blenden noch kaufen. Ihre Taten sind Sand im Getriebe der Mächtigen. Whistleblower zertrümmern die «Pseudoumwelten» (Lippmann) politischer und medialer Darstellung oder Selbstwahrnehmung. Das Pendant zum Whistleblower im Medienbereich ist der Enthüllungs- oder investigative Journalist. Der wiederum «ist der natürliche Feind des Propagandisten», laut Bernays. «Ersterer leistet Dienst an der Öffentlichkeit, während ihr letzterer meist zuwiderhandelt.»[20] Gerade deswegen ist die Leistung des *Observer*, sich des Koza-Memorandums anzunehmen und somit der Kriegspropaganda in diesem Fall zu widerstehen, wider die üblichen Bedenkenträger auch im eigenen Haus, gar nicht deutlich genug hervorzuheben.

Die US-amerikanische Nachrichten- und Enthüllungsplattform *The Intercept* zieht daraus, mit Blick auf den Fall Katharine Gun, den folgenden, sehr richtigen Schluss: «Die Leute in gigantischen, mächtigen Institutionen sind nicht alle Oberschurken in undurchdringlichen Blasen. Die meisten von ihnen sind normale Menschen, die in derselben Welt leben wie alle anderen auch. Und wie jeder andere versuchen auch sie, das aus ihrer Sicht Richtige zu tun. Daher ist keineswegs auszuschließen, dass der Einzelne mit jemandem kommuniziert, der dann etwas unternimmt, womit niemand gerechnet hätte. Die Lektion für Journalisten wie Nicht-Journalisten ist auch diese: Lass dich nicht entmutigen.» Außerdem dürfe man nie außer Acht lassen, wie langsam die Mühlen mahlten. Es brauche Geduld. «Diejeni-

gen, die den Vietnam-Krieg zu beenden suchten, hatten erst
Erfolg, nachdem Millionen gestorben waren. Viele der damaligen Aktivisten und Autoren sahen sich ... als Versager.
Doch in den 1980er Jahren, als Teile der Reagan-Administra-
tion militärische Invasionen in Lateinamerika planten, konnten sie genau das nicht tun.» Die öffentliche Meinung hätte
das nicht durchgehen lassen. «Die bittere Wahrheit ist, dass
sich die USA daher für die zweite Möglichkeit entschieden:
Todesschwadronen zu entfesseln, die dann zehntausende
Menschen in der Region abgeschlachtet haben.» So ent-
setzlich das war, wäre doch die Alternative einer vollständig
enthemmten Machtpolitik noch viel schlimmer gewesen:
großräumige Flächenbombardements wie in Vietnam.[21]

Kissinger veranlasst den Sturz Allendes

Jenseits von Südostasien und der islamischen Welt haben
die USA in der zweiten Hälfte des vorigen Jahrhunderts vor
allem auf Lateinamerika nachhaltig eingewirkt. Auf ihren
unmittelbaren Nachbarn, den sie seit der Monroe-Doktrin
von 1823 als ureigenen Hinterhof verstehen. Bis zum Ende
der Sowjetunion galt es dort, den Einfluss Moskaus und
Kubas einzudämmen, die Gefolgschaft der dortigen Staaten
zu sichern sowie jede Form von Sozialstaatlichkeit oder gesellschaftlicher Pluralität zu verhindern, die amerikanische
Geschäftsinteressen gefährden könnten. Vor diesem Hintergrund ist der CIA-gestützte Putsch gegen den demokratisch
gewählten, sozialistischen Präsidenten Salvador Allende in
Chile am 11. September 1973 einzuordnen. Anlässlich des
40. Jahrestages veröffentlichte das National Security Archive
in Washington am 11. September 2013 zuvor freigegebene
Regierungsdokumente. Daraus geht unmissverständlich
hervor, dass Henry Kissinger, zum Zeitpunkt des Coups

Nationaler Sicherheitsberater, kurz darauf zum Außenminister berufen, der maßgebliche politische Architekt dieses Putsches war. Ein Erfolg Allendes könne sich zu einem
positiven Rollenmodell für Lateinamerika entwickeln, erklärte er Präsident Nixon. Das aber wäre für die USA «heimtückisch». Nach dem Sturz Allendes half Kissinger Pinochet
bei der Konsolidierung einer der brutalsten Diktaturen
Lateinamerikas. Insbesondere verteidigte er sie gegen alle
Vorwürfe, die Menschenrechte mit Füßen zu treten. 1976
sagte er Pinochet, er solle sich deswegen keine Gedanken
machen: «Sie haben dem Westen einen großen Gefallen
getan, indem Sie Allende gestürzt haben.»[22]

Unter Führung Pinochets und aktiv unterstützt von der
CIA begannen die Geheimdienste der rechtsgerichteten
Militärdiktaturen in Argentinien, Bolivien, Brasilien, Chile,
Paraguay und Uruguay 1975 ihre «Operation Condor». Mit
dem Ziel, «marxistische Subversion zu eliminieren», wurden
bis 1985 Zehntausende Regimekritiker und Oppositionelle in
Südamerika entführt, gefoltert, ermordet, darunter bekannte
Geistliche und Politiker. Auch außerhalb der genannten Länder fielen Kritiker der Diktaturen Attentaten zum Opfer. In
Washington etwa tötete eine Autobombe 1976 den vormaligen Botschafter Allendes, Orlando Letelier, und dessen Be-
gleiterin. Pinochet persönlich hatte dessen Ermordung angeordnet. Das US-Außenministerium wusste von der CIA, dass
«Condor» auch Mordanschläge im Ausland plante. Das ging
einigen innerhalb des State Department offenbar zu weit, sie
suchten eine scharfe Warnung an die Regierungen von Chile,
Argentinien und Uruguay zu richten, um das zu verhindern.
Kissinger allerdings gab am 16. September 1976 Order, eine
solche Warnung nicht auszusprechen, am 20. September erhielten die US-Botschafter in Südamerika die Weisung, den
Vorgang nicht weiter zu verfolgen – einen Tag vor der Ermordung Leteliers am 21. September.[23]

Willkommen im Schloss Bellevue

Unter Transatlantikern genießt Kissinger ungebrochen höchste Verehrung. Aus Anlass seines 95. Geburtstages lud ihn der Bundespräsident am 12. Juni 2018 ins Schloss Bellevue ein. Frank-Walter Steinmeier sagte in seiner Tischrede: «Wir sind hier zusammen, um Henry Kissinger zu ehren, den großen Denker und Gestalter von Weltpolitik.» Steinmeier verwies auf Flucht und Exil der aus Fürth stammenden Familie Kissinger 1938: «Sie haben dann Ihr ganzes weiteres Leben den Vereinigten Staaten von Amerika gedient, denen Sie Ihr Leben und Ihre Freiheit verdanken. Sie sind auch weiter den Idealen gefolgt, in deren Namen die Nazis bekämpft wurden: dem Kampf für Freiheit und Demokratie und dem Kampf für eine Weltordnung, die auf dem friedlichen Ausgleich von Interessen beruht.»[24]

Eine Tischrede ist naturgemäß kein Forum für Kritik. Und doch liegt dieser Huldigung ein Realitätsverlust zugrunde, wie er bezeichnend ist für westliche Elitenvertreter. Die Opfer der eigenen Machtpolitik werden schlicht und ergreifend ausgeblendet, sie haben keinen Platz in der «Erinnerungskultur». Bei allen Verdiensten, die Kissinger zukommen mögen: Er war immer auch ein Schreibtischtäter, mitverantwortlich für den Tod Hunderttausender Menschen. Der Mastermind etwa der 1969 aufgenommenen US-Bombenkampagne in Kambodscha, die bis 1973 andauerte und bis zu 150 000 Einheimischen das Leben kostete. Diese Bombenkampagne bereitete, wenngleich ungewollt, der Machtübernahme der Roten Khmer den Weg, deren Terror-Herrschaft rund zwei Millionen Menschen zum Opfer fielen. Kissinger überzeugte Nixon 1970, die Flächenbombardements Nordvietnams wieder aufzunehmen, und leitete die Verminung von dessen Küste ein.

Als es 1971 zum Unabhängigkeitskrieg Ostpakistans,

des heutigen Bangladesch, gegen Westpakistan kam, warnte US-Konsul Archer Blood mit 20 weiteren Konsulatsangestellten in Dhaka, dass westpakistanische Soldaten im Osten «einen selektiven Genozid» an der bengalischen Intelligenzija und der Hindu-Minderheit verübten. In einem weiteren Telegramm bezeichnete Blood die Gleichgültigkeit der US-Regierung gegenüber diesen Gewalttaten als «moralischen Bankrott». Washington aber unterstützte den (west-)pakistanischen Militärmachthaber Yahya Khan – auch, um dergestalt das damals als «sozialistisch» angesehene Indien zu schwächen. Kissinger reagierte auf die Kritik, indem er Blood abberief und in die Personalabteilung des Außenministeriums versetzte, ihn also in die Verbannung schickte. Der «Kämpfer für Freiheit und Demokratie» (Steinmeier) empfand nur Verachtung für jene, die «bluten», eine Anspielung auf den Namen des Konsuls, wegen «der sterbenden Bengalen».[25]

Um die Unabhängigkeit Ost-Timors nach dem Ende der portugiesischen Kolonialherrschaft zu verhindern, marschierten indonesische Truppen 1975 in Timor-Leste ein. Da der indonesische Diktator Suharto ein enger Verbündeter Washingtons war und die ost-timoresische Unabhängigkeitsbewegung FRETILIN als kommunistisch galt, ließen die USA und ihre westlichen Verbündeten Suhartos Soldateska dort jahrelang wüten. Bis zu dessen Rücktritt 1998 massakrierte die rund 200 000 Ost-Timoresen, ein Viertel der Gesamtbevölkerung – der neben Ruanda und Kambodscha größte Genozid seit dem Zweiten Weltkrieg. Kissinger und Präsident Ford erklärten Suharto anlässlich ihres Besuchs in Jakarta am 6. Dezember 1975, dass sie keine Einwände gegen die geplante Invasion hätten, diese aber erst nach ihrer Abreise erfolgen solle – was auch geschah. Kritische Nachfragen aus seinem eigenen Stab würgte Kissinger «mit der ihm eigenen sicherheitsfanatischen Unver-

blümtheit und der Formel ab: es widerspräche dem nationalen Interesse, wegen Ost-Timor den Indonesiern ‹die
Zähne auszuschlagen›».[26]

Roger Morris, einst ein enger Vertrauter Kissingers im
Nationalen Sicherheitsrat, erklärte, der Friedensnobelpreisträger von 1973 habe «nie das geringste Mitgefühl gegenüber seinen Opfern gezeigt… Wenn wir Henry Kissinger
nach den gleichen Maßstäben beurteilen, wie wir es mit
den Staatschefs und Politikern in anderen Gesellschaften
getan haben, zum Beispiel in Deutschland und Japan nach
dem Zweiten Weltkrieg, dann wird er sicher irgendwann
als Kriegsverbrecher verurteilt werden.»[27]

Das ist, anders lässt es sich nicht sagen, Wunschdenken.
Noch nie sind die Granden westlicher Machtpolitik für ihre
Taten zur Rechenschaft gezogen worden, Tony Blair oder
George W. Bush ebenso wenig wie etwa Kissinger. Im Gegenteil: Einer Empfehlung der Bundesregierung folgend,
beschloss die Universität Bonn 2013, eine aus Bundesmit-
teln finanzierte neue Stiftungsprofessur für «Internationale
Beziehungen und Völkerrecht» nach Henry Kissinger zu
benennen. Für Völkerrecht. Warum diese Ehrerbietung unter Ausblendung der gegebenen Faktenlage? «Die politische Elite ist hierzulande gerade dabei, die Koordinaten der
verteidigungspolitischen Diskussion zu verschieben hin zu
dem Ideal einer robusten Außenpolitik, die den Einsatz
des Militärs zur Wahrung der eigenen Interessen selbstverständlich mit einschließt.»[28] Ungeachtet teils heftiger
Proteste blieb die Große Koalition dabei, mit dieser Professur den, so Steinmeier, «Idealisten» Kissinger zu ehren.[29]

Wer die Strippen zieht

Blutige Militärputsche wie in Chile sind nicht länger das Mittel der Wahl Washingtons in Lateinamerika. In jüngerer Zeit erfolgen Destabilisierungskampagnen und Regierungswechsel vornehmlich hinter den Kulissen. Letztes Opfer ist Bolivien, wo der sozialistische, indigene Präsident Evo Morales kurz nach seinem vierten Wahlsieg in Folge im November 2019 vom Militär und den Polizeikräften ins mexikanische Exil gezwungen wurde – in enger Koordination mit Washington. Offiziell begründet wurde dieser De-facto-Staatsstreich mit Vorwürfen des Wahlbetruges. Anschließend übernahm «die weiße, christliche, den USA hörige Rechte die Macht im Lithium-reichen Bolivien».[30] Dort befinden sich die größten Lithium-Vorkommen weltweit. Lithium ist ein Schlüsselelement bei der Herstellung von Batterien, etwa in Autos oder Mobiltelefonen.

Das rechtsextreme Putsch-Regime unter Führung der «Übergangspräsidentin» Jeanine Áñez hatte als eine seiner ersten Amtshandlungen ein Massaker der Armee an Dutzenden Morales-Anhängern zu verantworten. Die Täter wurden anschließend amnestiert.[31] Dessen ungeachtet rühmte US-Außenminister Pompeo den Putsch als Voraussetzung, um zur Demokratie zurückkehren zu können. Die Vorwürfe des angeblichen Wahlbetruges unter Morales waren von der Organisation Amerikanischer Staaten (OAS) erhoben worden – und stellten sich im Nachhinein als manipuliert und nicht haltbar heraus. Fake News, mit anderen Worten.[32]

Im Oktober 2020 fanden in Bolivien Neuwahlen statt, die der Morales-Vertraute Luis Acre und deren Partei «Bewegung zum Sozialismus» (MAS) mit absoluter Mehrheit gewannen. Nicht ohne Grund, denn kein südamerikanisches Land hatte seit Morales' erstem Wahlsieg 2006 einen vergleichbaren wirtschaftlichen Aufschwung erlebt wie das

Armenhaus Bolivien. Ungeachtet der Kritik an Morales'
Regierungsstil wurden die Rechte der Ureinwohner gestärkt, auf Kosten der weißen Oberschicht. Perspektivisch
ist der erneute, klare Wahlsieg der MAS wider die Putschis-
ten kein gutes Omen: Warum sollten die USA erstmals eine
linke Regierung in Lateinamerika akzeptieren? Wahrscheinlicher sind die wirtschaftliche Strangulierung Boliviens
und/oder die fortgesetzte Inszenierung innerer Krisen.

Wie auch im Fall Venezuelas[33] und Brasiliens, von Kuba
ganz zu schweigen. Brasiliens Präsident Lula da Silva (2003–
2010), Gewerkschaftsführer und Sozialdemokrat, hatte Sozialprogramme für die Ärmsten eingeführt und die Lebens-
bedingungen für Millionen Brasilianer verbessert – in einem
Land mit extremen sozialen Gegensätzen. Um da Silvas politisches Comeback zu verhindern, verbündete sich Washington mit der brasilianischen Oberschicht. Im Wahljahr 2018
wurde er unter Korruptionsverdacht verhaftet und ver-
brachte fast zwei Jahre im Gefängnis. Das Verfahren gegen
ihn entwickelte sich zur Justizfarce, am Ende wurde er freigesprochen. Doch die Wahlen 2018 hatte Jair Bolsonaro gewonnen, das brasilianische Pendant zu Donald Trump. Unter
dessen Regierung erhielten überwiegend US-amerikanische
und brasilianische Konzerne grünes Licht, die Ressourcen
des Landes ohne Rücksicht auf Natur und Umwelt auszu-
beuten. Die meisten Sozialprogramme wurden eingestellt.[34]

In den Worten Lula da Silvas: «Lateinamerika hat nicht
das Recht, sich demokratisch zu entwickeln und sich um
seine Menschen zu kümmern. Denn die US-Amerikaner
betrachten Lateinamerika als ihren Hinterhof. Wie lange
haben lateinamerikanische Länder unter demokratischen
Verhältnissen gelebt? Stets und ständig kommt jemand und
besorgt einen Regimewechsel. Zum Schaden der Demokratie. Und immer, immer ziehen die Vereinigten Staaten dabei die Strippen. Immer.»[35]

Macht und Meinungsmanagement:
Die Guten gegen die Bösen

Ende der 1970er Jahre kam es in mehreren zentralamerikanischen Staaten zu blutigen Aufständen und Bürger-
kriegen. Hintergrund war der soziale und wirtschaftliche
Wandel in den jeweiligen «Bananenrepubliken» – die Entwicklung von einer reinen Export-Ökonomie landwirt-
schaftlicher Produkte in Richtung Globalisierung. Damit
aber zeigten sich die vergleichsweise kleinen Volkswirtschaften überfordert. Die Staatsverschuldung stieg dramatisch, die Finanzreserven schrumpften. Arbeitslosigkeit und
Unterbeschäftigung grassierten, während die Agrar- wie
auch die industrielle Produktion zurückgingen. Es gelang
nicht, einen gemeinsamen, zentralamerikanischen Wirtschaftsraum zu schaffen. Der Finanzmarkt hielt Einzug, die
Abhängigkeit von ausländischen Kapitalgebern, in erster
Linie aus den USA, vertiefte sich. Leidtragende waren die
ohnehin schon verarmten Subsistenzbauern und Tage-
löhner, mithin die Unterschichten. Vor allem in Nicaragua,
El Salvador und Guatemala organisierten sich bewaffnete
Guerillagruppen, die den einheimischen Eliten den Kampf
ansagten, in Guatemala bereits seit 1954. In keiner anderen
Weltregion aber übten die USA ihren politischen und wirt-
schaftlichen Einfluss so unverhohlen mit Hilfe von Mario-
netten-Regierungen aus, die allein die Interessen der hauchdünnen Oberschicht bedienten, wie in Zentralamerika. Aus
Sicht Washingtons waren die sozialen Verwerfungen und
Unruhen dementsprechend das Werk kommunistischer Sub-

version, gesteuert aus Moskau und Havanna. Umso mehr, nachdem es der linksgerichteten «Nationalen Befreiungsfront der Sandinisten» (FSLN) 1979 in Nicaragua gelungen war, die seit 46 Jahren andauernde Diktatur Somozas zu stürzen.

Kommunisten überall

Mit Blick auf das «Vietnam-Syndrom» war eine offene Militärintervention zum Sturz der Sandinisten politisch nicht durchzusetzen. Stattdessen erhielt die CIA den Auftrag, verstärkt unter Reagan seit 1981, einen verdeckten Krieg gegen Nicaragua zu führen. Die seit längerem in Zentralamerika aktiven Todesschwadronen, überwiegend kriminelle Banden, aber auch reguläre Armeeeinheiten, meist direkt oder indirekt im Sold der CIA, intensivierten ihre Mordkampagnen. Vor allem die indianische Urbevölkerung sowie Kirchenvertreter und Oppositionelle fielen ihnen zum Opfer. Honduras wurde in den 1980er Jahren zum regionalen Hauptquartier der CIA und von US-Truppen, die dort Tausende Salvadorianer und Guatemalteken militärisch ausbildeten: zum Einsatz in den Reihen der Todesschwadronen. Gleichzeitig wurden in Honduras mehrere Militärbasen als Stützpunkte der Contras eingerichtet, wie die rechtsextremen nicaraguanischen Killerkommandos genannt wurden, deren Auftrag der Sturz der Sandinisten war.

Anders als von Washington dargestellt, war die neue sandinistische Regierung in Managua keineswegs ein marxistischer oder kommunistischer Kampfverband, sondern eine Koalition aus fünf Widerstandsgruppen. Sie standen den westdeutschen Sozialdemokraten deutlich näher als etwa der SED. Die Sandinisten verlangten, ähnlich wie die

1954 in Guatemala gestürzte Regierung Arbenz, in erster Linie soziale Gerechtigkeit und hatten eine pragmatische Einstellung zu den USA, deren Interessen in Nicaragua sie nicht grundsätzlich infrage stellten. Eine linke und möglicherweise erfolgreiche Regierung in Lateinamerika jedoch, ein vorbildliches Rollenmodell gar, wäre für Washington «heimtückisch», mit Kissinger gesprochen. Es folgte also ein geheimer Krieg, von der CIA wie üblich ohne Rücksicht auf Verluste geführt. Allerdings war der Bogen überspannt, als sie die Küstengewässer und Hafenstädte Nicaraguas verminte. Diese und andere Übergriffe des CIA-Chefs und Kalten Kriegers William Casey wurden im Kongress verurteilt. Ihrer Verurteilung im Sicherheitsrat der Vereinten Nationen entgingen die USA nur, indem sie bei der Abstimmung ihr Veto einlegten.[1]

Vor diesem Hintergrund ist das Boland-Amendment zu verstehen, ein 1982 vom Kongress verabschiedetes Gesetz, das der Regierung Reagan jede Finanzierung der Contra-Rebellen untersagte. Das war die Geburtsstunde der «Iran-Contra-Affäre». Dazu gleich mehr. Edward S. Herman und Noam Chomsky haben sich in *Manufacturing Consent* ausführlich der Berichterstattung von US-Medien über Zentralamerika in jener Zeit angenommen, die in der Tat ein guter Beleg für ihr Propaganda-Modell ist. Willfährig übernahmen die Leitmedien regierungsgenehme Narrative. Dazu gehört, die von Washington gesponserten Scheinwahlen in El Salvador und Guatemala als Weg in die Demokratie schönzureden. Und den Eindruck zu erwecken, der Terror der Todesschwadronen sei ein notwendiger Kampf gegen kommunistische Subversion – mithin Voraussetzung für die Demokratisierung der Region. Die gemessen an den Nachbarländern ernsthaften Demokratisierungsbemühungen in Nicaragua wurden dagegen als «Scheindemokratie» denunziert. Der militärische Widerstand der Sandinisten gegen

die völkerrechtswidrigen, von der CIA aus Honduras ge-
steuerten Angriffe auf Nicaragua wurde in US-Medien als
«Terror» bezeichnet. Die Aussagen etwa von Kirchenvertretern über die Verbrechen der Contras und anderer
Todesschwadronen fanden, wenn überhaupt, nur auf den
hinteren Seiten etwa der *New York Times* Erwähnung.

Das Fazit von Herman und Chomsky zur Berichterstattung über die Parlamentswahlen 1982 bis 1984 in El Salvador, Guatemala und Nicaragua: «Mit Blick auf ähnliche
Sichtweisen und Darstellungen der Massenmedien im Fall
der US-unterstützten Wahlen in der Dominikanischen Republik 1966 und Vietnam 1967 erlauben wir uns die folgende, zurückhaltende Verallgemeinerung. US-Massen-
medien werden *immer* Wahlen in der Dritten Welt, die von
ihrer Regierung gesponsert werden, als ‹Schritt in Richtung
Demokratie› ansehen. Eine Wahl dagegen in einem Land,
das ihre Regierung bemüht ist zu destabilisieren, betrachten sie als Farce und Heuchelei. Das ist mit Blick auf das
Propaganda-Modell kaum anders zu erwarten, aber das
Ausmaß an Unterwürfigkeit gegenüber staatlichen Interessen in den Fällen, die wir untersucht haben, war bemerkenswert – zumal ja niemand gezwungen wurde, das zu
tun.»[2]

Klare Worte, die keineswegs allein die Realitäten des
Kalten Krieges beschreiben. Kaum ein Bericht über die
Parlamentswahlen im Iran 2020 etwa, in US- wie auch in
deutschen Medien, kam ohne den Hinweis aus, dass sie
«gelenkt» oder «unfrei» seien. Das ist nicht grundsätzlich
falsch, greift aber zu kurz. Politik im Iran stellt sich deutlich pluralistischer dar als etwa bei den US- und westlichen
Verbündeten Saudi-Arabien oder Ägypten, worauf hinzuweisen die Berichterstattung tunlichst unterließ. Kernbot-
schaft aller deutschen Leitmedien, von der «Tagesschau»
bis zur *Süddeutschen*, war die geringe Wahlbeteiligung.

Will heißen: dieses Regime hat seine Legitimation längst verloren. Man kann das so sehen, doch ist das vollständige Bild auch hier vielschichtiger. Die Wahlbeteiligung bei den iranischen Parlamentswahlen 2020 lag, offiziellen Angaben zufolge, bei 42,5 Prozent. Das ist die niedrigste Zahl seit der Revolution. Bei den Wahlen zuvor lag sie stets über 60 Prozent. Für diesen Einbruch gibt es mehrere Gründe, darunter der sich abzeichnende Machtverlust der Pragmatiker infolge des gescheiterten Atomabkommens und der Sanktionen. Ebenso der Ausschluss zahlreicher Reformkandidaten im Vorfeld der Wahlen durch den Wächterrat. Viele Wahlberechtigte haben daher gar nicht erst abgestimmt.

Zum Vergleich: Bei den US-Kongresswahlen 2018 betrug die Wahlbeteiligung 50,2 Prozent. Und das war der höchste Prozentsatz bei einer Zwischenwahl seit einem Jahrhundert, der sich maßgeblich dem polarisierenden Trump-Faktor verdankte. Seit den 1970er Jahren bewegte sich die Wahlbeteiligung bei Kongresswahlen stets um die 40 Prozent.[3] Welche Schlüsse wären daraus zu ziehen, würden dieselben Maßstäbe der Beurteilung wie beim Iran auch hier angelegt?

Beste Freunde: Israelische Militärs und iranische Revolutionsgardisten

1979 hatte sich im Irak Saddam Hussein an die Macht geputscht, ein alter Bekannter der CIA seit 1959.[4] Der amerikanische Verbündete hatte im September 1980 dem Iran den Krieg erklärt, in der irrigen Annahme, der Nachbar sei durch die Revolution geschwächt. Vor allem wollte er die ölreiche iranische Grenzregion Khusistan erobern. Die USA und Saudi-Arabien unterstützten den irakischen Diktator mit Geld und Waffen – verstärkt seit 1982, da der Iran den

Angreifer andernfalls in die Kapitulation gezwungen hätte. Stattdessen endete dieser Krieg, der eine Million Menschen das Leben kosten sollte, erst 1988 entlang der alten Grenzen.

Parallel dazu lieferte die Regierung Reagan aber auch Waffen an den Iran. Und nicht nur sie: Ausgerechnet Israel diente in den 1980er Jahren als zentrale Drehscheibe der Waffenlieferungen an die Islamische Republik. Sofort nach Beginn des irakisch-iranischen Krieges engagierte sich Tel Aviv auf Seiten Teherans. Teile und herrsche: Aus israelischer Sicht galt Saddam Hussein als der größere Feind. Im Iran erhofften sich Washington wie auch Tel Aviv einen pro-westlichen Kurswechsel nach einer «revolutionären Übergangszeit». Laut Aussage des iranischen Waffenhändlers Ahmad Haidari, der im Dienst des Khomeini-Regimes stand, kamen etwa 80 Prozent der Waffen, die der Iran unmittelbar nach Kriegsbeginn erwarb, aus Israel. Zwischen 1980 und 1983 hat Teheran gemäß des Jaffa-Instituts für Strategische Studien an der Universität Tel Aviv für rund 500 Millionen US-Dollar Waffen in Israel eingekauft. Bezahlt wurde überwiegend mit iranischen Erdöl-Lieferungen.[5]

Die Amerikaner waren informiert und hatten keine Einwände. Ihrerseits stießen sie 1982/83 mit eigenen Waffenlieferungen hinzu, die teils mit israelischer Hilfe in den Iran gelangten. Auch Washington ließ sich die Rüstungsgüter teuer bezahlen. Verhandeln konnte Teheran kaum. Die iranische Armee kämpfte überwiegend mit Beständen aus der Schah-Zeit, also mit amerikanischem Kriegsgerät, und war auf den entsprechenden Nachschub angewiesen. Einen Teil der Verkaufserlöse, und hier nun schließt sich der Kreis, verwendete die Regierung Reagan, um die Contras in Nicaragua zu finanzieren und zu bewaffnen. Ein klarer Verstoß gegen geltendes Recht, denn der Kongress hatte

1982 jede Finanz- und Militärhilfe für diese von der CIA unterstützten Konterrevolutionäre verboten, mit Hilfe des bereits erwähnten Boland-Amendments, benannt nach dem Kongressabgeordneten Edward Boland. Der Demokrat hatte das Gesetz eingebracht. Es wurde zweimal erweitert, seit 1984 untersagte es auch Waffenlieferungen in den Iran, der damals schon als «Terrorstaat» galt. Reagan allerdings unterhielt gute Beziehungen in Richtung Teheran und hatte 1980 im Präsidentschaftswahlkampf ohne Wissen der Regierung Carter einen Deal mit Khomeini geschlossen. Die Iraner würden die 56 im Zuge der Revolution 1979 als Geiseln genommenen US-Diplomaten erst am Tag der Amtseinführung Reagans im Januar 1981 wieder freilassen.[6] Im Gegenzug gab die Regierung Reagan einen Großteil der auf US-Konten eingefrorenen iranischen Guthaben von 12 Milliarden US-Dollar frei und erklärte sich zu umfangreichen Waffenlieferungen bereit.

Nach dem Verbot dieser Lieferungen fanden amerikanische Waffen ihren Weg in den Iran über Umwege und Drittstaaten. Die Endverbleiberklärungen, die Voraussetzung sind für legalen Waffenhandel, wurden in großem Stil gefälscht. Zypern entwickelte sich zur Drehscheibe, ein erheblicher Teil der Waffengeschäfte wurde über den Flughafen Larnaca abgewickelt. Mit Hilfe vor allem israelischer Militärs, die dort in den 1980er Jahren ohne Berührungsängste mit iranischen Revolutionsgardisten kooperierten. Seite an Seite unterhielten sie ihre Büros auf dem Flughafengelände. Wer diese Zusammenhänge kennt, wird die heute in der Politik und den Medien wie selbstverständlich angeführte Behauptung, der Iran wolle Israel «vernichten», zumindest infrage stellen.

Nicht allein Geldtransfers aus den Waffenverkäufen an Teheran kamen den Contras zugute, offenbar besaßen sie auch einen Freibrief, südamerikanisches Kokain in die USA zu schleusen und mit den erzielten Gewinnen nicht zuletzt weitere US-Waffen einzukaufen. Diese «Iran-Contra-Affäre» wurde 1986/87 publik, hatte allerdings keinerlei Konsequenzen auf höchster Ebene, trotz mehrerer Untersuchungsausschüsse – obwohl es der größte innenpolitische Skandal seit Richard Nixon und Watergate war.

Medien berichten über dergleichen Machenschaften, doch in den seltensten Fällen investigativ. Eine beliebte Methode, der Informationspflicht zu genügen, ohne die Dinge beim Namen zu nennen: Man verzichtet auf die Darstellung größerer Zusammenhänge und verliert sich im Detail. In den Nachrichtensendungen wird ausführlich wiedergegeben, wer was wann über wen oder was gesagt oder was getan hat – auch *he said, she said*-Journalismus genannt. Solch kleinteilige Berichterstattung hilft, Ross und Reiter aus den Augen zu verlieren. Alternativ eignen sich auch Rekurse auf bereits bestehende Gut-und-böse-Narrative zur Desinformation. Böse sind die Sandinisten, weil Kommunisten, gut sind die Contras, weil Freiheitskämpfer, und was die Waffenlieferungen an den Iran betrifft, so gilt die Unschuldsvermutung selbstverständlich auch für Bauernopfer wie Oliver North. Der Marineoffizier musste endlos vor Untersuchungsausschüssen aussagen, war über Monate das mediale Gesicht der «Iran-Contra-Affäre» und galt als ihr Mastermind. Am Ende erhielt er eine Gefängnisstrafe, drei Jahre auf Bewährung, doch wurde das Urteil 1990 wegen «Verfahrensfehlern» wieder aufgehoben. Ein mutmaßlich von höheren Stellen geschickt eingefädeltes Ablenkungsmanöver, das der Öffentlichkeit mit Hilfe der Medien suggerierte, der Gerechtigkeit wie auch der Sachaufklärung würde umfassend genüge getan. Die Mediennutzer erfuhren jede Einzelheit über das Verfahren gegen North und so gut wie nichts über die eigentlichen Drahtzieher und Motive im Hintergrund. In der Medienwissenschaft bezeichnet man dieses politisch/journalistische Verfahren als «De-Kontextualisierung». Vordergründig ist man bestens informiert und weiß doch nichts.

Auch die alle vier Jahre erfolgende Dauer-Berichterstattung über die Vorwahlen in den USA fällt in diese Kategorie, am Rande notiert. Viel Lärm um nichts. Im Mittelpunkt steht «gelebte Demokratie», in Gestalt ausführlicher Darstellung der jeweiligen Wahlkampfauftritte parteiinterner Bewerber um das Präsidentenamt. Die eigentlich relevanten Fragen, wer etwa von wem Wahlkampfspenden erhält, oder die im Hintergrund wirkenden Interessen und Weichenstellungen spielen in US- wie auch in deutschen Medien kaum eine Rolle. Welche Nachrichtensendung hat darüber informiert, dass 86 Prozent der Spenden im Wahlzyklus 2020 aus dem Umfeld fossiler Energieunternehmen (Fracking, Erdöl, Erdgas, Kohle) an die Republikaner gingen?[7] Oder erwähnt, dass der Vorwahlkampf ein Milliardengeschäft vor allem für Fernsehanstalten ist, in denen die Kandidaten monatelang Werbekampagnen schalten? Stattdessen erweckt die US-Wahlkampf-Berichterstattung auch in Deutschland den Eindruck, alles drehe sich um die basisdemokratische Suche nach dem oder der Besten – ein Gedanke, der Bernays vermutlich köstlich amüsiert hätte.

Über die Wahrheit in der Politik

Dergleichen Mainstream öffentlich infrage zu stellen, geschieht innerhalb wie außerhalb des Medienbetriebs eher selten. Doch stellt sich für jeden ernsthaften Journalisten, generell für jeden «Wahrheitssuchenden» früher oder später die Frage, welchen Weg er einschlägt. Will er das Spiel der Mächtigen mitspielen oder nennt er die Dinge beim Namen?

Einer, der den Lügen der Macht an höchster Stelle widerstand, war der britische Theaterautor und Regisseur Harold Pinter (1930–2008). 2005 erhielt er den Nobelpreis für Literatur. Die Rede, die er anlässlich seiner Preisverleihung hielt, ist in ihrer Klarheit bemerkenswert und heute, unter leicht veränderten Vorzeichen, nicht weniger gültig. Es versteht sich von selbst, dass er für diesen Angriff auf das Weltbild transnationaler Elitennetzwerke massiv angegangen wurde. Aufgrund seiner Krebserkrankung konnte er die Preisrede nicht in Stockholm halten. Er übermittelte sie, im Rollstuhl sitzend, als Videobotschaft.[8]

Unter Verweis auf die Unwahrheiten des Irak-Krieges geißelte Pinter in scharfen Worten die US-Politik seit dem Zweiten Weltkrieg: «Jeder weiß, was in der Sowjetunion und in den Staaten Osteuropas nach dem Krieg geschehen ist: systematische Brutalität, weitverbreitete Grausamkeiten, die skrupellose Unterdrückung unabhängigen Denkens. All das ist umfassend dokumentiert und unstrittig. Ich erlaube mir darauf hinzuweisen, dass die Verbrechen der USA im selben Zeitraum nur oberflächlich erfasst, geschweige denn dokumentiert, geschweige denn bewusst zur Kenntnis genommen, geschweige denn als Verbrechen anerkannt worden wären … Das Verhalten der USA offenbart, dass man dort einen Freibrief zu besitzen glaubt, das zu tun, was immer man zu tun beliebt.»

Pinter verweist auf Washingtons «lange Liste internationaler Subversion», namentlich «den Massenmord und die Zerstörung durch die von den USA unterstützten Contras in Nicaragua» in den 1980er Jahren. «Ich möchte daran erinnern, dass die folgende Aussage von Präsident Reagan stammt: ‹Die Contras sind das moralische Äquivalent unserer Gründerväter.›» Die Sandinisten, so Pinter, hätten die Todesstrafe abgeschafft, eine Landreform durchgeführt, in Schulen und Bildung investiert und ein kostenloses Gesundheitssystem eingeführt. Ein solch positives Rollenmodell aber hätte nicht im Interesse der USA gelegen. «Präsident Reagan bezeichnete Nicaragua gewöhnlich als ‹totalitäres Verlies›. Die Medien haben das aufgegriffen, ebenso die britische Regierung, und als zutreffendes und angemessenes Urteil angesehen. In Wirklichkeit befanden sich die totalitären Verliese gleich nebenan, in El Salvador und Guatemala ... Schließlich gelang es den Vereinigten Staaten, die sandinistische Regierung auszuhebeln. Es hat einige Jahre und beträchtliche Mühen gekostet, aber unablässiger wirtschaftlicher Druck und 30 000 Tote haben dem nicaraguanischen Volk am Ende das Genick gebrochen. Die Menschen waren erschöpft und fanden sich erneut in Armut wieder. Die Kasinos im Land konnten ihre Türen wieder öffnen. Das kostenlose Gesundheitswesen und Bildungssystem waren Vergangenheit. Big Business kehrte voller Genugtuung zurück. Die ‹Demokratie› hatte sich durchgesetzt.»

Die USA, die seit dem Zweiten Weltkrieg «jede rechtsgerichtete Militärdiktatur weltweit» unterstützt oder ihr zur Macht verholfen hätten, «scheren sich nicht im geringsten um die Vereinten Nationen, um internationales Recht oder kritische Gegenstimmen. Aus amerikanischer Sicht ist das alles ohne Bedeutung.» Und auf dem Rücken Washingtons sitzt «ein blökendes kleines Schaf, das erbärmliche ... Großbritannien.»

Nicht minder deutlich ist Pinters Einordnung des Irak-Krieges: «Die Invasion Iraks war ein Akt des Banditentums, ein Akt unverhüllten Staatsterrorismus ... Eine gewaltige Militärmaschinerie ist verantwortlich für den Tod tausender und abertausender unschuldiger Menschen. Wir haben dem irakischen Volk Folter, Streubomben, abgereichertes Uran, unzählige Akte wahlloser Morde, Verelendung, den Tod gebracht und reden davon, ‹dem Nahen Osten Freiheit und Demokratie zu bringen›.» Mittlerweile legten die USA ihre Karten offen auf den Tisch. Ihr Anspruch werde nunmehr als «Dominanz auf allen Ebenen» (Full Spectrum Dominance) bezeichnet. «Das bedeutet die Kontrolle zu Land, auf See, in der Luft» sowie unbegrenzten Zugriff auf alle natürlichen Ressourcen und Bodenschätze.

Besser nicht das Imperium kritisieren

Die meisten Zuhörer der Nobelpreis-Rede in Stockholm erhoben sich zu stehendem Applaus. Die *New York Times* und die *Washington Post* erwähnten Pinters Kritik mit keinem Wort, in den USA verhallte sie weitgehend ungehört. Deutsche Leitmedien reagierten unterschiedlich. *Der Spiegel* gab die Kernthesen Pinters unkommentiert und sachlich wieder.[9] Die *Süddeutsche Zeitung* hatte bereits die Entscheidung der schwedischen Akademie, ihm den Nobelpreis für Literatur zu verleihen, scharf kritisiert: einem Autor, «der vor zwei Jahren dazu aufforderte, die (sic!) ‹barbarisch› gewordenen Vereinigten Staaten mit ‹absoluter Entschiedenheit› entgegenzutreten. Man wird solche Hassparolen weder für ein Werk der politischen noch der literarischen Aufklärung halten können.»[10]

Ganz anders das Urteil der *Zeit*, die Pinters Nobelpreis mit einem langen und klugen Essay über sein künstlerisches Wirken würdigte. Darin heißt es: «Massenmord ist Pinters Stichwort. Es geht ihm ‹um Regierungen, die Menschen töten›. Er sagt: ‹Es lässt mich nicht los. Die barbarischen Akte um mich herum quälen mich, wo immer ich hingehe, verfolgen sie mich.› So spricht einer, dessen Familie, askenasische Juden, vor den Pogromen in Russland und Polen floh, nach Portugal, so scheint es, von da nach England, wo dann die Bomben der Nazis fielen … ‹Es lässt mich nicht los.›»[11]

Sowohl die Lebensgeschichten von Henry Kissinger wie auch von Harold Pinter spiegeln Flucht und Vertreibung. Die Schlüsse, die beide daraus gezogen haben, könnten unterschiedlicher kaum sein. Der eine wurde Schreibtischtäter und Friedensnobelpreisträger, der andere Humanist und Literaturnobelpreisträger. Beide sind erhellende Fallbeispiele der *condition humaine*: In Freiheit hat der Mensch die Wahl. Niemand hindert ihn, sie selbstbestimmt zu treffen.

Eindeutig dagegen das Votum der FAZ über Pinter: «Allerdings zollte Schwedens gute Gesellschaft der Polemik und den Invektiven Pinters überwiegend Zustimmung, der Beifall war herzlich, nicht wenige erhoben sich zum Applaus. Zumindest in diesem Saal war Pinters Überzeugung, der zufolge die Vereinigten Staaten und Großbritannien von ‹Massenmördern› und ‹Kriegsverbrechern› geführt werden, offenbar mehrheitsfähig.»[12] Man beachte die journalistische Methode: Ein Polemiker spielte auf, und ein, wie es scheint, auf billige Unterhaltung eingestelltes Publikum ließ sich töricht blenden. Der Artikel widerspricht Pinter an keiner Stelle mit Argumenten, er denunziert ihn. Denn jede Einlassung in der Sache würde die Selbsterhöhung transatlantischer Elitennetzwerke infrage stellen. Somit bleibt es beim fassungslosen Kopfschütteln: Massenmörder? Kriegsverbrecher? Die gibt es in Moskau, in Teheran – aber ganz gewiss nicht in Washington oder London. Ganz unabhängig davon, dass Pinter es so, wie ihn die FAZ wiedergibt, an keiner Stelle gesagt hat.

Aufschlussreich ist auch die Einordung der *tageszeitung* (taz), die gerne ihr alternatives Image bemüht, in außenpolitischen Fragen aber längst in transatlantischen Gewässern segelt. Pinter sei getrieben von «antiamerikanischem Furor»: «Selbstverständlich kann man den USA weltpolitisch einiges vorwerfen. Nur ist es intellektuell ziemlich dreist, mit solch dramatischer Geste die andere, die helle Seite des US-amerikanischen Imperiums zu unterschlagen. So reden von ihrem Thema Besessene», will offenbar heißen Psychopathen.[13] Der Autor dürfte gleichwohl gute Gründe gehabt haben, diese «helle Seite» vorsichtshalber nicht weiter auszuführen.

Das Fazit der Rede Harold Pinters lautet, jeder Einzelne müsse «den bestehenden, kolossalen Widrigkeiten zum Trotz» die Entschlossenheit bewahren, «als Bürger die tiefere Wahrheit unseres Lebens und unserer Gesellschaften zu bestimmen». Andernfalls «bleiben wir bar jeder Hoffnung, das wiederherzustellen, was wir fasst schon verloren haben – die Würde des Menschen».

Keine der zitierten Zeitungen hat sich mit Pinters Kritik am Imperium inhaltlich auseinandergesetzt. Einige hier nicht aufgeführte, darunter die österreichische *Die Presse*, verglichen seinen Auftritt gar mit den Videobotschaften Osama Bin Ladens. Der Unwille und das Unvermögen von Meinungsmachern, das politische Wirken der USA jenseits der üblichen Worthülsen rund um «Wertegemeinschaft» oder «Ordnungsmacht» einzuordnen, ist bezeichnend. Anstatt Pinter sachlich zu widerlegen, was schwerfallen und somit zwangsläufig eigene, tief verinnerlichte Weltbilder infrage stellen würde, obwaltet die reflexhafte Abwehr, der persönliche Angriff. Die Richtung hatte die *Süddeutsche* vorgegeben: Pinter verbreite Hassparolen. Im Englischen gibt es für diese Methode eine sehr treffende Wendung: *character assassination*. Wer die USA als «barbarisch» bezeichnet, hat demzufolge der zivilisierten Welt entsagt und ist zum medialen Abschuss freigegeben.

Über den Nutzen von Framing

Der US-Medienwissenschaftler und Politologe Robert M. Entman hat sich mit der Frage befasst, wie das Wechselspiel aus US-amerikanischer Außenpolitik, dem «Framen» von Nachrichten und der Beeinflussung öffentlicher Meinung in Sinne der Regierenden gelingt. Er verweist auf die Standard-Definition von Framing: Die Auswahl oder Hervorhebung einzelner Facetten von Ereignissen oder Themen, die so aufeinander bezogen werden, dass eine bestimmte Interpretation, Beurteilung und/oder Lösung Vorrang erhält. Die politische wie auch mediale Funktion des Framing besteht vor allem darin, ein Problem zu benennen, zu erfassen, zu definieren, was meist den Rahmen, den Frame, bereits vorgibt – und im nächsten Schritt eine Lösung vorzuschlagen: als Handlungsanleitung für Entscheidungen, die es zu treffen oder eben nicht zu treffen gilt. Erfolgreiches außenpolitisches Framing ist Entman zufolge Voraussetzung, um die Zustimmung der Öffentlichkeit etwa für den Sturz der Taliban oder den Krieg gegen den Irak zu gewinnen. Die Herausforderung besteht darin, das eigene Handeln, die eigenen Überzeugungen erfolgreich, mit Hilfe der Medien, als richtig und «alternativlos» darzustellen, den oder die Gegner respektive deren Weltbilder dagegen als unfähig, naiv, unpatriotisch, gefährlich etc. Framing spielt auch und vor allem auf der Ebene des Unbewussten. Es handelt sich, mit Bernays gesprochen, um eine Verkaufstechnik, die darauf abzielt, möglichst viele Kunden für ein bestimmtes Meinungsprodukt zu gewinnen. Framing arbeitet vielfach mit Gut-und-böse-Narrativen: Es setzt den Rahmen für das Plakative.

Konkret untersucht Entman, wie «Gedanken oder Gefühle», die einen außenpolitischen Frame prägen, ihren Weg vom Weißen Haus bis «in den Rest des Systems» finden. Dieser Prozess entscheide darüber, wer den Framing-Wettbewerb unterschiedlicher Ansichten letztendlich gewinne und damit die Oberhand. Seinen Ansatz vergleicht er mit einer Kaskade, einem in Stufen angelegten, künstlichen Wasserfall. Sein «Kaskaden-Modell» geht so: Die Administration, konkret das Weiße Haus, das Verteidigungs- oder das Außenministerium, äußert sich erstmals öffentlich über ein außenpolitisches Ereignis. Das löst sofort «Gedanken und Gefühle in den Vorstellungswelten von Journalisten und Meinungsführern aus und bewirkt deren Gedankenaustausch». Man sucht die Rückversicherung mit den zuständigen Pressesprechern, befragt Kongressabgeordnete nach ihrer Meinung, vergleicht eigene Eindrücke mit denen von Kollegen, bringt in Erfahrung, was die schreiben oder berichten werden. «Je öfter Journalisten von ihren jeweiligen Quellen oder aus anderen Medien ähnliche Ansichten vernehmen, umso größer ist die Wahrscheinlichkeit, dass sich auch ihre eigenen Gedanken in diesen Bahnen wiederfinden. Mit dem Ergebnis, dass die Nachrichten, die Journalisten produzieren, in Wort und Bild dasselbe Framing wiedergeben.»

Entman betont die klare Hierarchisierung nicht allein der außenpolitischen Meinungsbildung: Diejenigen, die über Macht verfügen, haben in Sachen Framing Vorrang. Unterhalb der Ebene der Top-Administration befinden sich, auf zweiter Stufe der Kaskade, «andere Eliten», vor allem Kongressabgeordnete und deren Entourage, aber auch Lobbyisten, Angehörige von «Denkfabriken», Experten. Auch sie sind in der Lage, «Medien», die dritte Stufe der Kaskade, zu beeinflussen und Sichtweisen meinungsbildend zu prägen. Innerhalb der Medienlandschaft wiederum gibt es ebenfalls eine Elitenbildung, mit der *New York Times* und einigen anderen Medienhäusern an der Spitze, die aufgrund ihres Standings, ihrer Reputation in der Meinungsfindung Maßstäbe zu setzen vermögen. Die Medien wiederum framen Worte und Bilder für die Öffentlichkeit, die unterste Stufe des Kaskaden-Modells. Die «Schnittstellen» von Eliten und Journalisten, wie sie sich etwa durch Hintergrundgespräche für einige Auserwählte, auf Pressekonferenzen, öffentlichen Veranstaltungen oder Konferenzen ergeben, sind laut Entman die entscheidenden «Transmissionspunkte» – um «Bilderwelten» so zu aktivieren, dass die Mediennutzer das angebotene Framing der zuvor «eingeschworenen» Meinungsmacher auch tatsächlich übernehmen.

Das alles stellt man sich am besten vor als einen fließenden Prozess, eine Kaskade eben, die viele Seitenwege, Widersprüche, Interessenslagen kennt und oft genug auch unberechenbar erscheint oder ist. Mit Blick auf die außenpolitische Berichterstattung stellt Entman jedoch fest, dass die Leitmedien «manchmal unterschiedliche Themen setzen oder sich in ihren Kommentaren unterscheiden mögen. Doch alles in allem sind sie einander bemerkenswert ähnlich», was ihr Weltbild und ihre Weltanschauung betrifft. Entsprechend unterscheide sich ihr Framing außenpolitischer Begebenheiten nur in Nuancen voneinander.[14] Das gilt keineswegs allein für die USA, wie die regierungs- und machtkonforme Berichterstattung über die *Grace 1* in deutschen Leitmedien gezeigt hat. Wie es zu deren teilweise kritischer Haltung im Vorfeld des Irak-Krieges 2003 kommen konnte, haben Herman und Chomsky erklärt: Meinungsvielfalt im Rahmen klar gesetzter Grenzen gebe es vor allem dann, wenn innerhalb der Machteliten unterschiedliche Auffassungen über Strategie und Taktik in Grundsatzfragen gegeben seien.

Entman führt sein Kaskaden-Modell anhand mehrerer Beispiele aus, eines soll uns hier interessieren. Am 1. September 1983 schoss ein sowjetischer Kampfjet den Flug 007 der Korean-Airlines (KAL) über sowjetischem Territorium ab, alle 269 Insassen starben. Am 3. Juli 1988 schoss der US-Zerstörer *Vincennes,* unterwegs im Persischen Golf, den Iran-Air-Flug 655 ab, alle 290 Insassen kamen ums Leben. In beiden Fällen hatten Militärs irrtümlich ein Passagierflugzeug für ein feindliches Ziel gehalten. In beiden Fällen erklärten die politisch Verantwortlichen in Moskau wie auch in Washington, die jeweiligen Umstände hätten ihre Abschüsse gerechtfertigt.

Hier die Guten, da die Bösen

Das mediale Framing in den USA folgte, ebenfalls in beiden Fällen, den «Stichworten» aus dem Weißen Haus. Präsident Reagan verurteilte den KAL-Abschuss umgehend als «Mord», den die sowjetische Führung vorsätzlich und bewusst begangen habe. Damit setzte er den Rahmen der nachfolgenden Berichterstattung. Im Gegensatz dazu vertrug sich der Abschuss des Iran-Air-Flugzeugs nicht «mit der nationalen Selbstwahrnehmung der Amerikaner». Das Weiße Haus lenkte daher die Aufmerksamkeit in Richtung des Frames «technisches Versagen», was der Öffentlichkeit leicht zu vermitteln und politisch von Vorteil war. Insbesondere wurde dadurch die Frage nach der moralischen Verantwortung Washingtons für den Tod der Iran-Air-Passagiere ausgeklammert – im deutlichen Gegensatz zu den Vorwürfen an die Adresse Moskaus fünf Jahre zuvor. Zwei vergleichbare Ereignisse, aber ein vollkommen unterschiedliches Framing. Und wie nach dem Kaskaden-Modell nicht anders zu erwarten, gab es kaum einen Dissens diesbezüglich zwischen Politik und Medien. Im Kern ist dieses Modell eine sinnvolle Ergänzung und Vertiefung des Propaganda-Modells, konkret des dritten Filters: der befasst sich, zur Erinnerung, mit jener «symbiotischen Beziehung», wie sie zwischen Journalisten und solchen Informationsträgern besteht, die über Macht verfügen.

Entman zufolge bedarf erfolgreiches Framing unbedingt der «Größe», eines erfolgreichen Aufschlags. Zwingend müssen «diejenigen Elemente einer dargestellten Wirklichkeit, welche die eigene Position begünstigen, vergrößert werden, damit sie klar und deutlich hervortreten – während gleichzeitig diejenigen Elemente, die dazu dienen könnten, einen entgegengesetzten Rahmen zu schaffen, kleinzuhalten sind». Anhand der Berichterstattung von *Time*, *Newsweek*, *New York Times*, *Washington Post* und des Fernsehsenders CBS weist Entman bis in die Überschriften hinein nach, dass diese Medien dem Reagan-Aufschlag «Mord» im Fall des KAL-Abschusses widerspruchslos gefolgt sind. Ist die Duftmarke einmal gesetzt, haben andere Sichtweisen, Narrative oder Frames kaum noch eine Chance, sich in den Medien und somit der Öffentlichkeit durchzusetzen oder auch nur gehört zu werden. Mit unmittelbaren politischen Folgen: «Die öffentliche Wahrnehmung in Sachen KAL zwang Reagans potentielle Widersacher, entweder zu schweigen oder aber auf den fahrenden Zug des ‹Evil Empire› (Reich des Bösen, ML) aufzuspringen und auf Konfrontation mit den Sowjets zu gehen.» Wir sind die Guten, die Anderen, in diesem Fall die Sowjets, die Bösen.

«Alles in allem haben die Medien die Vorstellung bedient, durch die Wahl ihrer Worte und grafischen Darstellungen, dass die sowjetische Regierung und das Militär einen vorsätzlichen Mord begangen hätten» durch den Abschuss des KAL-Flugzeugs. «Mit aller moralischen Verurteilung, die damit einhergeht. Ihre Berichterstattung in Sachen Iran Air ließ dagegen verlauten, das US-Militär habe sich einen nachvollziehbaren Schnitzer geleistet – inklusive aller moralischen Entlastung, die daraus folgt.» Ein technisches Versehen im Umfeld des irakisch-irani-

schen Krieges, mehr nicht. Ein zentrales Element der Fra-
ming-Strategie seitens der Administration: Das Iran-Air-
Flugzeug habe den Eindruck erweckt, sich in feindlicher
Absicht der USS *Vincennes* zu nähern und insoweit zum
tragischen Missverständnis beigetragen. Den eigenen Abschuss selbst verschuldet, mit anderen Worten. Im Fall der
KAL-Opfer stand der Faktor «menschliche Tragödie» im
Vordergrund, der Tod «geliebter Menschen»: etwa bei
52 Prozent aller Berichte von CBS. Im Fall der Iran-Air-
Opfer lag die Quote emphatischer Anteilnahme bei CBS
nur bei 22 Prozent. Der am häufigsten verwendete Begriff
von *Time* wie auch *Newsweek* im Kontext des KAL-Flugzeugs war «Angriff» – ein Wort, das nicht ein einziges Mal
im Fall der Iran Air verwendet wurde.

Eine mediale Darstellung mit Hilfe von Frames und Nar-
rativen prägt die öffentliche Wahrnehmung und dient den
Regierenden zur Durchsetzung ihrer eigenen Agenda. Führt
man sich die folgenden Zusammenhänge bewusst vor
Augen, zeigt sich, dass Medien gerade in außenpolitischen
Fragen oft weniger zur Aufklärung als zum Agenda-Setting
beitragen. Sowohl das Repräsentantenhaus wie auch der
Senat haben den Abschuss des KAL-Flugzeugs als «bruta-
les Massaker» verurteilt. Dieses sei Resultat eines «kalt-
blütigen, barbarischen Angriffs», «eine der infamsten und
verwerflichsten Taten in der Geschichte». Diese Entrüs-
tung, die ohne die entsprechend «geframte» Berichterstattung in den Tagen und Wochen zuvor der Öffentlichkeit
kaum zu vermitteln gewesen wäre, zeitigte unmittelbare
Konsequenzen. Denn der Kongress erteilte nunmehr der
Produktion von MX-Interkontinentalraketen grünes Licht –
als Warnung an die Sowjets, wie es hieß. Gleichzeitig trug
das KAL-Narrativ, das einmal mehr die Bösartigkeit der
Sowjets/der Russen hervorhob, maßgeblich zur Beendigung
der inner- wie auch außerparlamentarischen Versuche in

den USA bei, ein Moratorium zum Einfrieren des nuklearen Rüstungswettlaufs zu erzielen.

In der amerikanischen Öffentlichkeit erzielte die mediale KAL-Inszenierung eine beträchtliche Wirkung. Einer von Entman zitierten Umfrage zufolge waren 52 Prozent der Befragten der Meinung, Reagans Antwort auf das Verhalten Moskaus sei nicht entschlossen genug, 37 Prozent hielt sie für angemessen, nur drei Prozent beurteilten Washingtons Reaktion als zu hart. Seit 1956, dem sowjetischen Einmarsch in Ungarn, hatte die US-Bevölkerung kein so negatives Urteil mehr über die Sowjetunion wie nach diesem KAL-Abschuss 1983.

Ein schmissiger Willkommensgruß in San Diego

Dabei wussten sowohl das Weiße Haus wie auch das State Department und das Pentagon bereits kurz nach dem Abschuss, dass die sowjetische Seite infolge einer unzureichenden Radar-Technologie und schlechter militärischer Kommunikation tatsächlich überzeugt war, bei dem KAL-Flugzeug handele es sich um einen Spionageflug. Umso mehr, als US-Spionageflugzeuge zuvor wiederholt die strategisch bedeutsame Region Kamtschatka im Osten Sibiriens überflogen hatten. Die koreanische Zivilmaschine hatte aus bis heute ungeklärten Gründen ihre Flugroute verlassen und war tief in den sowjetischen Luftraum eingedrungen. Das rechtfertigt keinen Abschuss, aber auch nicht den in Washington wider besseres Wissen erhobenen Vorwurf des «Mordes», mit allen sich daraus ergebenden Folgen. Genauso aber wird das Spiel gespielt: Nicht Fakten zählen, sondern Framing. Medien werden zu Resonanzböden inszenierter Empörung, wie im Kaskaden-Modell dargestellt. Und somit zu Vollstreckern machtpolitischer Interessen.

Offiziellen US-Angaben zufolge hatte die USS *Vincennes*, die widerrechtlich in iranischen Gewässern kreuzte, den Airbus des Iran-Air-Flugs 655 für einen angreifenden Kampfjet gehalten. Abgeschossen wurde das Flugzeug 1988 jedoch über iranischem Territorium. Auch deswegen stand der Kapitän der *Vincennes*, William C. Rogers III, in der Kritik: Er habe ein aggressives Verhalten in einem angespannten und gefährlichen Umfeld gezeigt, in der Schlussphase des irakisch-iranischen Krieges. Doch dergleichen Misstöne, vorgetragen vor allem in einem Artikel von *Newsweek*, blieben die Ausnahme und verhallten folgenlos. «Die mediale Berichterstattung in diesem Fall», so Entman, «half alle geistigen Querverbindungen auszublenden, die zu weniger Unterstützung für amerikanische Politik hätte führen oder die Selbstwahrnehmung des Landes hätte infrage stellen können. Der vorgegebene Frame hielt sich mit Informationen zurück, die den Eindruck erwecken konnten, dass die … US-Präsenz am Golf (eines solchen, ML) menschlichen Verlustes nicht wert wäre …» Einer Umfrage zufolge glaubten entsprechend 71 Prozent der Befragten, dass der Abschuss des iranischen Flugzeuges gerechtfertigt gewesen sei. 74 Prozent waren der Meinung, dass die iranische Seite dafür die größere Verantwortung trüge, und 82 Prozent sprachen sich dafür aus, die Militärpräsenz in der Region beizubehalten. Ungeachtet – oder gerade wegen – dieses Abschusses erreichte Reagans Politik einer erhöhten Militärpräsenz in der Golfregion die höchsten je erzielten Zustimmungswerte. Und vermutlich trug diese Euphorie auch dazu bei, die leidige «Iran-Contra-Affäre» medial endgültig zu entsorgen.

Entman betont, dass die Faktenlage rund um den Abschuss des Iran Air-Airbus so sehr die US-Selbstwahrnehmung von Moralität und Werteorientierung infrage zu stellen drohte, dass die Administration die Medien gemäß dem

Kaskaden-Modell ermutigte, «die Verbreitung bestimmter negativer Assoziationen zu vermeiden». Diese Ausblendung der Realität zugunsten inszenierter Wirklichkeit war erneut dermaßen wirkmächtig, dass kein Kongressabgeordneter mehr wagte, über einen Abzug der US-Truppen aus der Golfregion auch nur laut nachzudenken.[15]

Moskau hat keine Verantwortung für den Abschuss des KAL-Flugzeugs übernommen und keine Entschädigungen gezahlt, da es illegal in sowjetischen Luftraum eingedrungen sei. Die US-Regierung entschied sich für einen Double Bind. Sie hat «bedauert», und zwar «den Verlust menschlichen Lebens», hielt den Abschuss des iranischen Zivilflugzeugs für «eine furchtbare Tragödie», hat sich aber nie formell entschuldigt oder Fehler eingeräumt. Im Rahmen eines Prozesses bei dem Internationalen Gerichtshof in Den Haag im Februar 1996 zahlte Washington gleichwohl eine Entschädigung in Höhe von 61,8 Millionen US-Dollar. Der Kapitän der *Vincennes* hatte 1990 die militärische Auszeichnung «Legion of Merit» erhalten, nämlich «für außerordentlich verdienstvolles Verhalten in der Ausübung herausragender Dienste als kommandierender Offizier … von April 1987 bis Mai 1989». Der Tod von 290 Menschen an Bord des Iran-Air-Flugzeugs spielte in dem Zusammenhang keine Rolle.

Als die USS *Vincennes* einige Monate nach dessen Abschuss wieder in ihrem kalifornischen Heimathafen San Diego eintraf, wurde sie jubelnd begrüßt: «Mit einem Meer von Fahnen … Ballons und einer Navy-Band, die schmissige Lieder spielte …, während aus den Schiffslautsprechern der Titelsong des Films *Chariots of Fire* dröhnte und umliegende Kriegsschiffe der Navy Salut schossen. Ein Presseoffizier teilte mit, man habe verhindern wollen, dass die *Vincennes* sich bei Nacht und Nebel in den Hafen stehle.»[16]

Die Welt gehört uns: Von der «Bürde des weißen Mannes» bis zum Einsatz für Freiheit und Demokratie

Imperiale Politik ist keine amerikanische Erfindung, sie durchzieht die Geschichte der Menschheit. Diese Geschichte handelt wesentlich vom Aufstieg und Niedergang, vom Werden und Vergehen immer neuer Reiche, Zivilisationen und Kulturen. Der Erste, der diesen Zusammenhang umfassend dargestellt und damit der modernen Geschichtswissenschaft den Weg geebnet hat, war der aus Tunis gebürtige arabische Universalgelehrte Ibn Khaldun (1332–1406). Seine berühmte, mehrbändige *Muqaddima* ist eine Einführung in Geschichtsphilosophie, die von genauen Beobachtungen historischer Ereignisse und Entwicklungen, von Wirtschaft, Politik und Erziehung lebt. Nüchtern beschreibt er das Wesen der Macht. Am Anfang stehe der «soziale Zusammenhalt» (Asabiya) innerhalb einer Gruppe. Dieser Zusammenhalt ergebe sich meist spontan, innerhalb von Clanen oder Stammesverbänden. Sobald einflussreiche Gruppen nach der Macht strebten, bedürften sie einer «religiösen Ideologie», die der Selbstlegitimation ebenso diene wie der Festigung der eigenen Gefolgschaft. Asabiya plus Ideologie: das ist laut Ibn Khaldun die Voraussetzung, um an die Macht zu gelangen. Die allerdings sei flüchtig. Wie in einer Wellenbewegung erlebten Dynastien und Imperien ihren Aufstieg und früher oder später auch wieder ihren Niedergang. Psychologische, soziale, wirtschaftliche und politische Faktoren setzten dabei den Rahmen. Jedes Reich gehe aus seinen Vorläufern hervor und pflanze seinerseits die Saat für die jeweiligen Nachfolger. Das Tempo oder die Richtung werde dabei von jenen vorgegeben, deren sozialer Zusammenhalt stärker sei als der konkurrierender Gruppen oder Verbände. Für Ibn Khaldun stellt sich Geschichte als ein endloser Zyklus aus Berg- und Talfahrten dar, ohne Evolution oder Fortschritt – abgesehen von der Entwicklung primitiver in Richtung zivilisierter Gesellschaften. Eine Auffassung, über deren zweiten Teil sich streiten ließe.

«Ändern sich die allgemeinen Rahmenbedingungen», schrieb er mit Blick auf die Pest, die auch in Nordafrika verheerend gewütet hatte, und den Mongolensturm, der die arabische Hochkultur in Bagdad und Damaskus in Flammen aufgehen ließ, «so wird die Welt ein weiteres Mal neu erschaffen». Diese Neuerschaffung sah Ibn Khaldun nicht ohne Skepsis. Noch dienten Europäer als Matrosen oder Söldner auf Handels- und Kriegsschiffen der Muslime, doch sollten bald schon Herr und Knecht die Rollen tauschen. Die «Entdeckung» Amerikas 1492 wurde zum Fanal: Im Verlauf mehrerer Jahrhunderte machten sich verschiedene europäische Mächte die Welt untertan. Es war die Geburt des Kolonialismus, der mit Napoleons Expedition nach Ägypten 1798 seinen Anfang auch in der arabisch-islamischen Hemisphäre nahm. Der Kolonialismus wiederum ist der Vorläufer des heutigen Neo-Imperialismus mit seinem Machtzentrum USA.

Bilderwelten

Die «Bilderwelten» des Kolonialismus und jene des Neo-Imperialismus, von damals und heute also, sind einander verblüffend ähnlich – was nicht wirklich überrascht. Beide machten und machen sich die Erde untertan, eine privilegierte Minderheit auf Kosten der Mehrheit, jener *Ver-dammten dieser Erde*, so der Buchtitel des wohl einfluss-reichsten anti-kolonialen Manifests. Veröffentlicht wurde es 1961, sein Autor ist der aus Martinique in der Karibik stammende französische Psychiater und Politiker Frantz Fanon. Mit bemerkenswerter Klarsicht hat der Nachfahre von Sklaven, ähnlich wie nach ihm Harold Pinter, die Struk-turen des globalisierten Unrechts in diesem Buch aufge-zeigt, und wie Pinter war auch Fanon ein Hassobjekt der Selbstgerechten. Unter anderem heißt es darin: «Verlassen wir dieses Europa, das nicht aufhört, von Menschen zu reden, und ihn dabei niedermetzelt, wo es ihn trifft, an allen Ecken seiner eigenen Straße, an allen Ecken der Welt. Ganze Jahrhunderte hat Europa nun schon den Fortschritt bei anderen Menschen aufgehalten und sie für seine Zwecke und seinen Ruhm unterjocht.» Und: «Der schwarze Mensch erscheint aus der Perspektive des Weißen als min-derwertig, aber umgekehrt ist der Weiße mit seinen ‹Er-rungenschaften› Zivilisation, Kultur, kurz Intellekt, nach-ahmenswert.» Sein Manifest wurde auf dem Höhepunkt des Algerienkrieges veröffentlicht, als Algerier in Frank-reich nicht allein in Paris auf den Straßen gejagt und um-gebracht wurden. Die Hoffnung auf ein anderes, besseres Leben nach der Unabhängigkeit Algeriens 1962 hat sich allerdings dort wie anderswo als Illusion erwiesen. Geblie-ben ist die innere Zerrissenheit ethnischer, religiöser oder kultureller Minderheiten wie auch längst akkulturierter Einwanderer, in Deutschland selbst in dritter oder vierter Generation noch immer «Migranten» genannt. Das Wissen, von der Mehrheitsgesellschaft als nicht dazugehörig oder minderwertig angesehen zu werden, wiegt schwer.

Der Kolonialismus ist die rechte Hand des Imperialis-mus, und umgekehrt. Beide sind nur gemeinsam zu den-ken. Es widerstrebt durchaus, Lenin zu zitieren oder wiederzugeben, doch nicht in allem lag er falsch. In seiner 1916 im Schweizer Exil erschienenen Studie *Der Imperialismus als höchstes Stadium des Kapitalismus* ist seine Hauptthese, angelehnt an Marx, die folgende: Das Finanzkapital einiger weniger monopolistischer Großbanken verschmilzt mit dem Kapital monopolistischer Industriellenverbände. Die ursprünglich vor allem militärisch ausgerichtete Zwangsherrschaft über nicht-europäische Völker wandelt sich. Der klassische Kolonialismus erhält ein neues Gesicht. Es entsteht eine imperiale Allianz aus politischer und wirtschaftlicher Macht – mit dem Ziel, den zunehmend marktbeherrschenden Kapitalismus auf jene Gebiete und Territorien auszuweiten, und zwar weltweit, die noch nicht erobert oder unterworfen worden sind.

Schon drei Jahre vor Lenin hielt Rosa Luxemburg 1913 in ihrem Hauptwerk *Die Akkumulation des Kapitals. Ein Beitrag zur ökonomischen Erklärung des Imperialismus* fest: Allein die Expansion in noch nicht wettbewerbsorientierte Teile der Welt könne die Implosion einer auf Vorherrschaft und stetes Wachstum angelegten Wirtschaftsordnung verzögern – auf Dauer aber nicht verhindern. Der Konkurrenzkampf der führenden, kapitalistisch verfassten Wirtschaftsnationen sei ebenso gefährlich wie selbstzerstörerisch und bedrohe den Weltfrieden. An der Richtigkeit dieser Beobachtung hat sich bis heute wenig geändert, wie der aufgeheizte Wettstreit zwischen den USA und China unterstreicht.

Die Ära des Kolonialismus endete nach dem Zweiten Weltkrieg. Aus dem klassischen Imperialismus erwuchs der Neo-Imperialismus. Dessen «Markenzeichen» sind von multinationalen Konzernen ausgehende Formen der Beeinflussung, Abhängigkeit oder Beherrschung unterentwickelter Länder und Regionen durch die Industrienationen. Unter Führung und in Gestalt des US-Imperiums, das als

«Ordnungsmacht» den geopolitischen Rahmen dafür schafft. Der Neo-Imperialismus ist, sinnbildlich gesprochen, das Schild, der «freie Markt» das Schwert einer börsennotierten Weltordnung, deren enthemmtes Gewinnstreben die Erde an ihre ökologischen Grenzen führt, etwa durch die Klimaerwärmung.

Aus dem Orient das Licht?

Zwei verwandte Wesensmale haben sich von damals bis heute bewahrt: Ethnozentrismus und Rassismus. Dabei hätte es anders kommen können. Denn die Wahrnehmung des Orients etwa war in der Romantik fast ausnahmslos positiv, die neu entdeckte Welt regte an zum Träumen. Die Übersetzungen persischer und arabischer Poesie inspirierten die literarische Produktion deutscher Dichter, allen voran Goethes (*West-östlicher Diwan*). Sie sahen in der orientalischen Dichtkunst den Beweis, dass die Völker und Nationen denselben sittlichen Werten und einem einheitlichen Streben nach Schönheit verbunden seien. In der Öffentlichkeit des 18. und 19. Jahrhunderts erzielten sie damit große Resonanz. Den Philosophen der Aufklärung dagegen diente der Orient als Argument wider den absolutistischen Staat und seine religiöse Legitimation. Warum solle denn dieser Staat den geschichtlichen Höhepunkt menschlicher Zivilisation verkörpern, wenn außereuropäische Kulturen ganz andere politische und religiöse Gesellschaftsmodelle entwickelt hatten?

Ex oriente lux, so dachte man damals – bis der Kolonialismus alte Feindbilder aus den Zeiten der Kreuzzüge neu belebte und eine kulturelle Konfrontation einsetzte. Die Europäer und mit ihnen die aus Europa eingewanderten US-Amerikaner sahen sich erneut als höherstehende Zivilisation und haben sich bis heute, wenngleich bei fallender Tendenz, ihre dominante Stellung gegenüber nicht-europäischen Völkern bewahrt: indem sie frühzeitig die technisch-rationale Weltgesellschaft nach ihren Vorstellungen prägten. Vor allem die nah- und mittelöstlichen Verlierer der Moderne, seelisch zerrissen von Identitätskonflikten, flüchteten sich zusätzlich in fragwürdige Heilslehren, mal nationalistischer, mal islamistischer Couleur.

Nach dem Fall der Berliner Mauer löste der Islam, wie erwähnt, den Kommunismus als dominantes Feindbild im Westen ab. Diese Entwicklung half, die (neo-)imperiale Politik des Regimewechsels nach 9/11, von Afghanistan bis nach Libyen, zu legitimieren. Die Fluchtbewegungen aus Afrika und Asien, auch als Ergebnis wiederholter militärischer Interventionen der «Ordnungsmacht» und einer globalen Wirtschaftsordnung mit deutlichem Nord-Süd-Gefälle, haben die Wahrnehmung erneut verändert. Heute steht weniger der vermeintliche Fanatismus des Islams im Fokus als vielmehr die wachsende Zahl von Flüchtlingen und Migranten. Deren Aufnahme respektive Nicht-Aufnahme prägt europäische und deutsche Politik seit 2015 in erheblichem Maß. Die Ursachen der anhaltenden Fluchtbewegungen jedoch werden selten beleuchtet, weder auf Regierungsebene noch in den Medien. Wo es dennoch geschieht, stehen meist Symptome im Fokus. Mit dem Ergebnis, dass etwa die türkische Regierung gegeißelt wird – so sie weiterhin Flüchtlinge in Richtung EU ziehen lässt, wie 2020 geschehen. Ebenso am Pranger stehen «der Schlächter Assad» und natürlich Moskau. Denn die meisten Flüchtlinge in Deutschland und Europa stammen aus Syrien.

Nach westlicher Auffassung sind für die dortigen Kriegszerstörungen allein oder in erster Linie Assad und sein Verbündeter Russland sowie der Iran verantwortlich. Hiesige Entscheidungsträger und Meinungsmacher blenden aus, dass die USA, teilweise die EU, die Türkei und die Golfstaaten über Jahre hinweg dschihadistische Kriegsgegner Assads bewaffnet, unterstützt oder finanziert haben, was den Krieg ebenso befeuerte wie die anhaltende Flucht der Syrer vor Tod, Gewalt und Perspektivlosigkeit. Das vorherrschende Narrativ, demzufolge die syrische Zivilgesellschaft einen verzweifelten Freiheitskampf gegen ihre Unterdrücker führe, hatte in den ersten Monaten der Proteste und Demonstrationen seine Berechtigung – spätestens seit 2012 aber spielte diese Zivilgesellschaft keine Rolle mehr, weder politisch geschweige denn militärisch. Aus dem im Jahr zuvor, 2011, entflammten Bürgerkrieg wurde ein Stellvertreterkrieg, wobei sich die militärisch maßgeblichen Widersacher des Assad-Regimes vornehmlich aus den Reihen von Al-Qaida und des «Islamischen Staates» rekrutierten.[1]

Warum verbindet den Kolonialismus und den Neo-Imperialismus das einigende Band Ethnozentrismus und Rassismus? Im Kern deswegen, weil niemand, der andere ausbeutet, diskriminiert, unterwirft, versklavt, tötet, dieses Unrecht ertragen oder rechtfertigen könnte, würde er diese Anderen als gleichwertig betrachten, würde er ihnen auf Augenhöhe begegnen, sie als Brüder oder Schwestern ansehen. Das erklärt die Selbsterhöhung etwa britischer Kolonialherren, die subjektiv vermutlich tatsächlich davon überzeugt waren, die «Bürde des weißen Mannes» auf sich genommen zu haben, um den «Wilden» und rassisch «Minderwertigen» die Segnungen von Kultur und Zivilisation beizubringen. Aus dieser Bürde ist nach dem Zweiten Weltkrieg der globale Einsatz für Freiheit und Demokratie geworden, unter Führung der «unersetzlichen Nation». Wie dieser Kampf im Einzelnen verlaufen ist, haben die vorigen Kapitel in Ansätzen umrissen. Einer der wesentlichen Unterschiede zwischen dem Neo-Imperialismus der USA und dem imperialen Gebaren Chinas und Russlands besteht übrigens darin, dass Letztere nicht über die Mittel verfügen, ihre hegemonialen Ansprüche über die unmittelbare Nachbarschaft hinaus dauerhaft militärisch oder politisch durchzusetzen. Für China gilt: noch nicht.

Ethnozentrismus und Rassismus wirken fort: Haben sich die einstigen Kolonialherren oder deren Rechtsnachfolger jemals bei den von ihnen Kolonialisierten oder deren Nachfahren entschuldigt? Entschädigungen gezahlt? Welches westliche Land verfügt über eine «Erinnerungskultur» mit Blick auf die über Jahrhunderte betriebene Versklavung subsaharischer Völker? Die Ausrottung und Entrechtung indigener Ethnien, Stämme und Gruppen in Nord- wie Südamerika? Wie ist es zu erklären, dass die Zerstörung zahlreicher arabischer, islamischer, lateinamerikanischer, fernöstlicher und anderer Staaten durch die Machtpolitik Washingtons wenig bis keine Empörung auslöst? Wie ist angesichts des Elends von Millionen Menschen, die den Preis für diese Politik zu bezahlen hatten und haben, die Fiktion einer westlichen Werteorientierung aufrechtzuerhalten – jenseits von Selbsttäuschung?

Die hiesigen, identitätsstiftenden «Bilderwelten» enthalten bereits jene «Fiktionen» (Lippmann), die, entsprechend gefiltert, auch die mediale Wahrnehmung unserer und anderer Kulturen prägen. Von arabischen oder arabischstämmigen Terroristen getötete Franzosen, Deutsche, Amerikaner, Israelis sind dementsprechend erinnerungswürdige Opfer «feiger» oder «heimtückischer» Verbrechen. Die rund zwei Millionen getöteten Iraker dagegen, Opfer der verheerenden Sanktionen gegen den Irak Saddam Husseins nach dessen Überfall auf Kuweit 1990 bis hin zum Krieg 2003 und seiner Folgen, werden entweder gar nicht erst zur Kenntnis genommen oder fallen in die moralisch entlastende Kategorie «Kollateralschaden» – um nur dieses eine Beispiel zu nennen.

Mit Napoleon fing es an

«Bilderwelten» sind folglich nicht statisch, sie unterliegen wechselnden Moden, Idealen, Interessen. Die «Guten» von heute können die «Bösen» von morgen sein, und umgekehrt. Die wenigsten sind sich darüber im Klaren, dass jeder Einzelne Teil ist einer sozialen, gesellschaftlichen, nationalen oder sonstigen Asabiya. Deren jeweilige Identitäten speisen sich wesentlich aus der mentalen Ablehnung des Unbekannten und bewirken Abgrenzung. Sigmund Freud zufolge ist der zentrale Mechanismus bei der Entstehung des Fremden die Projektion. Aus «Bilderwelten» werden Feindbilder. Sie sind Voraussetzung für jene Hierarchie der Wertigkeiten, wie sie sich bereits in der Stunde null des Kolonialismus im arabischen Orient zeigte, im Ägypten des Jahres 1798. Die Franzosen, wie aus dem Nichts in Nordafrika angelandet, stießen ohne nennenswerten Widerstand bis nach Kairo vor. Ägypten gehörte damals nominell zum Osmanischen Reich, wurde jedoch von einer Kaste ehemaliger Sklavensoldaten, den Mameluken, beherrscht. Der überlegenen französischen Militärtechnik hatten sie jedoch nichts entgegenzusetzen. Napoleons Motiv für diesen Feldzug war die Schwächung des geopolitischen Rivalen Großbritannien, der die Franzosen zuvor aus ihren indischen Niederlassungen vertrieben hatte. Die französische Kontrolle über Ägypten suchte die Machtverhältnisse in Indien zum Nachteil der Briten zu verändern, deren East India Company den Warenverkehr zwischen Orient und Okzident auch über den Nahen Osten abwickelte.

Es dauerte nur wenige Wochen, bis sich die Bewohner von Kairo über die dramatischen Veränderungen im Stadtbild und den korrumpierenden Einfluss der Franzosen beklagten. Vor allem mit Blick auf den öffentlichen Konsum von Alkohol und das Anwachsen der Prostitution. Viele

Muslime empfanden die Unterwerfung des Landes durch einen Christen als Katastrophe. Umso mehr, als französische Soldaten bei der Niederschlagung der ersten Aufstände gegen die Besatzung auch die Al-Azhar-Moschee erstürmten, quasi den Vatikan des sunnitischen Islams. Dabei stellten sie ihre Pferde in den Gebetsnischen unter, schändeten Koran-Exemplare, betranken sich, bis sie nicht mehr an sich halten konnten und auf die Gebetsteppiche urinierten: eine überaus symbolträchtige Szene, in der sich Ignoranz und Verachtung gegenüber den Unterworfenen die Waage hielten.

Napoleon selbst installierte eine ägyptische Version des Direktoriums, wie es damals in Paris bestand, und besetzte diesen «Diwan» mit führenden Theologen und religiösen Rechtsgelehrten Kairos. Zu ihrem Unbehagen sahen die sich plötzlich in politische Stellungen befördert und wurden häufig auch von Napoleon um Rat gefragt: «Der erste von vielen zweckdienlichen Versuchen einer politischen Ermächtigung des Islam durch angeblich weltlich gesinnte Vertreter des Westens.»[2] Dieser Hinweis des indischen Philosophen und Essayisten Pankaj Mishra ist wichtig, weil die Politisierung des Islams mit der Kolonialisierung ihren Anfang nahm und keineswegs im Koran, in der Religion selbst angelegt ist, wie heutige «Islamkritiker» nicht müde werden zu betonen.

Die Briten reagierten umgehend auf den französischen Vorstoß und versenkten einen Großteil der Flotte Napoleons in der Seeschlacht von Abukir, unweit von Alexandria, bereits kurz nach dessen Anlandung. Drei Jahre benötigten Briten und Osmanen, um das französische Expeditionsheer aus Ägypten zu vertreiben. 1801 wurden dessen Reste in einer Schlacht bei den Pyramiden von Gizeh aufgerieben. Napoleon, seit 1799 wieder in Paris, hatte es längst abgeschrieben. Nun machten sich die Briten das Land am Nil untertan, als Sprungbrett für ihre Kronkolonie Indien. Von Indien abgesehen haben die Briten ihre Eroberungs- und Unterwerfungspolitik weniger mit Hilfe des Militärs als vielmehr mit fiskalischen Mitteln vorangetrieben. Allen voran in Ägypten. Der dortige osmanische Gouverneur Mohammed Ali herrschte von 1805 bis 1849, weitgehend unabhängig von der Zentralregierung in Istanbul. Er suchte Ägypten mit Hilfe einer auf Autonomie bedachten Wirtschaftspolitik zu modernisieren. Insbesondere forcierte er den Umbau der Landwirtschaft, um in großem Maßstab Baumwolle zu produzieren – Grundlage der von ihm geplanten Textilindustrie.

Doch hatte er da die Rechnung ohne die Briten gemacht. Der expandierende europäische Kolonialismus duldete keine potentiellen Rivalen. Durch politische und wirtschaftliche Zugeständnisse des osmanischen Sultans sowie militärischen Druck gelang es London, die industriellen Unternehmungen Mohammed Alis in kürzester Zeit zu ruinieren. Und schlug damit zwei Fliegen mit einer Klappe: Die dominante Stellung der britischen Textilindustrie in Lancashire auf dem Weltmarkt blieb dadurch gewahrt, gleichzeitig wurde der Weg in eine koloniale Ökonomie geebnet – der Eroberung Ägyptens durch Hypotheken und Kredite. Um den Warenverkehr nach Indien zu erleichtern, wurde in den 1860er Jahren der Suezkanal gebaut. Die Briten zwangen Kairo, dessen Bau in weiten Teilen zu finanzieren, was die Staatsverschuldung ins Unermessliche steigerte. Die aus dem Betrieb des Kanals anschließend erzielten Gewinne flossen allerdings vornehmlich in die Kassen europäischer Aktionäre. Als Ägypten seine Schulden nicht mehr bedienen konnte, besetzten die Briten 1882 das Land, wobei sie es vor allem auf die Staatskasse und die Kontrolle des Suezkanals abgesehen hatten.

Kolonialisierung bedeutet zweierlei: die Ausbeutung

natürlicher Ressourcen und Arbeitskräfte vor Ort sowie die Einbindung regionaler Wirtschaftsstrukturen in das jeweilige Empire. Ohne den Schutz von Zöllen, auf deren Senkung die Briten bestanden, konnten die aufkeimenden Industriezweige in Ägypten, der osmanischen Türkei und dem Iran nicht mit den aus Europa importierten Industriewaren konkurrieren. Das erklärt, warum Kaufleute, Weber und Handwerker in den Basaren des Orients an vorderster Front an den antiwestlichen Bewegungen des 19. Jahrhunderts beteiligt waren.

Die Muslime erlebten nicht allein einen wirtschaftlichen Tsunami, der Imperialismus bedrohte und zerstörte vielfach auch ihre traditionelle Lebensweise, ihr Verständnis von Gott und der Welt. Die Moscheen entwickelten sich zu Zentren des kulturellen und politischen Widerstands, was nach dem Ersten Weltkrieg zum Entstehen der ersten islamisch-fundamentalistischen Bewegung führte, der ägyptischen Muslimbruderschaft.

Staatsverschuldung als Programm

Bis 1900 hatte eine kleine, aus Europa eingefallene Minderheit die Herrschaft über den größten Teil des Globus erlangt und zwang den hauptsächlich agrarisch geprägten islamischen und asiatischen Gesellschaften die Imperative einer kapitalistisch geprägten Wirtschaftsdynamik auf, unter Einbeziehung von Militärstützpunkten und Kanonenbooten. Sofern einheimische Eliten versuchten, die Modernisierung ihrer Länder nach europäischem Vorbild voranzutreiben, landeten sie, mit der einzigen Ausnahme Japans, beinahe zwangsläufig in der Schuldenfalle. Nicht allein Ägypten, auch das Osmanische Reich selbst. Die auf Verwestlichung bedachten osmanischen Sultane und Staatsmänner investierten etwa in Infrastruktur und die Modernisierung der Armee. Zur Finanzierung nahmen sie Kredite bei europäischen Banken auf, die in Istanbul seit dem frühen 19. Jahrhundert wie Pilze aus dem Boden schossen. Es dauerte nur wenige Jahrzehnte, bis die Hohe Pforte vor dem Staatsbankrott stand. Um weitere Kredite zu erhalten, musste sie den Europäern sogenannte Handelskapitulationen gewähren. Das bedeutet, dass deren Kaufleuten erhebliche Steuervorteile gegenüber einheimischen Konkurrenten eingeräumt wurden. Vielfach zahlten die Fremden gar keine Steuern mehr. Gleichzeitig erhielten westliche Ausländer, maßgeblich Briten, Franzosen und Russen, einen weitreichenden Schutz vor Strafverfolgung seitens osmanischer Behörden. Diese Ungleichbehandlung führte wiederholt zu Aufständen und Protesten der einheimischen Bevölkerung. Vor diesem Hintergrund erwuchs in den 1830er Jahren die Reformbewegung der Jungosmanen – Vorläufer der Jungtürken, aus denen wiederum Atatürks Nationalbewegung und, 1923, die moderne Türkei hervorgingen.

Dergleichen Zusammenhänge zu kennen ist Voraussetzung, um eigene, westlich-europäische «Bilderwelten» auf den Prüfstand zu stellen. Der radikale Islamismus der Gegenwart, bis hin zu Al-Qaida und dem «Islamischen Staat», kann nur gedeihen in Gesellschaften, die zuvor ganz oder in Teilen zerstört worden sind. Der Selbstwahrnehmung westlicher Werteorientierung stehen mehr als zwei Jahrhunderte gegenüber, in denen große Gebiete der Welt durch ebenjenen Westen unterworfen worden sind. Das löst Gegenreaktionen aus, die sich seit geraumer Zeit auch in Form islamistischen Terrors und von Gewalt im Namen des Islams entladen. Die koloniale und (neo-)imperiale Politik des Westens ist, wohlgemerkt, nicht der einzige Grund für das insgesamt katastrophale Erscheinungsbild des arabisch-islamischen Raumes, aber ein wesentlicher. Weitere wichtige Ursachen sind Klientelismus, Vetternwirtschaft, Unvermögen und Korruption der einheimischen Machteliten, die selten über vormoderne Clan- oder Stammesverbände hinausweisen.

An den Rand gedrängte Menschen und Bevölkerungsgruppen neigen zu Radikalität – eine Erfahrung, die auch wir in Europa in unseren eigenen Gesellschaften zunehmend machen. In Gestalt eines erstarkenden Rechtsextremismus oder des allenthalben grassierenden, teilweise bereits an die Macht gelangten Rechtspopulismus. Das vor allem auch medial vermittelte Bild von Rückständigkeit und Fanatismus, die dem Islam vermeintlich innewohnen, ist bestenfalls ein Zerrbild. Auf die Spitze getrieben, etwa im Sprachbild eines «Kampfes der Kulturen», entlastet es von der eigenen, der westlichen Verantwortung für jene Verwerfungen, die mit imperialer Politik und einer auf Gewinnmaximierung ausgerichteten Globalisierung zwangsläufig einhergehen.

Die Iraner wehren sich

Anders als sein osmanischer Nachbar und Ägypten war der Iran zunächst von europäischen Übergriffen verschont geblieben. Auch deswegen, weil es im Land zu dem Zeitpunkt keine zur Kapitalakkumulation geeigneten Rohstoffe wie etwa Baumwolle gab. (Das dortige Erdöl wurde Anfang des 20. Jahrhunderts entdeckt.) Ausländische Investoren begannen sich erst in der zweiten Hälfte des 19. Jahrhunderts für den Iran zu interessieren. Die Zünfte, der Basar, bestimmten weiterhin das Leben in den Städten und auf dem Land, im Bündnis mit dem Klerus. Noch war der Rhythmus des sozialen und wirtschaftlichen Lebens nicht vom vordringenden Kapitalismus zerstört worden, der sich vor allem für den Außenhandel und individuelle Eigentumsrechte interessierte. Ähnlich dem Sultan der Osmanen und dem Khediven Ägyptens verstand auch der Schah Persiens unter Modernisierung in erster Linie die Modernisierung des Überwachungs- und Herrschaftsapparates sowie der Armee. Die überaus wirkmächtige schiitische Geistlichkeit verfolgte den allmählichen Zustrom von Ungläubigen in den Bereich der Wirtschaft mit großem Unbehagen. Seit den 1870er Jahren lag fast der gesamte Im- und Export in den Händen von Russland und Großbritannien, die beide um Macht und Einfluss im Iran wetteiferten. Vor allem die Briten kontrollierten den Anbau von Opium in der Region um Isfahan, das sie anschließend äußerst profitabel in China verkauften. Gleichzeitig führten ihre telegrafischen Überlandleitungen Richtung Indien über iranisches Gebiet.

Um das massive Staatsdefizit aufzufangen, verkaufte Schah Nasir ad-Din profitable Konzessionen an europäische Finanziers – obwohl er damit wissentlich den Weg in die Abhängigkeit beschritt, wie vor ihm das Osmanische Reich. 1891 gewährte er dem britischen Major und Geschäftsmann Gerald F. Talbot[3] ein auf 50 Jahre angelegtes Monopol für den Kauf, Verkauf und Export von Tabak, eines der wichtigsten Handelsgüter. Daraufhin entwickelten sich im Untergrund Geheimgesellschaften, die wütende Proteste und Massendemonstrationen in mehreren Städten organisierten – durchaus vergleichbar den Unruhen, die der Islamischen Revolution 1979 vorangingen. Auch Frauen beteiligten sich daran. Dieser Aufruhr, als Tabak-Revolte von 1891/92 in die Geschichte eingegangen, markiert den Beginn des iranischen Widerstands gegen die westliche Expansion im eigenen Land und bewirkte die Politisierung einflussreicher Strömungen innerhalb der traditionell eher quietistisch eingestellten schiitischen Geistlichkeit. Schiitische Kleriker wurden zu Wortführern der anti-kolonialen Bewegung und somit zu Widersachern erst der Briten, später der USA. Schah Nasir ad-Din, vollkommen überrascht von den Entwicklungen, die er selbst ausgelöst hatte, kapitulierte vor dieser Allianz aus Meinungsführern, Geistlichen und Kaufleuten und widerrief die Konzession.

Jamal ad-Din al-Afghani, der führende muslimische Intellektuelle jener Zeit, hielt sich damals im Iran auf und war ein wichtiger Ideengeber der Proteste. Er beklagte, wie es Pankaj Mishra zusammenfasst, «dass die britische Presse iranische Demonstranten als religiöse Fanatiker darstellte, obwohl es sich in Wirklichkeit um den berechtigten Wunsch nach Reformen und einem Gesetzbuch handelte. Er verwies auf die einseitige Berichterstattung der Nachrichtenagentur Reuters (die sich natürlich im Besitz eines britischen Staatsbürgers befand, der immer noch über Banklizenzen und Schürfrechte im Iran verfügte).»[4] Ob gestern oder heute: Wer sich gegen westliches Dominanzstreben zur Wehr setzt, wird zum Gegner oder Feind.

Beste Feinde

Bereits während des Ersten Weltkrieges, den sich abzeichnenden Untergang des Osmanischen Reiches vor Augen, wetteiferten Großbritannien und Frankreich im Nahen Osten um Macht und Einfluss, getrieben von imperialer Gier. Beide, vor allem aber London, versprachen den Arabern die Unabhängigkeit, sofern sie das Osmanische Reich vom Süden her angriffen. Während also die verbündeten Briten und Franzosen im Stellungskrieg gegen Deutschland zu Hunderttausenden in den Schützengräben Flanderns verbluteten, wetteiferten ihre Regierungen in Syrien und Palästina um Macht und Einfluss, suchten sie einander mit den hinterhältigsten Methoden zu bekämpfen. Eine der beliebtesten Varianten war dabei das Bündnis mit regionalen Akteuren. Das bekannteste Beispiel ist der britische Spion und Abenteurer Lawrence von Arabien, der arabische Stämme im heutigen Saudi-Arabien in den Kampf gegen die Osmanen führte.

Die Franzosen wiederum nutzten ihre seit Jahrzehnten gepflegten, engen Beziehungen zu den Christen im Nahen Osten, insbesondere den Maroniten im Libanon, um ihren Wettkampf mit den Briten zu bestreiten. In dem nach ihren Unterhändlern benannten, geheimen Sykes-Picot-Abkommen teilten London und Paris 1916 die Region untereinander auf. Die Grenzen ihrer Einflusssphären wurden dabei mit dem Lineal gezogen und haben die heutigen Landesgrenzen weitgehend vorbestimmt – ohne jede Rücksprache mit der einheimischen Bevölkerung. Die Araber wurden um ihre Unabhängigkeit betrogen, die nachfolgenden, wiederholten Aufstände niedergeschlagen.

Damit aber endeten die Gemeinsamkeiten der kolonialen Rivalen. Frankreich betrachtete den Libanon und Syrien wie eigene Landesteile, sah sie gewissermaßen als territoriale Verlängerung französischen Einflusses in der Levante. Die Briten dagegen verfolgten drei Ziele: den Zugriff auf die Erdölreserven im Irak und im Iran, die Kontrolle Palästinas als Pufferzone des Suezkanals und die Sicherung aller See- und Landverbindungen nach Indien. Die geostrategische Bedeutung Palästinas führte 1917 zur Balfour-Deklaration, in der die britische Regierung den Juden «eine nationale Heimstätte» in Palästina versprach: Teile und herrsche. Diese Deklaration, benannt nach dem Außenminister, war der erste Schritt zur Gründung Israels 1948. Vordergründig erschienen die Verhältnisse vor Ort zwischen London und Paris geklärt – doch das waren sie mitnichten. Beide Regierungen fürchteten, gegenüber der jeweils anderen ins Hintertreffen zu geraten. So gewährten die Briten drusischen Rebellen, die sich in den 1920er Jahren gegen die Franzosen in Damaskus erhoben, einen Rückzugsraum in Transjordanien, dem heutigen Jordanien, und versorgten sie mit Waffen und Geld. Palästinensische Aufständische, die in den 1930er Jahren die Briten und die zionistische Bewegung bekämpften, fanden zeitweise Zuflucht im Libanon.

Obwohl es im Zweiten Weltkrieg eigentlich gemeinsam mit den Briten gegen Deutschland kämpfte, unterwies das gaullistische Freie Frankreich rechtsextreme zionistische Gruppen wie die Lechi, von den Briten nach ihrem Anführer Stern-Bande benannt, und die Irgun in Terrormethoden, zum Einsatz gegen die Briten in Palästina. (Zu den maßgeblichen Aktivisten der Lechi gehörte Jitzchak Schamir, führender Kopf der Irgun war Menachem Begin. Beide wurden später israelische Premierminister.) Der britische Historiker James Barr führte den Nachweis, dass die jüdischen Attentäter, die Anschläge auf britische Soldaten, Offizielle und Einrichtungen verübten, darunter das King David-Hotel in Jerusalem 1946, damals Verwaltungs-Hauptquartier, vom französischen Geheimdienst ausgebildet worden waren. Offenbar wollte Paris über diesen Umweg London schwächen, um so den eigenen Zugriff auf den Libanon und Syrien zu festigen.[5]

Die Folgen jener kolonialen Ranküne wirken bis heute nach. Ein Grund für die Schwäche und Instabilität nahöstlicher Nationalstaaten ist ihre Künstlichkeit. Da wurden ethnische oder religiöse Gruppen zusammengeführt, die wenig bis gar nichts miteinander gemein haben. Kurden und Araber etwa, in Syrien und im Irak. Oder Christen und Schiiten im Libanon. In der Gegenwart befeuern deren Gegensätze Kriege und Staatszerfall. Kurden und Palästinenser sind dabei die großen Verlierer, ohne Chance auf Eigen-

staatlichkeit. Und so, wie die Großmächte damals verschiedene Volksgruppen gegeneinander ausgespielt oder
instrumentalisiert haben, geschieht das auch heute noch.
Regelmäßig enden die «Verbündeten» vor Ort dabei als
«nützliche Idioten». Zuletzt die Kurden in Nordsyrien, die
namens ihrer «Schutzmacht» USA in den Krieg gegen den
«Islamischen Staat» gezogen waren. Bis Washington sie
fallen ließ, zugunsten der geostrategisch bedeutsameren
Beziehungen zur Türkei.

Beste Freunde

Nach dem Zweiten Weltkrieg verlagerte sich das geopolitische Kräftemessen in die Golfregion, wo die weltweit
größten Erdöl- und Erdgasvorkommen lagern. Lange vor
deren Entdeckung hatten die Briten dort in der zweiten
Hälfte des 18. Jahrhunderts Fuß gefasst. Bis Ende der
1940er Jahre blieben sie der maßgebliche Hegemon unter
den Stammesführern auf der arabischen Seite des Persischen Golfs. Dabei ging es, in der Ära vor dem Erdöl, in
erster Linie um die Kontrolle der Verkehrswege nach Indien. Die während des Zweiten Weltkrieges geschlossene
strategische Allianz zwischen den USA und Saudi-Arabien –
Washington sorgt für die Sicherheit des Landes, im Gegenzug erhalten die USA saudisches Erdöl zu Vorzugsbedingungen – änderte die Machtverhältnisse. Spätestens mit dem
Suezkrieg 1956 hatten die USA Großbritannien als regionale Hegemonialmacht endgültig abgelöst. London, Paris
und Tel Aviv hatten als Reaktion auf Präsident Nassers
Verstaatlichung des Suezkanals Ägypten angegriffen, mussten den Krieg aber nach Intervention Washingtons beenden.
 1971 schließlich entließ London die kleineren Golfstaaten Bahrein, Katar, die Vereinigten Arabischen Emirate und

den Oman in die Unabhängigkeit. Das britisch dominierte Kuwait war bereits 1961 unabhängig geworden – um zu verhindern, dass sich der Irak Kuwait einverleibt, zu osmanischer Zeit eine zu Mesopotamien gehörende Provinz. Fast wäre es deswegen zum Krieg gekommen. Der folgte stattdessen zeitversetzt, 1990/91. Allerdings blieb der Einfluss Londons auf die kleineren Golfstaaten auch nach der Unabhängigkeit bestehen, anfänglich vor allem auf dem Gebiet militärischer Zusammenarbeit. Fast jeder Herrscher aus diesen Ländern hat zumindest einige Monate an der Königlichen Militärakademie im britischen Sandhurst verbracht – eine gute Gelegenheit, um Netzwerke aufzubauen oder zu festigen. Washingtons regionale Hegemonie fokussierte sich zunächst auf Saudi-Arabien und den Iran unter dem Schah. Anders als zuvor mit Frankreich, weiter nördlich, verzichteten die Briten auf einen Kleinkrieg mit den USA am Golf. Stattdessen fügten sie sich in ihre bis heute fortwährende Rolle als Juniorpartner der transatlantischen Weltmacht, nirgendwo sichtbarer als dort. Dieses Bündnis hat sich für Washington wie auch London mehr als bezahlt gemacht – geopolitisch und materiell.

Weder die USA noch Großbritannien sind heute für ihre Eigenversorgung auf Erdölexporte aus der Golfregion angewiesen. Bezog Westeuropa in den 1950er Jahren noch drei Viertel seines Erdöls aus dem Nahen und Mittleren Osten, ist es gegenwärtig weniger als ein Fünftel. Dennoch haben weder Washington noch London die Absicht, sich von dort zurückzuziehen und sich stattdessen dem Fernen Osten zuzuwenden, militärisch, politisch, wirtschaftlich – auch wenn hiesige «Denkfabriken» oder Meinungsmacher gerne das Gegenteil behaupten. Oft unter Verweis auf das Fracking, das die USA selbst zum Erdöl-Exporteur mache, zum viertgrößten weltweit. Das allerdings ist eine sehr vordergründige Betrachtung, denn die strategische Bedeutung der Golfregion bleibt ja bestehen.

Ausschlaggebend ist nicht der Eigenkonsum an nah- und mittelöstlichem Erdöl, das besonders leicht und kostengünstig zu fördern ist, sondern der geopolitische Nutzen, der sich aus dessen Kontrolle ergibt. Das stellte Gordon Merriam, Leiter der Nahost-Abteilung im State Department, bereits 1945 klar. Ihm zufolge waren die saudischen Erdölfelder für die USA in erster Linie «eine enorme Ressource strategischer Macht». In diesem Sinn äußerte sich zeitgleich auch Adolf Berle, unter Franklin D. Roosevelt im Außenministerium zuständig für Lateinamerika. Ihm zufolge hätten die USA und Großbritannien in der Golfregion «die internationale Sicherheit zu gewährleisten», deshalb müssten die Monarchien am Golf «ständig durch westliche Marinestreitkräfte geschützt werden».

1979 fasste Zbigniew Brzezinski, Nationaler Sicherheitsberater unter Präsident Carter, die Ziele der westlichen Politik am Golf im Kontext des Kalten Krieges wie folgt zusammen. Es gehe darum, den Persischen Golf zu kontrollieren und die Sowjetunion von den «lebenswichtigen Energiequellen» fernzuhalten, «von denen die wirtschaftliche und politische Stabilität Westeuropas wie auch Japans abhängt». Gelinge es nicht, die Sowjetunion aus der Golfregion fernzuhalten, werde «das geopolitische Kräftegleichgewicht kippen».[6]

Worum es wirklich geht am Golf

Seit dem Ende des Zweiten Weltkrieges verfolgt die US-amerikanische Außenpolitik dieses eine Ziel: andere Groß- oder Mittelmächte daran zu hindern, die Vormachtstellung der USA herauszufordern – geschweige denn, sie darin abzulösen. Das schließt, wohlgemerkt, Westeuropa respektive die EU ausdrücklich mit ein. Das Ende der Sowjetunion hat hier keinen Kurswechsel bewirkt, im Gegenteil. In einem außenpolitischen Grundsatzartikel der liberal-konservativen Monatszeitschrift *The Atlantic* heißt es im Januar 2002: «Fast alle amerikanischen Politikgestalter waren immer schon der Meinung, dass die Vereinigten Staaten ihre Alliierten ebenso einzuhegen hätten wie Moskau. Washington gewährleistet die Sicherheit von Großbritannien, Frankreich und (besonders) Deutschland und Japan. Auch dadurch, dass (die USA, ML) ihren Zugang zu weit entfernten wirtschaftlichen und natürlichen Ressourcen sicherstellen. Im Gegenzug fügen (die genannten Länder, ML) ihre Außen- und Sicherheitspolitik in jene Allianzen ein, die Amerika dominiert. So konnte Washington diese früheren und potentiellen Großmächte davon abhalten, eine unabhängige und (aus US-Perspektive, ML) möglicherweise destabilisierende Außenpolitik zu verfolgen.» Mit Blick auf das Engagement Washingtons am Persischen Golf verweisen die beiden Ko-Autoren darauf, dass es dort nie allein um das Erdöl gegangen sei, die USA darauf theoretisch vollständig verzichten könnten. «Dennoch übernimmt Washington die Verantwortung für die Stabilisierung der Region, weil Westeuropa und Japan sehr stark von deren Erdöl abhängig sind. Ebenso wie bald schon auch China, infolge seines wirtschaftlichen Aufschwungs. Amerika aber möchte diese Mächte daran hindern, die Mittel zu entwickeln, um diese Ressource selbst zu schützen».[7]

Man könnte diesen in wolkigen Worten daherkommenden Machiavellismus auch als das zusammenfassen, was er de facto ist: eine seit Jahrzehnten praktizierte und überaus gewinnbringende Schutzgelderpressung. Heute sind vor allem die Volkswirtschaften im Fernen Osten von dem Erdöl aus der Golfregion und dem Erdgas Katars sowie Irans abhängig. Drei Viertel der Exporte gehen nach China, Indien, Südkorea, Japan und Singapur. Das bedeutet, dass die USA und ihr Juniorpartner, Großbritannien, mittels der Kontrolle der Golfregion einen Hebel besitzen, um ihre wirtschaftlichen Konkurrenten in Asien empfindlich zu treffen. Wenn man sich vor Augen hält, dass China der größte Importeur iranischen Erdöls und Erdgases ist, so erscheinen die gegen den Iran gerichteten sekundären Wirtschaftssanktionen in einem zusätzlichen Licht. Wer ernsthaft glaubt, die US-Sanktionspolitik gegenüber dem Iran verfolge in erster Linie das Ziel, die unbefriedigende Menschenrechtslage dort zu verbessern, darf in der Tat als einfältig gelten.

Darüber hinaus sind die Petrodollars der OPEC, in erster Linie der arabischen Golfstaaten, zum Motor des Finanzkapitalismus geworden. Gleichzeitig stützen sie den US-Dollar als Weltleitwährung. Mehr noch, sie sind dessen Säule. Anders gesagt: die vielgeschmähten «Ölscheichs» finanzieren maßgeblich die Hegemonie des US-Imperiums.

Doch der Reihe nach. Das Bretton-Woods-Abkommen von 1944 hatte eine neue internationale Währungsordnung mit Wechselkursbandbreiten und dem US-Dollar als Weltleitwährung geschaffen. Der Wert des Dollars war damals an den Goldpreis gebunden. Obwohl die USA 70 Prozent aller weltweiten Goldreserven besaßen, stieß dieses System infolge der rapide wachsenden US-Staatsverschuldung zu Beginn der 1970er Jahre an seine Grenzen. Nicht alles Gold der Welt hätte ausgereicht, das von den USA dominierte globale Finanzsystem auch weiterhin abzusichern. Um dieser bedrohlichen Entwicklung entgegenzuwirken, führte Washington nicht etwa eine Schuldenbremse ein, vielmehr wurde der Goldstandard 1973 abgeschafft. Das Bretton-Woods-Abkommen war damit Geschichte. Parallel jedoch, glücklicherweise in etwa zeitgleich, explodierten die Erdöl-Preise im Zuge des arabisch-israelischen Krieges von 1973 –

andernfalls wäre es wohl zum wirtschaftlichen Kollaps des Finanzsystems wie auch der USA gekommen. Kostete ein Barrel Erdöl 1970 noch 1,80 US-Dollar, waren es zehn Jahre später, 1980, bereits 39 US-Dollar. Die OPEC, allen voran die arabischen Erdöl-Exporteure am Golf, schwammen im Geld, das irgendwo angelegt werden musste. Das geschah auf eine für die USA und Großbritannien sehr vorteilhafte Art und Weise, die dem Neoliberalismus wie auch dem Finanzkapitalismus zum endgültigen Durchbruch verhalf.

1974 flog US-Finanzminister William Simon an Bord einer Regierungsmaschine nach Saudi-Arabien, wo er sturzbetrunken ankam. Er wusste nichts über den Islam oder das dortige Alkoholverbot. Doch nicht ohne Grund hatte er sich «die Kante gegeben», denn das US-Handelsdefizit erreichte immer bedrohlichere Ausmaße. Simon, und mit ihm die Regierung in Washington, sahen nur zwei Möglichkeiten. Entweder gelänge es, die OPEC-Staaten davon zu überzeugen, möglichst große Teile ihres Vermögens in den USA anzulegen – oder aber die Amerikaner gäben weniger aus und sparten mehr. Letzteres war politisch kaum durchzusetzen, daher der Flug nach Riad.

Zur Kasse bitte

Um es kurz zu machen:[8] Simon schloss einen geheimen Deal. Die Saudis erklärten sich bereit, in großem Umfang US-Staatsanleihen zu kaufen. Diskret, mittels außerbörslicher Transaktionen. Beide Seiten waren daran interessiert, ihre Vereinbarung nicht öffentlich zu machen. Die Saudis, weil der von ihnen initiierte Ölboykott des Westens, als Antwort auf dessen Unterstützung Israels im Krieg 1973, damit ad absurdum geführt wurde. Anstatt den Palästinensern, wie offiziell verlautet, auf diese Weise zu ihren Rechten verhelfen zu wollen, ließen die Saudis das Thema Palästina fallen und vertieften ihr Bündnis mit den USA. Doch Washington legte nach. Simons Amtsnachfolger Michael Blumenthal erzielte einige Jahre später eine weitere Geheimvereinbarung. Saudi-Arabien und im Nachgang auch die kleineren Golfstaaten verpflichteten sich darin, ihre Ölgeschäfte ausschließlich in US-Dollar abzuwickeln – nachdem die Amerikaner gedroht hatten, andernfalls ihre Sicherheitsgarantien für die Region zu überdenken.

Dieser Deal war gleichbedeutend mit der Lizenz, Geld zu drucken. Der US-Dollar blieb weiterhin unangefochten die Weltleitwährung, doch nunmehr finanziell gestützt auf das Erdöl, später auch Erdgas, vom Golf und somit billionenschwer. Das erlaubte den USA, sich künftig hemmungslos zu verschulden und somit die eigene Vormachtstellung als globaler Hegemon auszubauen. Auch die Amerikaner hatten gute Gründe, diese Vereinbarungen geheim zu halten. Denn sie verstießen damit gegen zahlreiche zwischenstaatliche Handelsabkommen, auch zum Nachteil der mit Washington verbündeten Westeuropäer und Japans. Und nicht zuletzt auch gegen die Grundsätze des «freien Marktes», indem die Amerikaner dieses «Petrodollar-Recycling» zu ihren Gunsten manipulierten. Die Einzelheiten jener diskreten Deals aus den 1970er Jahren wurden vollständig erst 2016 bekannt.[9]

Anders als nach konventioneller Lehre zu erwarten, haben die internationalen Kapitalmärkte die gewaltigen Geldmengen, die in die Golfstaaten geströmt waren, nur teilweise in die kapitalschwachen Ökonomien der Entwicklungsländer umgeleitet, um dort etwa zu investieren. Das Gros der anzulegenden Gelder strömte dank amerikanischer Geheimabsprachen in Richtung USA und Großbritannien. Neben dem milliardenschweren Kauf von Staatsanleihen entwickelten sich die Golfstaaten zu Großaktionären in den USA und beförderten maßgeblich den Immobilienboom in den Metropolen. Die Spur des Geldes ist dabei schwer im Einzelnen zurückzuverfolgen, da etwa die zahlenmäßig kaum noch zu erfassenden Fondsgesellschaften aus der Golfregion in den seltensten Fällen regional einzugrenzende Besitzverhältnisse aufweisen.[10] Es passt ins Bild, dass die Wechselkurse aller Währungen der arabischen Golfstaaten an den US-Dollar gekoppelt sind. Während sich deren finanzielles Engagement in den USA auf mehrere Bundesstaaten verteilt, stellt sich die Lage in Großbritannien «konzentrierter» dar. Die Londoner City, Sinnbild geballter Finanzmacht mit den dazugehörigen architektonischen Ikonen, verdankt sich wesentlich dem «Petrodollar-Recycling», dem schier unbegrenzten Anlagevolumen aus Erdöl- und Erdgas-Einkünften.

Wie verflochten die politischen und die Geschäftsbeziehungen zwischen London und den Golfstaaten sind, illustriert der Begriff «AngloArabien» des britischen Autors David Wearing. Seiner Untersuchung zufolge beruht die Zusammenarbeit beider Seiten auf Macht und Geld. Macht, das bedeutet die politische Unterstützung Großbritanniens für die Golfherrscher. Sie können somit auf einen weiteren wichtigen Verbündeten setzen. Das erlaubt ihnen nicht zuletzt, jede Opposition im eigenen Land nach Belieben auszuschalten, ohne mit lästigen Fragen nach Menschenrechten behelligt, geschweige denn sanktioniert zu werden. Im Gegenzug legen die Emire ihre Petrodollars ungebrochen auch in London an. Der britische Finanzkapitalismus und die Selbstwahrnehmung der dortigen Oberschicht, noch immer einer Großmacht vorzustehen, beruhen wesentlich auf diesem Zustrom an Ölgeldern. Wearing zeigt, dass der in den 1970er Jahren einsetzende Niedergang der klassischen, auf Warenproduktion beruhenden britischen Volkswirtschaft und der damit einhergehende Aufstieg der Finanzindustrie ohne diese Petrodollars kaum möglich gewesen wäre. Damit einher ging, im Windschatten der USA, eine grassierende Staatsverschuldung.

Als sich 2008 die Bankenkrise bereits abzeichnete, trat die Bank of England nicht etwa auf die Bremse, sondern ermutigte Anleger, verstärkt in hochspekulative Anleihen zu investieren – die seien ja durch die Ölgelder abgesichert. Als es dann zum Crash kam, sorgten zusätzliche Geldspritzen aus Katar und den Vereinigten Arabischen Emiraten dafür, dass die erforderlichen wirtschaftlichen Rettungsaktionen nicht zur Staatskrise in Großbritannien führten, anders als etwa in den südeuropäischen Volkswirtschaften. Konkret haben die Golfstaaten britische Banken gerettet, finanzieren sie auch weiterhin das hohe Leistungsbilanzdefizit und setzen ihre Einkaufstouren fort. Das Spektrum reicht von Immobilien, etwa dem überaus profitablen Bürogebäudekomplex Canary Wharf im ehemaligen Hafengebiet Londons, bis hin zu Fußballvereinen, darunter Manchester City. Dieser Rentier-Kapitalismus sorgt für glänzende Fassaden, führt aber Wearing zufolge dazu, dass nachfolgende Regierungen, gleich welcher Couleur, die dringend erforderlichen Reformen der hochspekulativen britischen Wirtschaft bislang versäumt haben.[11] Der Brexit ist, vor diesem Hintergrund, eine Wette auf die Zukunft des Landes unter Vermeidung von Strukturanpassungen, um politisch mit den USA und wirtschaftlich mit den Golfstaaten möglichst lange den eigenen, wenig nachhaltigen *way of life* fortzuführen. Das erklärt auch, warum London einen bereits aufgegebenen Militärstützpunkt in Bahrein wieder in Betrieb genommen hat und einen zweiten in Oman einrichtet, in Absprache mit den USA, die ihrerseits ihre größten regionalen Stützpunkte in Katar und Bahrein unterhalten.

Was zählt, sind die richtigen Worthülsen

Angesichts solcher Geschäftsbeziehungen verwundert es nicht, dass Washington wie auch London politische Umbrüche wie im Iran 1979 oder während des arabischen Frühlings 2011 in erster Linie als Bedrohung ihrer eigenen Interessen sehen. Entgegen westlicher Selbstwahrnehmung, dem vermeintlich steten Streben nach Freiheit, Demokratie und Menschenrechten, erhoben weder die USA noch die EU nennenswerte Einwände, als General Abd al-Fattah as-Sisi 2013 den ersten demokratisch gewählten Präsidenten Ägyptens stürzte, Mohammed Mursi. Mehr noch, Washington hatte den Putsch zuvor gebilligt, ebenso wie Riad. Zu dem Zeitpunkt waren die anfangs positiven Äußerungen Obamas wie auch hiesiger Spitzenpolitiker über die arabische Revolte längst schon wieder vergessen. Mursi gehörte den Muslimbrüdern an – ideologischen Rivalen und Todfeinden der in Saudi-Arabien herrschenden sunnitisch-wahhabitischen Machtelite. Die USA sind, mit Abstand gefolgt von Großbritannien und Frankreich, die größten Waffenlieferanten der Golfstaaten. Für die Verkäufer ein doppelter Gewinn: Die Auftragsbücher westlicher Waffenschmieden füllen sich unablässig, Milliardenbeträge werden transferiert. Gleichzeitig bleiben die Golfstaaten langfristig von den Lieferanten abhängig, da sie selbst mit der Wartung und Handhabung der hochmodernen Waffensysteme meist überfordert sind.

Diese engen wirtschaftlichen und politischen Bande erklären auch, warum Saudi-Arabien und die Vereinigten Arabischen Emirate seit 2015 ungestraft einen mörderischen Krieg im Jemen führen können, militärisch und logistisch flankiert von Washington und London, die auch am meisten von den zusätzlichen Waffenlieferungen profitieren.[12] Die verheerende Lage der jemenitischen Zivilbevölkerung spielt dabei nicht die geringste Rolle. Ungeachtet des Public Relations-GAU infolge der Ermordung des saudischen Regimekritikers Jamal Khashoggi im saudischen Generalkonsulat von Istanbul 2018 bleiben die Beziehungen zwischen Washington und London einerseits sowie Kronprinz Mohammed Bin Salman in Riad andererseits unverbrüchlich. Unbeschadet der Tatsache, dass ihn nicht allein die CIA für den Urheber dieses Auftragsmordes hält. Geostrategische und materielle Interessen wiegen allemal schwerer als jede Werte-Rhetorik.

Bedarf es der Erwähnung, dass jede Macht, jeder Staat, der diese so überaus vorteilhafte angelsächsische Allianz mit den arabischen Golfstaaten auch nur ansatzweise zu gefährden droht, als Feind und Gegner angesehen wird, den es kleinzuhalten oder auszuschalten gilt? In der besten aller Welten wäre es Aufgabe allen voran der Medien, dergleichen Interessensgeflechte und strategische Querverbindungen aufzuzeigen. Doch hintergründige Analysen sind in der Darstellung außenpolitischer Ereignisse eher die Ausnahme – die Regel ist die «Kaskade», das Framing, die Aufteilung der Welt in «gut» und «böse». Was für ein Nutzen aber erwächst etwa Deutschland aus der Konfrontation mit dem Iran, mit Russland, mit China? Zur Orientierung mag das Projekt «Regimewechsel in Syrien» dienen, das vor allem Washington, London, Paris, Ankara und die Golfstaaten verfolgten, während Berlin bereitwillig die Rolle des Mitläufers einnahm. Wer hat, im nächsten Schritt, die meisten syrischen Flüchtlinge im Westen aufgenommen? Die USA? Großbritannien? Frankreich? Oder war es Deutschland? Über dergleichen Zusammenhänge wird hierzulande viel zu selten nachgedacht, geschweige denn gestritten.

Schurkenstaat Iran: Gesinnung zählt, nicht Fakten – auch bei Mord

Das Flugzeug hatte Verspätung. Das Mordkommando in einer Drohnen-Einsatzzentrale irgendwo in den USA, wahrscheinlich über die Militärbasis Ramstein in Rheinland-Pfalz verbunden[1] mit einem US-Drohnenstützpunkt mutmaßlich in Kuwait, begann nervös zu werden. Der Airbus 320 der syrischen Fluggesellschaft Cham Wings Airlines, Flugnummer 6Q501, sollte am 2. Januar 2020 um 19.30 Uhr in Damaskus mit Ziel Bagdad starten. Doch das Flugzeug verharrte in Parkposition. Der Passagier, der getötet werden sollte, war noch nicht an Bord gegangen. Die Zeit verrann, drohte der geplante Anschlag zu scheitern? Dann, drei Stunden später, erschienen mehrere Fahrzeuge auf dem Rollfeld. Generalmajor Qasem Soleimani, einer der ranghöchsten iranischen Militärs und enger Vertrauter von Revolutionsführer Khamanai, ging an Bord. Kurz darauf hob die Maschine ab und landete am 3. Januar um 0.36 Uhr auf dem Internationalen Flughafen der irakischen Hauptstadt. Die Ersten, die von Bord gingen, waren Soleimani und seine Begleitung. Ihre Reise verdankte sich einer Einladung der irakischen Regierung. Empfangen wurde Soleimani von Abu Mahdi al-Muhandis, einem einflussreichen Parlamentsabgeordneten des Regierungsbündnisses «Vereinigte Irakische Allianz» und Generalsekretär der «Kata'ib Hisbollah» (Brigaden der Partei Gottes), einer der größten schiitischen Milizen im Irak (nicht zu verwechseln mit der libanesischen Hisbollah). Gleichzeitig war er Kommandeur der «Kräfte zur Volksmobilisierung» (al-Haschd asch-Scha'abi), einer Koalition von überwiegend schiitischen Milizen innerhalb der irakischen Armee. Eine Wagenkolonne machte sich auf den Weg in die Innenstadt. Um 0.47 Uhr schlugen die ersten Raketen, abgefeuert von MQ-9 Reaper-Drohnen, die seit geraumer Zeit über Bagdad gekreist waren, in dem Autokorso ein. Soleimani, al-Muhandis und zehn weitere Männer starben bei dieser CIA-Operation, ermordet auf Befehl von Präsident Trump.[2]

Wie im ersten Kapitel dargelegt, war 2019 ein Schlüsseljahr für die Konfrontation zwischen den USA und dem Iran. Und bis zum Ausbruch der Corona-Pandemie blieben die möglichen Folgen der Ermordung Soleimanis ein zentrales, wenn nicht das beherrschende Thema internationaler Politik. Gleich zu Beginn des neuen Jahres 2020 erschien alles möglich, auch ein Krieg am Golf.

Seit 2017 hatte es innerhalb der Trump-Administration wiederholt Überlegungen gegeben, Soleimani zu töten. Er war der maßgebliche Architekt der iranischen Strategie militärischer Vorwärtsverteidigung, mit Hilfe schiitischer und pro-iranischer Milizen – dazu gleich mehr. Aus Sicht Washingtons und seiner wichtigsten regionalen Verbündeten Israel und Saudi-Arabien war der Generalmajor somit ein entscheidender Widersacher eigener hegemonialer Bestrebungen. In die Sprache westlicher Politik und Medien übertragen: Er war ein «Terrorist» und «Mörder». Sofort nach der Tat erfolgte das entsprechende Framing aus dem Weißen Haus: Amerika habe einen seiner größten Feinde ausgeschaltet, nach Osama Bin Laden 2011 und Abu Bakr al-Baghdadi 2019, dem Anführer des «Islamischen Staates». Der Schiit Soleimani, einer der ranghöchsten Militärs einer souveränen Nation, wurde in eine Reihe mit sunnitischen Extremistenführern gestellt und avancierte somit zum Top-Gefährder. In den Worten von Präsident Trump:

«Er war der Nummer-Eins-Terrorist auf der ganzen Welt.»[3] Dieses Framing half, die Frage nach der Legalität seiner Ermordung abzuwehren oder zu relativieren. Wer die Möglichkeit hat, einen Verbrecher solcher Größenordnung auszuschalten, kann auf juristische Feinheiten verständlicherweise keine Rücksicht nehmen. Umso weniger, als Soleimani zahlreiche Anschläge auf US-Einrichtungen geplant habe, wie nicht allein US-Außenminister Pompeo wieder und wieder hervorhob. Ohne dafür, wie kaum anders zu erwarten, einen einzigen Beweis vorzulegen.

Klare Verhältnisse

Offenbar haben der Nationale Sicherheitsberater John Bolton und Mike Pompeo bereits im Frühjahr und Sommer 2019 versucht, Trump die Ermordung Soleimanis nahezulegen. Ein wesentlicher Impulsgeber war dabei David Wurmser, ein enger Vertrauter Boltons. Diese Personalie lohnt der näheren Betrachtung, weil sie den noch immer großen Einfluss der *Neocons* auf das Weiße Haus unterstreicht, auch unter Trump. Das von diesen extremistischen Ideologen maßgeblich zu verantwortende Irak-Desaster hat keineswegs deren politisches Ende besiegelt, wie die Karriere des studierten Politologen und gebürtigen Schweizers Wurmser bezeugt. Die nahm in den 1990er Jahren Fahrt auf, zunächst in den Reihen der größten pro-israelischen Lobbygruppe in den Vereinigten Staaten, AIPAC, konkret in deren «Denkfabrik» Institute for Near East Policy in Washington. 1996 gehörte er zu den Mitautoren eines radikalen Positionspapiers mit dem Titel «A Clean Break: A New Strategy for Securing the Realm» (Ein sauberer Bruch: Eine neue Strategie zur Sicherung der Region).[4] Die Studie entstand in Kooperation mit einer israelischen «Denkfabrik» aus dem

Umfeld des neuen Ministerpräsidenten Benjamin Netanjahu. Darin plädieren die Verfasser für «präemptive» (!) Angriffe auf geostrategische Widersacher und Feinde der USA
und Israels. Mit «dem Fokus, Saddam Hussein von der
Macht im Irak zu entfernen». 1999 veröffentlichte Wurmser
das Buch *Tyranny's Ally: America's Failure to Defeat Saddam Hussein* (Verbündeter der Tyrannei: Amerikas Ver-
säumnis, Saddam Hussein zu besiegen). Eindringlich warnte
er: «Chemische, biologische und sogar atomare Waffen sind
die Säulen von Saddams Regime.» Sollten ihn die USA nicht
stürzen, würden die Gefahren, die von «Saddams Irak» ausgehen, früher oder später nicht mehr zu kontrollieren sein.

Mit dergleichen Referenzen ausgestattet, wurde Wurmser Nahost-Berater eines der großen Sympathieträger der
Regierung Bush, von Vizepräsident Dick Cheney. Im Vorfeld des Irak-Krieges, den er ideologisch und propagandistisch an zentraler Stelle einzuläuten half, machte Wurmser
auch die Bekanntschaft von John Bolton, damals Staatssekretär für Rüstungskontrolle und Internationale Sicherheit.
Unbeschadet der Verheerungen dieses Krieges verfolgte
Wurmser in der zweiten Amtszeit der Regierung Bush ab
2005 das nächste große Projekt der *Neocons*: Regimewechsel in Syrien und im Iran. Freimütig und im Einklang mit
seinem Bruder im Geiste, Norman Podhoretz, bekannte er
2007 im Interview mit der britischen Zeitung *The Daily
Telegraph*: Amerika «muss die Regime im Iran und in
Syrien zerschlagen», «jede Gelegenheit nutzen, um einen
Regimewechsel in Syrien und im Iran zu erzwingen». Denn,
so Wurmser: «Wenn wir erst einmal anfangen zu schießen,
müssen wir auch bereit sein, die Dinge zu Ende zu führen».[5]
Doch war der Regierung Bush die Lust auf weitere militärische Abenteuer offenbar vergangen.

Angesichts derartig klarer Ansagen aus berufenem Mund
wirkt es doch befremdlich, mit welcher Selbstverständlich-

keit die politischen und medialen Narrative zu Syrien hierzulande verfangen – als ginge es westlicher Politik dort seit den ersten Gewaltausbrüchen 2011 lediglich um die Einhaltung elementarer Menschenrechte. Nüchtern besehen ist die Gefechtslage doch eine ganz andere: Wäre das syrische Regime pro-westlich, könnte Assad massakrieren, wen und so viel er wollte – nicht anders als etwa der saudische Kronprinz im Jemen. Verbrecher an der Macht gibt es viele in der Region. Die allermeisten sind beste Freunde in Washington wie auch in Brüssel oder Berlin.

Nach einer Zwangspause unter Obama kam Wurmser als informeller Berater der Regierung Trump wieder ins Geschäft. Im Mai und Juni 2019 verfasste er mehrere Memoranden für Sicherheitsberater John Bolton. Darin plädiert er für ein aggressives Auftreten der USA gegenüber Teheran und die Tötung Soleimanis. Denn das würde «die fein austarierte Machtbalance und deren Kontrolle, auf die das Regime angewiesen ist, um stabil zu bleiben und zu überleben», gehörig «durcheinanderwirbeln». Das Ergebnis wäre eine vorübergehende Lähmung des iranischen Regimes – und die Bevölkerung würde erkennen, wie schwach seine Führung sei.[6] Will heißen: Es folgen Aufstände und der ersehnte Regimewechsel.

Trump aber hatte die Ermordung Soleimanis zunächst abgelehnt – sofern der Iran nicht die rote Linie überschreite und Amerikaner töte.[7] Der US-Präsident setzte weiterhin auf die Strategie «maximalen Drucks», um den Iran wirtschaftlich in die Knie zu zwingen. Teheran reagierte mit «maximalem Gegendruck». Auch mittels wiederholter Raketenangriffe pro-iranischer Milizen auf US-Einrichtungen im Irak, bei denen allerdings nie ein Amerikaner zu Schaden gekommen war. In den Worten der *New York Times*: Diese Angriffe «waren eher nervenzehrend als zerstörerisch». Unter Berufung auf US-Geheimdienste heißt es weiter: «Die Iraner wollten den Druck auf die Amerikaner beibehalten, hatten aber keineswegs die Absicht, den auf niedriger Ebene geführten Konflikt eskalieren zu lassen.» Das allerdings geschah am 27. Dezember 2019, als, laut NYT unbeabsichtigt, ein US-Zivilangestellter beim Raketenbeschuss einer amerikanisch-irakischen Militärbasis in Kirkuk, im Norden Iraks, getötet wurde: «Die Raketen schlugen an einem Ort und zu einer Zeit ein, wenn üblicherweise kein amerikanisches und irakisches Personal anwesend ist. Es war ein unglücklicher Zufall», der dem US-Zivilangestellten das Leben gekostet habe.[8]

Prost Neujahr!

In der anschließenden Erklärung der US-geführten Militärkoalition im Irak zum Kampf gegen den «Islamischen Staat» blieb die Frage offen, wer die tödliche Rakete abgefeuert habe. Erst im Nachgang, tags darauf, machten Regierungsvertreter in Washington die pro-iranische Miliz Kata'ib Hisbollah für den Angriff und somit den Tod des Amerikaners verantwortlich.[9] Die von Präsident Trump benannte rote Linie war nunmehr jedenfalls überschritten.

Und dann ging es Schlag auf Schlag. Am 29. Dezember führte das US-Militär mehrere «Verteidigungsschläge» als Vergeltung gegen Positionen der Kata'ib Hisbollah im Irak und in Syrien aus, bei denen laut offiziellen irakischen Angaben 25 derer Kämpfer getötet und 55 weitere verletzt wurden. Daraufhin drangen pro-iranische Demonstranten und Paramilitärs am 31. Dezember auf den Außenring des hermetisch abgeriegelten US-Botschaftsgeländes in Bagdad vor, brachen das Eingangstor zur Botschaft auf und setzten Teile der Außenanlage in Brand. Die von einer Hundertschaft Marines gesicherte Botschaft selbst blieb unversehrt, sie zu erstürmen versuchte niemand. Offenbar nach Intervention der iranischen Regierung beendeten die letzten Protestierer ihre Belagerung am Neujahrstag 2020.

In vertrauter Manier twitterte Präsident Trump am 31. Dezember: «Der Iran orchestriert einen Angriff auf die US-Botschaft im Irak. Sie werden in jeder Hinsicht zur Verantwortung gezogen werden, sollten Menschenleben verloren gehen oder Schäden an welcher unserer Einrichtungen auch immer entstehen. Sie werden einen sehr HOHEN PREIS bezahlen! Das ist keine Warnung, sondern eine Drohung. Frohes Neues Jahr!»[10]

Am 2. Januar 2020, einen Tag vor der Ermordung Soleimanis, erklärte US-Verteidigungsminister Mark Esper, es gebe «den einen oder anderen Hinweis», dass der Iran oder pro-iranische Gruppierungen «zusätzliche Angriffe» auf «US-Interessen» in der Region «planen könnten». Man beachte den inhaltlichen Aussagegehalt: Er liegt bei null. Gleichwohl: «Wenn das geschieht, werden wir reagieren. Und, nebenbei bemerkt, sollten wir entsprechende Hinweise erhalten, werden wir präemptiv handeln, um amerikanische Truppen, um amerikanische Leben zu schützen.»[11]

Da ist sie wieder, die wundersame «Präemption», wie schon beim Irak-Krieg 2003: Der schwarze Schimmel, ein substantielles Nichts, doch Teil einer Framing-Kaskade, die Soleimanis Ermordung bereits vorwegnimmt – als Dienst an Amerika. Die imperiale Logik dahinter stört niemanden im Westen, weder in der Politik noch in den Medien. Die USA haben alles Recht, in der Region nach Belieben Gewalt anzuwenden. Der Iran hingegen nicht. Auch dann nicht, wenn er sich verteidigt – zumindest aus seiner Sicht. Einmal angenommen, die politische Führung in Teheran, Moskau oder Peking würde beschließen, einen ranghohen US-General oder Politiker auf Staatsbesuch in Berlin oder Warschau inklusive dessen deutsche oder polnische Begleitung per Drohnenbeschuss zu liquidieren. Wäre dann nicht der NATO-Verteidigungsfall gegeben?

Auch wenn für die unersetzliche Nation andere Regeln gelten als für den Rest der Welt, ist Präsident Trump mit der Ermordung Soleimanis ein großes Risiko eingegangen. Denn niemand in Washington konnte ernsthaft annehmen, dass Teheran diese Provokation lediglich zur Kenntnis nimmt. Die iranische Führung hatte gar keine andere Wahl, als darauf zu reagieren. Wären aber als Ergebnis eines Vergeltungsschlags US-Soldaten im Irak getötet worden, hätte Trump seinerseits militärisch antworten müssen. Das gebietet die Logik der Gewaltspirale. Eine solche Eskalation aber hätte ohne weiteres zu einem Krieg am Golf führen können, mit unabsehbaren Folgen. Was wiederum die Chancen seiner Wiederwahl bei den Präsidentschaftswahlen im November 2020 deutlich geschmälert hätte. Insoweit hing Trumps politische Zukunft tagelang von den nicht absehbaren Reaktionen Teherans ab. Alles hätte geschehen können. Das Heft des Handelns jedoch dermaßen leichtfertig aus der Hand zu geben, die eigene politische Zukunft vom Verhalten eines maßgeblichen Widersachers abhängig zu machen, zeigt einmal mehr, dass er und seine Entourage alles andere als weitsichtige Strategen sind. Letztendlich dürfte der US-Präsident der iranischen Seite sehr dankbar gewesen sein, dass sie weitaus mehr Rationalität bewies als Washington.

Wie folgenschwer der «Fluch der bösen Tat» (Peter Scholl-Latour) wirken kann, wurde schnell offenkundig, im Iran wie auch im Irak. Die sich infolge der Sanktionen, aber auch der Inkompetenz und Korruption iranischer Behörden zunehmend verschärfende Wirtschaftslage hatte im Herbst 2019 wiederholt spontane Demonstrationen in mehreren Landesteilen ausgelöst. Im November eskalierten die Proteste, Zehntausende gingen auf die Straße. Während Revolutionsführer Khamanai ausländische Mächte für die Unruhen verantwortlich machte, schossen die Sicherheitskräfte auf die Bevölkerung, Hunderte starben in deren Kugelhagel.

Ganz ähnlich zeigte sich die Lage in Bagdad und anderen, vor allem südirakischen Städten. Auch dort protestierten bis Jahresende Abertausende – gegen die Korruption der Machthaber, gegen die Verarmung weiter Teile der Bevölkerung, gegen den zu großen Einfluss Irans auf irakische Politik. Wie im Iran eröffneten die Sicherheitskräfte auch im Irak wiederholt das Feuer auf die Menge, ohne Rücksicht auf Verluste. Auch dort gab es zahlreiche Tote.

Fanatiker überall?

Als hätte jemand den Schalter umgelegt, verkehrte sich die innenpolitische Lage in beiden Ländern quasi über Nacht in ihr Gegenteil, als Folge des tödlichen Drohnenangriffs. Im Irak gab es spontane, teils gewalttätige Proteste gegen die US-Militärpräsenz. Empört über die Ermordung Soleimanis und des Abgeordneten Abu Mahdi al-Muhandis, verlangte das irakische Parlament am 5. Januar den Abzug aller rund 5500 US-Soldaten. Die Forderung war eher der aufgeheizten Stimmung und der Selbstachtung geschuldet als ernstgemeint, sie wäre angesichts der gegebenen Machtverhältnisse niemals durchzusetzen. Washington betrachtet den Irak als potentielles Aufmarschgebiet gegen den Iran und denkt nicht daran, von dort abzuziehen – wenngleich es offiziell um die Bekämpfung des «Islamischen Staates» geht. Bestenfalls wäre die US-Regierung zu einer Reduzierung der Truppenpräsenz bereit oder der Verlegung einiger Hundert Soldaten in die Nachbarländer. Um die Vasallen in Bagdad wieder auf Linie zu bringen, drohte Trump: «Wie werden sie, falls erforderlich, mit Sanktionen überziehen, wie sie die noch nie zuvor erlebt haben. An denen gemessen wären die Sanktionen gegen den Iran geradezu handzahm.»[12] Darüber hinaus müsste Bagdad den Amerikanern alle Kosten erstatten, die sie seit 2003 in irakische Infrastruktur investiert hätten. Gemeint waren vor allem die von den USA genutzten Militärbasen.

Auch im Iran endeten die Proteste gegen das Regime abrupt. Stattdessen bewirkten die Trauerfeierlichkeiten für Soleimani einen Schulterschluss zwischen den Regierenden und weiten Teilen der Bevölkerung. Die Begräbniszeremonien erstreckten sich über drei Tage. Der Leichnam wurde zunächst von Bagdad nach Nadschaf und Kerbela gebracht, den beiden heiligen schiitischen Städten im Süden Iraks, anschließend in die Pilgerstadt Maschhad und nach Ahvaz im Iran überführt. Dort, in der Provinz Khusistan, zu der die Ahvaz gehört, hatte Soleimani im irakisch-iranischen Krieg seine ersten militärischen Meriten erworben. Hunderttausende nahmen an den Prozessionen teil. In Teheran schließlich folgten mehr als eine Million Menschen seinem Sarg. Seit dem Tod von Revolutionsführer Khomeini 1989 hatte es keine Menschenmassen solcher Größenordnung mehr auf den Straßen iranischer Großstädte gegeben. Die allermeisten kamen freiwillig, ohne Zwang. Für Europäer ist das schwer zu verstehen, weil die hiesigen politischen wie medialen Iran-Narrative selten über einen ins Dämonische gesteigerten «Fanatismus der Mullahs» hinausreichen. Die Fernsehbilder jedoch zeigten in erster Linie friedlich Trauernde.

Qasem Soleimani war ein großer Volkstribun, in gewisser Weise der Popstar der Machtelite. Zum einen aufgrund seines Charismas und einer überaus bescheidenen Lebensführung. Er stammte aus einfachen Verhältnissen, die Eltern waren Kleinbauern. Doch hat er seine Wurzeln nie verleugnet, ganz im Gegenteil, was ihm die Sympathien der im Iran als solche Bezeichneten «Armen und Entrechteten» eintrug.

Zum anderen aufgrund seines militärischen Werdegangs. Mit Beginn des irakischen Überfalls auf den Iran 1980 schloss sich Soleimani der Revolutionsgarde an, der iranischen Elitetruppe. Aufgrund seiner militärstrategischen Fähigkeiten, seines Mutes und anhaltender Erfolge auf dem Schlachtfeld machte er eine steile Karriere. 1998 wurde er Kommandeur der Quds- (Jerusalem-)Brigade, der für Auslandseinsätze zuständigen Einheit innerhalb der Revolutionsgarde. Ihre Aufgabe ist die bereits angesprochene Vorwärtsverteidigung Irans mit Hilfe schiitischer und pro-iranischer Milizen in den Nachbarländern. Aus westlicher Framing-Perspektive macht ihn das zum «Terroristen» und «Mörder». Aus Sicht der meisten Iraner aber hat er sein Leben der Landesverteidigung gewidmet und ist als Märtyrer gestorben.

Diese ganz andere Wahrnehmung versteht, wer sich mit Geschichte befasst. Alle Kriege, die Persien, 1935 umbenannt in Iran, seit Beginn der Qadscharen-Dynastie 1779 geführt hat, waren Kriege zur Verteidigung des eigenen Territoriums. Kriegsgegner waren bis 1945 stets, direkt oder indirekt, Russland und Großbritannien, letztmalig in Gestalt der Anglo-Sowjetischen Invasion 1941, während des Zweiten Weltkrieges. Diese Waffengänge wurden dem Iran mehr oder weniger aufgezwungen. Das prägt die Psyche einer Nation. Jenseits von Landesverteidigung und Grenzsicherung hat das Land seit Jahrhunderten, bereits in der Zeit vor den Qadscharen, keine militärische Expansionspolitik betrieben. Hiesige Narrative mögen den heutigen Iran als Wurzel allen Übels betrachten. Aber nicht der Iran hat 1980 den Irak überfallen, sondern umgekehrt: Mit Wissen und Billigung der USA und der arabischen Golfstaaten hat Saddam Hussein das Nachbarland angegriffen. Und nicht der Iran droht den USA mit Zerstörung, vielmehr das Imperium jener Regionalmacht, die sich westlichen Interessen und Vorstellungen nicht unterwirft. Die Aufmärsche Hunderttausender bei den Trauerfeierlichkeiten für Soleimani spiegeln nicht fanatische Gelüste, sondern das Wissen um die eigene, die iranische Geschichte. Die allerdings bekümmert werteorientierte Transatlantiker in der Regel herzlich wenig. Mit hinlänglich vertrautem Tenor heißt es etwa in der FAZ: «Zu Hunderttausenden zogen die Getreuen des Teheraner Regimes diese Woche durch die Straßen. Aber das heißt nicht viel in einem Staat, der sich meisterhaft auf Propaganda versteht.»[13] Auf Propaganda versteht sich freilich auch, wer Framing mit Analyse verwechselt.

«Alles ist gut»

Kaum war Soleimani in seiner Heimatprovinz Kerman beerdigt worden, führte der Iran am 8. Januar einen Vergeltungsangriff auf zwei US-Militärbasen im Irak aus. Die einschlagenden Raketen bewirkten keine größeren Schäden. Und das war ganz offenkundig auch genau so beabsichtigt: ein eher symbolischer denn eskalierender Akt. Laut *New York Time*s hatte Washington der iranischen Führung unmittelbar nach der Ermordung Soleimanis über die Schweizer Botschaft in Teheran, die dort die Interessen der USA diplomatisch wahrnimmt, eine Depesche übermittelt. Ihr Inhalt: Wenn ihr Rache wollt, dann proportional zu dem, was wir getan haben. Augenscheinlich der Versuch einer Deeskalation. So gesehen sind die Iraner deutlich unterhalb der Schwelle dessen geblieben, was gemäß dieser Mitteilung möglich gewesen wäre. Ihrerseits teilte die iranische Führung dem Schweizer Botschafter sofort nach dem Vergeltungsschlag mit, dass Teheran keine weiteren Angriffe plane. Diese Mitteilung erreichte bereits fünf Minuten später Präsident Trump. Erleichtert habe der sich zur Nachtruhe begeben – der Krieg war erst einmal vertagt. Sein entsprechender Tweet an jenem Abend lautete: «Alles ist gut».[14]

Warum aber war Qasem Soleimani nach Bagdad gereist? Die Antwort gab der irakische Premierminister Adil Abd al-Mahdi am 5. Januar im Parlament. Ihm zufolge hatten er und Soleimani ein Treffen vereinbart, um die zwischen Saudi-Arabien und dem Iran bestehenden Spannungen abzubauen: «Ich sollte ihn am Vormittag des Tages treffen, an dem er umgebracht wurde. Er wollte eine Nachricht aus dem Iran überbringen, als Antwort auf eine vorangegangene Mitteilung der Saudis an den Iran, die wir zuvor weitergeleitet hatten.»[15] Seit der militärischen Eskalation am Persischen Golf im Sommer 2019, deren gefährlichster Höhepunkt ein wahrscheinlich von pro-iranischen Milizen aus dem Irak ausgeführter Angriff auf die weltgrößte Erdölraffinerie im saudischen Abqaiq war, bemühten sich Riad und Teheran hinter den Kulissen um politische Entspannung. Wie im ersten Kapitel ausgeführt, hatten die Saudis nach entsprechenden Aussagen Trumps verstanden, dass sie im Fall eines Golfkrieges nicht oder nur eingeschränkt auf amerikanische Unterstützung rechnen konnten. Bei der Anbahnung diskreter Gespräche und diplomatischer Kontakte zwischen Teheran und Riad spielte die irakische Regierung eine wichtige Vermittlerrolle. Das mögliche Ende der Eiszeit zwischen dem Iran einerseits sowie Saudi-Arabien und auch den Vereinigten Arabischen Emiraten andererseits sorgte für beträchtliche Unruhe in Washington.[16] Aus nachvollziehbaren Gründen: Die US-Politik des «maximalen Drucks» gegenüber Teheran verträgt sich nicht mit einer Deeskalation vor Ort. Dasselbe gilt für die Geschäftsinteressen der amerikanischen Rüstungsindustrie: Zehn Prozent derer Waffenexporte gehen nach Saudi-Arabien.

Ebenfalls vor dem irakischen Parlament erklärte Premierminister al-Mahdi, Trump habe ihn telefonisch ersucht, in der Botschaftskrise – gewalttätige Demonstranten hatten die US-Botschaft in Bagdad zum Jahreswechsel belagert, siehe oben – zu vermitteln. Die irakische Regierung habe daraufhin mit mehreren schiitischen Milizen und Regierungsvertretern in Teheran Kontakt aufgenommen. Mit Erfolg, denn die letzten Protestierer verließen das Botschaftsgelände am 1. Januar. Daraufhin habe sich der US-Präsident bei al-Mahdi für dessen Engagement bedankt. Nichts habe darauf hingedeutet, dass Soleimanis Reise nach Bagdad ein Himmelfahrtskommando werden könnte.

Anders gesagt: Entweder hat Trump bewusst und vorsätzlich den Eindruck erweckt, an Diplomatie interessiert zu sein – mit der Absicht, Soleimani zusätzlich in Sicherheit zu wiegen und ihn nach Bagdad zu lotsen, um ihn dort ungestört ermorden zu können. (In Damaskus hätte Moskau heftig reagiert.) Oder Trump wusste gar nicht genau, wer dieser Soleimani eigentlich war und welche Funktion er innehatte, jenseits der Kategorie «Abschaum». Oder aber ihm war alles egal, Hauptsache *America first*.

Pompeo – ein Gentleman allerhöchster Güte

Bezeichnend ist die Reaktion von US-Außenminister Pompeo auf die Einlassungen al-Mahdis. Die insoweit ungewöhnlich waren, als Vasallen üblicherweise keinen Klartext reden, schon gar nicht im Parlament, in diesem Fall nicht zuletzt an die Weltöffentlichkeit gerichtet. Dass der irakische Premier es dennoch tat, hatte sicher auch mit Gesichtswahrung zu tun. Mehr lässt sich eine ausländische Regierung kaum brüskieren, als auf deren Hoheitsgebiet einen von höchster Stelle angeordneten Mord mit möglicherweise dramatischen Folgen zu begehen. Der fragile Irak würde einen Golfkrieg, Sunniten gegen Schiiten, politisch nicht überleben.

Pompeo also reagierte, indem er al-Mahdis Erklärungen ins Lächerliche zog: «Gibt es irgendein Beispiel, das auch nur entfernt darauf hinweisen könnte, dass diese Sorte Gentleman, dieser Diplomat allerhöchster Güte, Qasem Soleimani, nach Bagdad gereist wäre, um allen Ernstes die Idee einer Friedensmission zu verfolgen? ... Wir haben solche Lügen oft genug schon gehört.»[17]

Zweifelsohne kennt sich Pompeo mit Lügen und Propaganda bestens aus. Als CIA-Chef (2017/18) verwendete er viel Zeit und Energie darauf, eine nicht gegebene Verbindung zwischen Al-Qaida und Teheran herzustellen – exakt das Drehbuch wie schon vor dem Irak-Krieg 2003, als Washington ebenfalls alle Hebel in Bewegung setzte, um nicht vorhandene Kontakte zwischen Saddam Hussein und Osama Bin Laden nachzuweisen.[18] Insoweit lag Vizepräsident Mike Pence inhaltlich auf Linie, als er Soleimanis Ermordung auch damit begründete, der habe «bei der geheimen Reise von 10 der 12 Terroristen nach Afghanistan assistiert, die die Terrorangriffe des 11. September in den Vereinigten Staaten ausgeführt haben.»[19]

Das ist krudeste Verschwörungstheorie, Fake News der reinsten Sorte. Auch der Regierung Trump dürfte zu Ohren gekommen sein, dass Soleimani und die USA jahrelang zusammengearbeitet haben. Zunächst nach 9/11, als Teheran den Amerikanern den Weg zum Sturz der Taliban in Afghanistan bereiten half. Zum einen, indem der Iran seinen Luftraum für US-Transportflugzeuge öffnete. Zum anderen, indem Soleimani wesentlichen Anteil daran hatte, verfeindete Fraktionen der Mudschahidin und der Nordallianz des Tadschiken Massud zu vereinen. Diese Allianz wurde anschließend der US-Bündnispartner vor Ort, zum Sturz der Taliban im Oktober 2001. Die Zusammenarbeit zwischen Teheran und Washington in Afghanistan endete, als Präsident Bush die Islamische Republik im Januar 2002 auf der «Achse des Bösen» verortete.

Zur Wiederannäherung kam es im Irak, wo die USA und der Iran gemeinsam den «Islamischen Staat» bekämpften. Wenngleich selten Seite an Seite, wie im September 2014, während der Belagerung von Amirli, einer kleinen turkmenisch-schiitischen Stadt rund 170 Kilometer nördlich von Bagdad. Da die Gefahr bestand, dass der «Islamische Staat» die Stadt überrennen und die Einwohner massakrieren könnte, rückten iranische und US-Soldaten gemeinsam auf Amirli vor, mit direkter Luftunterstützung von US- wie auch iranischer Seite. Der dortige Kommandeur war Soleimani. Gemeinsam bereiteten Amerikaner und Iraner dem «Islamischen Staat» eine schwere Niederlage an diesem strategischen Schlüsselort.[20] Es liegt auf der Hand, dass es dabei direkte Kontakte zwischen Soleimani und den militärisch Verantwortlichen auf US-Seite gegeben haben muss, auch wenn das offiziell natürlich weder dementiert noch kommentiert wird, wie die entsprechende Formel in solchen Fällen lautet.[21]

Sowohl US- wie auch deutsche Leitmedien haben die Erklärungen des irakischen Premiers zur diplomatischen Mission Soleimanis entweder lediglich am Rande erwähnt oder aber ausgelassen. Nur wenige mediale Beiträge haben den dazugehörigen Kontext benannt, im Printbereich am ausführlichsten, in einem Absatz immerhin, die *Süddeutsche Zeitung*.[22] Am anderen Ende der Skala steht die Titelgeschichte des *Spiegel* in der Ausgabe nach Soleimanis Ermordung. Sie umfasst 14 Seiten, ganze drei Sätze sind seinem Besuchsgrund gewidmet: «Es gibt unterschiedliche Erzählungen, warum Soleimani in der Nacht zum 3. Januar erneut nach Bagdad flog. Die US-Regierung behauptet, er habe weitere Attacken gegen US-Bürger geplant. Iraks Interimspremier Adil Abd Al-Mahdi hingegen sagt, der General habe ein Friedensangebot Saudi-Arabiens mit ihm bereden wollen.»[23]

Ein sehr anschauliches Beispiel für den bereits erwähnten, in der Regel «dekonstruierenden», analytische Zusammenhänge (bewusst) ausblendenden *he said, she said*-Journalismus. Die einen sagen dieses, die anderen sagen jenes – und Gott weiß es am besten, wie es im Arabischen so schön heißt. Eine bewährte Methode, um bereits eingeführte Framing-Muster, in diesem Fall «Schurkenstaat Iran», nicht anzutasten oder gar infrage zu stellen. Von 43 Artikeln, die *Spiegel Online* dem Attentat und seinen Folgen widmete, fehlte diese entscheidende Information «Friedensangebot» in immerhin 42 Beiträgen. Eine Auswertung der Berichterstattung von «Tagesschau», «Tagesthemen» und «heute journal» am 5. und 6. Januar zeigt, dass die öffentlich-rechtlichen Flaggschiff-Nachrichtensendungen al-Mahdis Begründung für Soleimanis Besuch nicht für erwähnenswert hielten. Ebenso wenig wurden Kritiker der US-Außenpolitik gehört. Das politisch korrekte, das transatlantische Framing vom «Schurkenstaat» blieb auch hier gewahrt. Durch Auslassung wurde die Frage nach Gut und Böse indirekt, aber nicht weniger unmissverständlich beantwortet. Der Medienkritiker Albrecht Müller bezeichnet diese Methode als «Manipulation durch Verschweigen».[24]

George Orwell lässt grüßen

Iran-Bashing ist nicht allein eine Frage der Ideologie, sondern auch des Umsatzes. Viele der von US-Medien zur Ermordung Soleimanis befragten Experten und Kommentatoren stehen im Sold amerikanischer Rüstungsfirmen. Wie unschwer zu erraten, hatten sie keinerlei Einwände gegen die vom Weißen Haus zu verantwortende Aktion. Kriege oder potentielle Kriege fallen in ihr Portfolio und beflügeln die Aktienkurse. Auch in Deutschland bekannt ist David Petraeus. Der ehemalige Oberbefehlshaber der US-Truppen in Afghanistan und im Irak war Dauerkommentator auf zahlreichen Kanälen. Unter anderem erklärte er, Soleimanis Tod sei «ein überaus bedeutender Beitrag zur Wiederherstellung der Abschreckung». Die Trump-Administration habe «unsere Verteidigungslinien ebenso wie unsere Angriffsfähigkeiten gestärkt». John Negroponte, unter Condoleezza Rice stellvertretender Außenminister (2007–2009), einst ein führender Kopf der «Iran-Contra-Affäre» und Mastermind hinter der Ausbildung von Contra-Rebellen in Honduras zum Sturz der Sandinisten in Nicaragua, bezeichnete den Drohnenangriff als «Akt der Selbstverteidigung».

Jeh Johnson war unter Obama Minister für Heimatschutz. Obwohl selbst Demokrat, wies er alle Kritik aus den Reihen der Demokraten zurück, Trump habe den Angriff ohne überzeugende Rechtsgrundlage und ohne Autorisierung durch den Kongress durchgeführt. «General Soleimani», so Johnson, «war ein legitimes militärisches Ziel, und in seiner verfassungsgemäßen Rolle als Oberbefehlshaber hatte der Präsident das Recht, ihn ohne zusätzliche Autorisierung seitens des Kongresses auszuschalten.»[25] Dass diese und die meisten anderen Gesprächspartner in Sachen Soleimani gut dotierte Nebenjobs als Rüstungslobbyisten ausüben, hielten die sie interviewenden Medien, in erster Linie Fernsehanstalten, der Erwähnung nicht für wert.[26] Es geht hier ganz offenkundig nicht um kritischen Journalismus, sondern um *buddy talk* unter Gleichgesinnten innerhalb der Machteliten. Insoweit verwundert es auch nicht, dass Facebook und Instagram Kommentare gelöscht haben, die Sympathien für Soleimani erkennen ließen – vor allem im Iran selbst, wo Instagram das bevorzugte, weil am wenigsten zensierte soziale Netzwerk ist.

Ein Sprecher von Facebook, des Mutterkonzerns von Instagram, erklärte, dass die Maßnahme im Einklang mit den
US-Sanktionsbestimmungen gegenüber dem Iran stünde.[27]

Unabhängig von der Causa Soleimani finden in den USA
auf professioneller Ebene, ob innerhalb von «Denkfabriken»
oder in den Medien, vor allem solche Iran-Experten Gehör,
die für einen Regimewechsel oder militärische Konfrontation eintreten. Mit der Expertise allerdings ist das so eine
Sache: Eine Studie, die für den Zeitraum 2014 bis 2016 den
beruflichen Werdegang von Iran-Fachleuten innerhalb der
zahlreichen «Denkfabriken» in Washington beleuchtete,
kam zu einem ernüchternden Ergebnis. Nur ein Drittel von
ihnen hatte promoviert, die wenigsten über ein iranbezo-
genes Thema. Für sich genommen muss eine Promotion
nichts bedeuten, doch zur Beurteilung von Expertenwissen
gilt sie gemeinhin als entscheidender Leistungsnachweis.
Nur etwa jeder zweite dieser Fachleute konnte Persisch,
Farsi, lesen oder sprechen, ähnlich bescheiden die Zahl
derer, die je einen Fuß auf iranischen Boden gesetzt hatten.
Trotzdem sind sie die bevorzugten Ansprechpartner derer,
die Meinungsmanagement betreiben – vorausgesetzt, die
Richtung stimmt. Auch innerhalb der Obama-Administra-
tion «gab es einen erstaunlichen Mangel an Interesse für die
Vielschichtigkeit des zeitgenössischen Irans». Stattdessen
habe man das Gespräch mit Nuklear-Experten gesucht. [28]

Unter Trump erreichte die Propaganda-Offensive gegenüber dem Iran nie dagewesene Ausmaße. Eine Schlüssel-
rolle spielte dabei der Iran-Dienst des US-Auslandssenders
Voice of America (VOA). Ursprünglich war VOA Persian
relativ ausgewogen, bot bei allem Mainstream auch kritischen Stimmen zur US-Politik gegenüber dem Iran ein
Forum. Das änderte sich mit Trumps Amtsantritt. Die VOA
wurde neu strukturiert, in den Aufsichtsrat gelangten republikanische Hardliner unter Leitung von Kenneth Wein-

stein. Er ist Präsident der neokonservativen «Denkfabrik» Hudson Institute, deren Experten wiederholt die Bombardierung Irans gefordert haben. Den Umbau der VOA trieb maßgeblich Vincent Trovato voran, der zuvor für das halbseidene Datenanalyse-Unternehmen Cambridge Analytica gearbeitet hatte. Dessen Geschäft war die Erstellung von Nutzerprofilen im Internet. (Die Firma hat Insolvenz angemeldet, das Geschäftsmodell selbst besteht unter anderen Namen fort.) Nutzerprofile sind Voraussetzung für «Micro-Targeting», für eine auf jeden einzelnen Nutzer abgestimmte digitale Wahlwerbung. Diese Werbung wiederum gilt als die maßgebliche Geheimwaffe für den Wahlsieg Trumps 2016 vor allem in den entscheidenden «Swing-Staaten», in denen Republikaner und Demokraten in etwa gleichauf lagen.[29]

In kürzester Zeit wandelte sich VOA Persian zu einem Sprachrohr militanter Befürworter eines Regimewechsels im Iran. Der in Los Angeles lebende Sohn des 1979 gestürzten Schahs gehört ebenso zu den bevorzugten Interviewpartnern wie die «Volksmudschahidin» (Mudschahidin-e-Khalq, MEK), die in den USA als «Nationaler Widerstandsrat» auftreten und zahlreiche Anschläge im Iran verübt haben. Unter anderem auf Atomwissenschaftler, in enger Kooperation mit israelischen Geheimdiensten. Im Iran sind die sektenähnlich organisierten «Volksmudschahidin» ähnlich beliebt und einflussreich wie etwa die Kommunistische Partei in den USA. [30]

Legal, illegal – uns doch egal

Damit nicht genug. Das US-Außenministerium rief das «Iran Desinformation Project» ins Leben, das laut seiner Webseite «Desinformation enthüllt, die ihren Ursprung in der Islamischen Republik Iran hat und die sie auf dem

Weg offizieller Rhetorik, staatlicher Propaganda-Kanäle, der Manipulation sozialer Medien und dergleichen mehr zu verbreiten sucht». Diese vermeintliche Wahrheitssuche ausgerechnet unter Pompeo atmet den Geist von Orwells Neusprech. Wer ist nämlich das bevorzugte Ziel jener selbsternannten Faktenfinder? Wer desinformiert? In den Worten eines Betroffenen, der sich wie viele andere massiven Angriffen in Form verleumderischer Tweets aus deren Umfeld ausgesetzt sah: «Das Ziel der Tweets sind Analysten in Denkfabriken, Menschenrechtsaktivisten und Journalisten (mich eingeschlossen). Der gemeinsame Nenner ist dabei, dass wir aus Sicht der Befürworter eines Regimewechsels und der Unterstützter der sogenannten Politik des maximalen Drucks auf Seiten der Trump-Administration als zu weich gegenüber dem Iran gelten. Denn wir kritisieren die zerstörerischen Wirtschaftssanktionen und die Androhung militärischer Gewalt».[31]

Präsident Trump hatte weder die NATO noch die Europäer über den Angriff auf Soleimani vorab informiert, auch nicht die oppositionellen Demokraten. Als Einziger war Israels Premier Netanjahu eingeweiht. Das Framing des Drohnenangriffs besagte, wie erwähnt, Soleimani sei ein Top-Terrorist und habe Anschläge auf Amerikaner verüben wollen. Was aber heißt das konkret? «Qasem Soleimani hatte ganz eindeutig eine Reihe von unmittelbar bevorstehenden Angriffen geplant. Wir wissen nicht genau wann und wo, aber die Bedrohung war real», erklärte Außenminister Pompeo. Auch Trump hätte es präziser kaum formulieren können: «Wir werden Ihnen sagen, dass es wohl die Botschaft in Bagdad sein sollte. Ich kann verraten, dass ich glaube, dass es wohl vier Botschaften sein sollten.»[32]

Im Kongress gab es wegen der Informationspolitik der Regierung heftige Kritik. Sie war zunächst nicht einmal bereit, Kongressabgeordneten Beweise für Soleimanis angebliche Absicht, Amerikaner anzugreifen, vorzulegen. Zwei US-Regierungsbeamte, die Einsicht in Geheimdienstunterlagen nehmen konnten, teilten anschließend der NYT-Korrespondentin Rukmini Callimachi mit, zuständig für die Berichterstattung über gewalttätigen Extremismus und den «Islamischen Staat», die Beweislage für einen vermeintlich unmittelbar bevorstehenden Angriff Soleimanis sei «rasierklingendünn».[33] Dergleichen Offenheit seitens Behördenvertretern mag auf den ersten Blick verwundern. Wenn aber, wie dargelegt, innerhalb der Machteliten unterschiedliche Auffassungen über Strategie und Taktik in Grundsatzfragen bestehen, spiegelt sich das auch in der Berichterstattung wider, werden vertrauliche Informationen nötigenfalls auch mal «durchgestochen», wie es im Journalistendeutsch heißt.

Auch anlässlich der nichtöffentlichen Sitzung im Kongress am 8. Januar beließ es die Regierung bei Allgemeinplätzen. Der republikanische Senator Mike Lee empörte sich, man habe die Senatoren gewissermaßen aufgefordert, «gute kleine Jungs und Mädchen zu sein, einfach mitzulaufen und (nichts, ML) öffentlich infrage zu stellen.»[34]

Trump focht das alles nicht an. Am 13. Januar twitterte er: «Die Fake News-Medien und ihre Partner auf Seiten der Demokraten arbeiten hart daran festzustellen, ob der nächste Angriff des Terroristen Soleimani nun ‹unmittelbar› bevorstand oder nicht & ob sich mein Team», seine Regierung, «mit mir im Einklang befand». «Die Antwort auf beide Fragen ist JA, aber das ist ohne Bedeutung, wegen seiner entsetzlichen Vergangenheit.»[35]

Ginge es nicht um Krieg und Frieden, um Mord und Totschlag, hätte dieser Irrsinn einen gewissen Unterhaltungswert. Doch die Lage am Golf ist und bleibt gefährlich, solange die US-Regierung an ihrem Kurs festhält, das Regime in Teheran mit allen Mitteln in die Knie zu zwingen. Obwohl beide Seiten einen offenen Krieg zu vermeiden suchen, kann es jederzeit zur Katastrophe kommen, und sei es unbeabsichtigt. So auch am 8. Januar, als ein Flugzeug der ukrainischen Fluggesellschaft UIA kurz nach dem Start in Teheran abstürzte. Alle 176 Insassen kamen ums Leben. Zunächst nannte die iranische Regierung einen technischen Defekt als mögliche Unglücksursache. Nachdem westliche Geheimdienste dieser Erklärung widersprochen hatten, räumte ein Militärsprecher drei Tage später, am 11. Januar, ein, dass die Boeing 737–800 aufgrund eines «menschlichen Fehlers» versehentlich abgeschossen worden sei. Eine Einheit der Revolutionsgarde habe das Flugzeug für einen angreifenden US-Kampfjet gehalten und zwei Flugabwehrraketen abgefeuert. Das geschah kurz nach dem Einschlag mehrerer iranischer Raketen auf zwei US-Militärbasen im Irak, als Vergeltung für die Ermordung Soleimanis. Präsident Rouhani entschuldigte sich für diesen «katastrophalen», «unverzeihlichen Fehler».[36]

Hiesige Kommentare machten die iranische Führung für die Tragödie verantwortlich, wahlweise ihre «Inkompetenz» oder «Verantwortungslosigkeit», weil sie den Flugbetrieb nicht eingestellt habe. Es blieb dem kanadischen Premierminister Justin Trudeau vorbehalten, den Horizont zu erweitern: «Hätte es in den letzten Tagen keine Eskalation gegeben, wären diese Kanadier jetzt zuhause bei ihren Familien», erklärte er. «Ereignisse wie diese geschehen, wo es Krieg und Gewalt gibt.»[37] Zwar nannte Trudeau weder Trump noch die USA beim Namen, doch war die Botschaft deutlich. Rund ein Drittel der Opfer waren Kanadier iranischer Herkunft.

Sachlich statt schwarzweiß? Lieber nicht

Ungeachtet des Schuldeingeständnisses Rouhanis kam es zu spontanen Protesten Hunderter Studenten vor der Universität Amir Kabir in Teheran, die ihren Unmut über das Regime bekundeten, seine «Unfähigkeit» und «Verlogenheit». Lautstark forderten sie den Rücktritt der Regierenden. Auch anderswo gab es nach dem Abschuss kleinere Demonstrationen meist jüngerer Iraner. Darüber haben die Nachrichtensendungen von ARD und ZDF ausführlich berichtet. Es passt ja auch ins Bild: Die Menschen haben die Mullahs satt.

Ein grundlegender Irrtum der politischen wie medialen Wahrnehmung Irans in westlichen Ländern ist jedoch die Annahme, dergleichen Wut auf der Straße sei ein Indiz für das quasi unmittelbar bevorstehende Ende des Regimes. Noch ein bisschen mehr «maximaler Druck», und es fällt. Dem ist nicht so, wie die Trauerbekundungen für Soleimani in der Größenordnung Hunderttausender Teilnehmer nur wenige Tage zuvor unterstrichen hatten. So verhasst die bestehenden Verhältnisse vielen, vielleicht sogar den meisten Iranern sein mögen – die Islamische Republik hat auch ihre Befürworter, vor allem unter den «Armen und Entrechteten», die ihr Auskommen beispielsweise in der Armee oder der Revolutionsgarde finden. Die Sanktionierung Irans, die wirtschaftliche Strangulierung der Bevölkerung, stärkt allerdings nicht die Pragmatiker innerhalb des Regimes, sondern die Hardliner. Da die Iraner über den höchsten Bildungsstandard in der Region verfügen, neben den Israelis, wissen sie meist auch, dass es unter den gegenwärtigen Umständen keine wirkliche Alternative gibt. So naiv zu glauben, die Amerikaner wollten sie «befreien», sind die wenigsten. Jeder Iraner weiß, was im benachbarten Afghanistan und im Irak geschehen ist, nach dem Sturz der dortigen Machthaber.

Eine Liberalisierung Irans, eine konstruktive Veränderung der politischen Verhältnisse, kann nur von innen heraus erfolgen. Normalerweise wären die Mittelschichten der maßgebliche soziale Garant für den gesellschaftlichen Wandel. Das Bürgertum aber wird im Zuge der Sanktionen zunehmend in die Verarmung getrieben und fällt als Motor der Erneuerung weitgehend aus. Nutznießer der amerikanischen Politik sind in erster Linie Reformgegner und Ultrakonservative. Hätte die Regierung Trump das Atomabkommen nicht aufgekündigt, um stattdessen das Projekt Regimewechsel zu verfolgen, wäre diese Liberalisierung zumindest auf den Weg gebracht worden. Die Umsetzung des Atomabkommens hätte einen wirtschaftlichen Aufschwung ermöglicht, da die Sanktionen sukzessive aufgehoben worden wären. Dieser Aufschwung wiederum hätte die moderaten Kräfte gestärkt, ihnen höchstwahrscheinlich einen klaren Sieg bei den Parlamentswahlen 2020 beschert. Präsident Rouhani war auf gutem Weg, Nachfolger von Revolutionsführer Khamanai zu werden. Die Zeichen standen auf Öffnung, innen- wie außenpolitisch. Bis Trump kam. Aus den Parlamentswahlen 2020 gingen stattdessen, beinahe zwangsläufig, die Hardliner als Gewinner hervor. Auch bei den Präsidentschaftswahlen 2021 sollte niemand erwarten, dass ein Pragmatiker den Sieg davonträgt. Nach innen wie nach außen dürfte der Ton in Teheran rauer werden, sofern nicht ein Wunder geschieht. Beispielsweise im Weißen Haus nach dem Wahlsieg von Joe Biden wieder Vernunft einkehrt – es wäre der erste Schritt.

Die hiesige politische wie mediale Wahrnehmung Irans ist selten sachlich, meist folgt sie tief verinnerlichten Überzeugungen entlang bewährter Framing-Modelle. Begriffe wie «Schurkenstaat» oder die wie selbstverständlich in den Raum gestellte Behauptung, «der Iran will Israel vernichten», setzen dabei den Rahmen. Wer eine differenzierende Haltung vertritt, sollte idealerweise zuvor einen Rhetorikkurs besucht haben. Der Autor des vorliegenden Buches wurde einmal in einer Nachrichtensendung gefragt, ob der Iran für Israel eine existentielle Bedrohung darstelle. Meine Antwort lautete: Nein, aus zwei Gründen nicht. Zum einen verfüge Israel über Atomwaffen, der Iran nicht. Ein Land ohne eine einzige Atombombe könne aber ein Land mit bis zu 400 Atombomben existentiell nicht gefährden, eine solche Annahme wäre schlichtweg unlogisch. Zum anderen verwies ich auf die Rüstungsausgaben: Der Iran verwende darauf jährlich etwa 15 Milliarden US-Dollar, Israel rund 25 Milliarden (hinzu kommen umfangreiche Waffenlieferungen, entweder geschenkt oder zu Vorzugsbedingungen geliefert, aus den USA oder Deutschland, die in der Regel nicht im Verteidigungshaushalt auftauchen), Saudi-Arabien selten unter 50 Milliarden, die USA deutlich über 700 Milliarden. Das entspricht einem Verhältnis von rund 1 zu 50 zwischen dem Iran und seinen Gegnern, mit Blick auf den Militärhaushalt. Wer hier der David sei und wer der Goliath, gehe aus diesen Zahlen recht eindeutig hervor.

Die maliziöse Erwiderung des Moderators lautete: Wollen Sie damit sagen, dass Israel der Aggressor ist? Die vorausgegangene Antwort legt eine solche Schlussfolgerung nicht im Ansatz nahe. Doch wer jetzt, in der nachfolgenden Replik, auch nur ein Adjektiv falsch betonen würde, riskiert den Vorwurf des Antisemitismus und damit seine bürgerliche Existenz. Das wusste selbstverständlich auch der Moderator, der lieber auf Angriff schaltete, als sein Weltbild durch Fakten herausgefordert zu sehen.

Natürlich gibt es in Teheran religiöse Führer, Militärs oder Politiker, die radikale Ansichten mit Blick auf Israel vertreten. Das bekannteste Beispiel ist der iranische Präsident Mahmud Ahmadinedschad (2005–2013). Der Hardliner war bekannt für seine anti-israelische Rhetorik. Doch hegt die politische Führung Irans kollektive «Vernichtungsphantasien» gegenüber Israel? Ihre Außenpolitik jedenfalls zeugt von einer überaus realistischen Einschätzung gegebener Machtverhältnisse.

Iraner töten!

Umgekehrt drängt Israels Premier Netanjahu Washington seit Jahren, den Iran anzugreifen. Er hat auch keine Skrupel, die Shoah wider den Iran zu instrumentalisieren. So erklärte er etwa aus Anlass des 75. Jahrestages der Befreiung von Auschwitz im Januar 2020, gewiss nicht zufällig in Yad Vashem, der Holocaust-Erinnerungsstätte in Jerusalem: «Ich denke, die Lektion von Auschwitz besteht darin, ... böse Dinge zu stoppen, solange sie noch klein sind. Der Iran ist ein sehr böses Ding, nicht so klein, aber es könnte größer werden mit Atomwaffen.»[38] In dem Fall fragt sich allerdings, warum seine Regierung und pro-israelische Lobbygruppen in den USA Washington erfolgreich gedrängt haben, das Atomabkommen aufzukündigen. Denn dieses Abkommen war ein sicherer Garant, dass der Iran nicht heimlich nach der Atombombe greifen kann.

Von ähnlich konfrontativem Geist durchdrungen, erklärte der israelische Minister für regionale Kooperation, Tzachi Hanegbi, im Juli 2019: «Israel ist das einzige Land der Welt, das seit nunmehr zwei Jahren Iraner tötet.»[39] Er bezog sich dabei auf anhaltende, regelmäßig erfolgende, nach Hunderten zählende israelische Luftangriffe auf Militäranlagen pro-iranischer oder iranischer Milizen in Syrien und im Irak. Diese Aussage Hanegbis fand in westlichen Medien keinen Niederschlag, geschweige denn eine kritische Kommentierung. Der mit dem Unterton des Bedauerns geäußerte Hinweis, die israelische Seite töte mutterseelenallein Iraner, als sei das Töten von Iranern Ausdruck zivilisatorischer Reife, war jedoch sachlich falsch: Schon lange vor der Ermordung Soleimanis bombardierten die Amerikaner ebenso schiitische, darunter auch (pro-)iranische Stellungen im Irak und in Syrien. Im Juni 2019, im Zuge der Spannungen in der Golfregion, drohte Präsident Trump dem Iran mit, so wörtlich, «Vernichtung», sollten die Iraner «etwas unternehmen» gegen «irgendwas Amerikanisches».[40] Donnernde Rhetorik ist offenbar kein Privileg der iranischen Seite allein – allerdings wird sie US- oder israelischen Politikern selten bis gar nicht vorgehalten.

Drei Vorwürfe vor allem stehen gegenüber Teheran im Raum. Die Missachtung der Menschenrechte, das vermeintliche Streben der iranischen Führung, Israel zu «vernichten», und schließlich der Vorwurf des aggressiven Expansionsdranges. Der Iran wolle demzufolge einen «schiitischen Halbmond» schaffen, der über den Irak und Syrien bis in den Libanon reiche. Letzteres sei eine Bedrohung für Israel wie auch die arabischen Staaten, allen voran Saudi-Arabien und Jordanien.

Was westlichen Vertretern, aber auch vielen arabischen, sunnitischen Staatschefs als aggressiv gilt, sehen die Verantwortlichen in Teheran jedoch als Vorwärtsverteidigung. Seit dem irakisch-iranischen Krieg (1980–1988) wissen sie, dass sie jederzeit mit einem Angriff ihrer Widersacher rechnen müssen. Da sie einen konventionellen Krieg mit den USA und/oder Israel angesichts begrenzter Ressourcen niemals gewinnen könnten, mussten sie sich etwas anderes überlegen. Sie entschieden sich für eine Strategie der Vorwärtsverteidigung unter Einbeziehung pro-iranischer schiitischer Milizen zunächst im Libanon, dann im Irak und Syrien und schließlich im Jemen. Der maßgebliche Architekt dieser Strategie war Qasem Soleimani. Ihr zugrunde liegt die Überlegung, im Kriegsfall unbedingt zu vermeiden, dass der Iran zum alleinigen Schlachtfeld wird. Stattdessen sollen die

Kampfhandlungen so schnell wie möglich auch die arabischen Golfstaaten und Israel erfassen – in dem Bewusstsein, dass es sich die dortigen Regierungen in dem Fall zweimal überlegen werden, den Iran tatsächlich anzugreifen.

Es ist nicht ohne Ironie, dass dieses Konzept ohne die politischen Fehler Israels und der USA gar nicht erst möglich gewesen wäre. Anders gesagt: die Strategie iranischer Vorwärtsverteidigung wusste die Fehler der Gegenseite für eigene Zwecke trefflich zu nutzen. Angefangen mit der schiitischen Hisbollah im Libanon, dem ersten wichtigen Verbündeten Irans. Die «Partei Gottes» entstand 1982, als Reaktion auf den israelischen Einmarsch im Südlibanon. Oberbefehlshaber dieser Offensive war der spätere israelische Premierminister Ariel Scharon. Sein Ziel war die Vertreibung der PLO aus dem Libanon. Die dortige schiitische Bevölkerung stand der Besatzung zunächst abwartend gegenüber – ihre Sympathien für militante Palästinenser, die immer wieder Grenzgefechte provoziert hatten, hielten sich in Grenzen. Doch die israelischen Besatzer gingen mit massiver, grundloser Gewalt gegen die Schiiten im Südlibanon vor, bombardierten etwa ihre Dörfer oder setzten Scharfschützen auf Bauern bei der Feldarbeit an. Zehntausende flüchteten daraufhin nach Beirut.

Was dann geschah, war abzusehen. Es formierte sich eine Widerstandsbewegung, die Hisbollah – die Quittung für eine verfehlte, aggressive Besatzungspolitik. Aus israelischer und westlicher Sicht handelt es sich bei der «Partei Gottes» um eine Terrororganisation, vom Iran aus antisemitischen Beweggründen ins Leben gerufen, um Israel zu «vernichten». Tatsächlich aber ist sie eine originär libanesisch-schiitische Bewegung, heute gleichzeitig Miliz und stärkste politische Kraft im libanesischen Parlament. Obwohl die Hisbollah Geburtshilfe aus Teheran erhielt, von dort militärisch und finanziell unterstützt wird und dem

Revolutionsführer huldigt, ist sie keineswegs eine iranische Marionette oder fünfte Kolonne.

Investigative Ohnmacht

Nach 18 Jahren Guerillakampf, darunter dem Einsatz von Selbstmordattentätern, zwang die «Partei Gottes» die Israelis 2000 zum bedingungslosen Abzug aus dem Südlibanon – die hohen Verluste unter den Soldaten, insgesamt fast 600 Tote und 3500 Verletzte, waren der israelischen Öffentlichkeit nicht länger zu vermitteln. Sechs Jahre später, 2006, versuchte das israelische Militär, die Hisbollah, offiziell als Reaktion auf die Entführung zweier ihrer Soldaten, mit Hilfe von Luftangriffen und Panzervorstößen entscheidend zu schwächen. Mehr als 2000 Libanesen, die meisten von ihnen Zivilisten, bezahlten diesen Blitzkrieg mit ihrem Leben. Doch die Hisbollah schlug zurück und beschoss Nordisrael einschließlich der Küstenstadt Haifa mit Raketen. Tausende Israelis flohen in Richtung Süden – weder militärisch noch politisch ein Ruhmesblatt für die israelische Führung.

Wenn hiesige Medien über die Hisbollah berichten, versteht sich der Tenor von selbst. Das folgende Zitat stammt aus einem immerhin seitenfüllenden Artikel über die «Partei Gottes» in der *Zeit*. Geradezu mustergültig ist das darin vorgenommene historische Framing, das die jahrelange israelische Besatzung Südlibanons der Einfachheit halber gar nicht erst erwähnt. Mithin die Genesis der Hisbollah. Ansonsten geriete die Kernaussage ins Wanken: «International gilt Hisbollah als israelfeindliche Terrormiliz». International, das bedeutet in diesem Kontext: aus hiesiger, der westlichen Sichtweise. Die mag auch erklären, warum das Bundesinnenministerium, nach entsprechenden Vorstößen aus Washington und Tel Aviv, dem politischen

Flügel der Hisbollah im April 2020 ein Betätigungsverbot in Deutschland erteilte. Deren militärischen Arm hatte die EU bereits 2013 zur Terrororganisation erklärt.

Entsprechend heißt es in dem Artikel: «Hisbollah gründete sich Anfang der 1980er Jahre aus Milizen im Kampf gegen Israel und dessen Verbündete im Libanon. Ihr Fundament war die Ohnmacht: Die schiitische Bevölkerung im Grenzgebiet war arm und eingeklemmt zwischen größeren Kriegsparteien. Hisbollah schwang sich auf zum Vorkämpfer des schiitischen Widerstands.»[41]

Ungeachtet aller Wirtschaftssanktionen, die Washington seit 1995 verstärkt gegen den Iran verhängte, offiziell aufgrund von Terrorvorwürfen, de facto, um das Land zu schwächen, haben sich sowohl Präsident Akbar Haschemi Rafsandschani (1989–1997) wie auch sein Nachfolger, Mohammed Khatami (1997–2005), wiederholt an die US-Administration gewandt, um die Beziehungen zwischen beiden Ländern zu verbessern. Im Frühjahr 2003 unterbreitete Teheran der Regierung Bush ein umfassendes Verhandlungsangebot – auch als Reaktion auf den Irak-Krieg und den von Washington erhobenen Vorwurf, der Iran greife nach der Atombombe. Doch weder die Amerikaner noch die Israelis waren interessiert, obwohl die Entwaffnung der Hisbollah Teil dieses Angebots war.[42]

Die «Partei Gottes» entwickelt sich zunehmend zu einer Obsession westlicher Politik, namentlich in den USA und Frankreich. Nach der verheerenden Explosion im Hafen von Beirut im August 2020 trat die libanesische Regierung zurück. Die Explosion, angeblich die stärkste nicht-nukleare seit dem Zweiten Weltkrieg, war auf die unsachgemäße Lagerung von 2750 Tonnen Ammoniumnitrat zurückzuführen. Jahrelang hatten die zuständigen staatlichen Stellen nichts unternommen, um die Gefahr zu beseitigen – aus Gleichgültigkeit und infolge von Bestechlichkeit. Die Katastrophe zerstörte weite Teile des Hafens und richtete schwere Schäden vor allem im Osten der Stadt an. Rund 200 Menschen starben, Tausende wurden verletzt. Obwohl es dafür keine Beweise gibt, machten nicht-schiitische Politiker und Medien im Libanon wie auch im Westen die Hisbollah für die Tragödie verantwortlich. Sie hätte die chemische Substanz dort gelagert, um sie zur Sprengstoffherstellung zu verwenden. Da die «Partei Gottes» den Hafen aber nicht kontrolliert, im Gegensatz zum Beiruter Flughafen, sind die entsprechenden Behauptungen, bis zum Beweis des Gegenteils, wenig plausibel und mit Vorsicht anzusehen.

Dessen ungeachtet glaubte der französische Präsident Emmanuel Macron, hinter den Kulissen den Ausschluss der Hisbollah aus der libanesischen Politik einleiten zu können. Am 31. August wurde der Sunnit Mustafa Adib, zuvor langjähriger Botschafter des Libanon in Berlin, zum neuen Ministerpräsidenten berufen – und blieb keine vier Wochen im Amt, bis zum 26. September. Paris wie auch Washington hatten massiven Druck auf ihn ausgeübt, den wichtigen Posten des Finanzministers nicht erneut mit einem Vertreter der «Partei Gottes», sondern stattdessen mit einem «Technokraten» zu besetzen. Parallel drohte Washington mit weiteren Boykottmaßnahmen gegenüber libanesischen Banken.

Aus nachvollziehbaren Gründen hat sich die Hisbollah auf diesen Vorstoß zu ihrer Entmachtung nicht eingelassen. Sie erzwang, gemeinsam mit Vertretern der korrupten Machtelite, die an wirklichen Reformen kein Interesse hat, den Rücktritt Adibs. Der dringend erforderliche politische wie wirtschaftliche Neuanfang wurde damit ein weiteres Mal vertagt. Die Selbstverständlichkeit, mit der Washington und Paris Einfluss auf die Entwicklungen im Zedernstaat zu nehmen suchen, zeigt erneut, wie leicht nahöstliche Staaten ins Visier imperialer oder neo-kolonialer Machtansprüche geraten. Gemeinsames Ziel westlicher Politik, über Washington und Paris hinaus, ist die Schwächung Irans über den Umweg der «Partei Gottes». Ausdrücklich ohne Verhandlungen, wie vom iranischen Präsidenten Khatami vor rund 20 Jahren bereits angeboten. Dergleichen Druck von außen dürfte die Hisbollah allerdings kaum schwächen – vielmehr ihren Schulterschluss mit Teheran stärken.

Der Terrorfürst – ein Sendbote Satans?

Nach 9/11 hat Washington die Taliban in Afghanistan gestürzt, sunnitische Extremisten und Widersacher des schiitischen Iran. 2003 bewirkte die US-britisch geführte Invasion Iraks das Ende der sunnitischen Herrschaft Saddam Husseins. Da die meisten Iraker Schiiten sind, etablierte sich daraufhin eine schiitische Machtelite, die bis heute eng mit Teheran kooperiert. Aus iranischer Sicht ein bemerkenswerter Service der Regierung Bush, in Afghanistan wie auch im Irak. Wäre es den USA, der EU, der Türkei und deren Verbündeten am Golf nach 2011 gelungen, das Assad-Regime zu stürzen, wäre damit auch der iranische Waffennachschub für die Hisbollah über Damaskus beendet gewesen. Deswegen haben sowohl die «Partei Gottes» wie auch Teheran Assad militärisch unterstützt, ebenso wie Moskau. Den Stellvertreterkrieg in Syrien haben Assads Verbündete gewonnen, der Iran ist nunmehr auch dort verstärkt ein Machtfaktor.

Im Libanon, im Irak, in Syrien und schließlich im Jemen, dort in der Absicht, Saudi-Arabien zu schwächen, hat die iranische Führung das getan, was Geopolitik gemeinhin auszeichnet: Jeder Fehler der Gegenseite wird sofort zur Durchsetzung eigener Interessen genutzt, kein Machtvakuum geduldet. Der westliche Vorwurf, der Iran betreibe eine aggressive Expansionspolitik, greift zu kurz. Ohne die politische Kurzsichtigkeit des Imperiums und seiner regionalen Verbündeten würde die iranische Strategie der Vorwärtsverteidigung ins Leere laufen – mangels verbündeter pro-iranischer oder schiitischer Milizen, deren Einfluss erst infolge des Staatszerfalls vor allem im Irak und in Syrien exponentiell anwachsen konnte.

Dergleichen Zusammenhänge werden hierzulande jedoch im politisch-medialen Kontext nur selten beleuchtet. Ein exemplarisches Beispiel ist der folgende Kommentar auf *Zeit Online*: Qasem Soleimani «war der wohl mächtigste Strippenzieher im Nahen Osten. Er war ein abgebrühter Taktiker und brutaler Feldherr, der sich gern an den Frontlinien fotografieren ließ, die er selbst mit erschaffen hat. Soleimani hat die iranische Vormacht in der Region massiv ausgeweitet; durch die Schaffung eines systematischen Sektierertums, mit dem er sich die Loyalität schiitischer Gruppen sicherte, aber auch mit der militärischen Unterstützung seiner Schutzherren. In Syrien stützte ein von Soleimani orchestriertes Netzwerk aus Zehntausenden schiitischen Milizionären den Schlächter Baschar al-Assad … Mit seiner Hilfe wurden Oppositionsgebiete wie Ostaleppo belagert und geplündert, Tausende Menschen eingekesselt, aushungert (sic!), ermordet. Auch im Irak hat der General jahrelang Terror und Gewalt verbreitet.»[43]

Ost-Aleppo als «Oppositionsgebiet» zu bezeichnen, ist gewagt: Die entscheidenden Kriegsgegner des Regimes waren dort Dschihadisten, darunter viele Ausländer, unter Führung der Nusra-Front, des syrischen Ablegers von Al-Qaida. Sie haben West-Aleppo, das von Assads Soldaten kontrolliert wurde, monatelang mit Raketen beschossen und die Bewohner Ost-Aleppos an der Flucht gehindert. Auch das gehört zu den Realitäten des Syrien-Krieges, wenngleich sie nicht ins gewohnte Bild passen.

Zu glauben, die Hisbollah habe sich quasi wie aus dem Nichts zum Vertreter der libanesischen Schiiten «aufgeschwungen» oder Soleimani und seinesgleichen hätten etwa «durch die Schaffung eines systematischen Sektierertums» eine ansonsten offenbar bukolische Idylle zerstört, ist gleichermaßen realitätsfremd wie ahistorisch. Soziale, politische oder gesellschaftliche Bewegungen entstehen niemals allein durch manipulatives Einwirken von außen. Wo die Saat nicht zuvor gesät worden ist, kann sie auch nicht aufgehen.

In Beiträgen wie dem gerade Zitierten kommt eines nicht vor: die wenig konstruktive Rolle der Vereinigten Staaten in der Region. Da sie publizistisch als «Ordnungsmacht» gesetzt sind, gilt eine grundlegende Kritik ihres imperialen Engagements offenbar als unschicklich – in deutlichem Gegensatz zur Geißelung iranischer Aktivitäten. Kritisiert wird allenfalls, dass sie als «Ordnungsmacht» nicht hinlänglich vor Ort präsent seien, etwa in Nordsyrien. Es geht aber auch anders, wie das folgende Beispiel aus den USA unterstreicht. Ausgerechnet *Foreign Policy*, neben *Foreign Affairs* das maßgebliche «Zentralorgan» amerikanischer Außenpolitik, bietet dem Autor und Wissenschaftler Trita Parsi ein Forum. Der gebürtige Iraner ist eine von gerade einmal zwei oder drei kritischen Stimmen, die in US-Medien zum Thema Iran Gehör finden, obwohl sie nicht für eine Konfrontation bis zum Showdown eintreten. Ein deutschsprachiges Leitmedium hätte seinen Artikel mit Sicherheit nicht veröffentlicht, schon gar nicht unter derselben Überschrift: «Der Nahe Osten ist stabiler, wenn sich die Vereinigten Staaten dort heraushalten».

Kurz nach der Ermordung Soleimanis schreibt Parsi: «Seit mehr als zehn Jahren gehört es zum Mantra US-amerikanischer Außenpolitik, dass der Nahe Osten ohne die Vereinigten Staaten ins Chaos abgleiten würde. Oder, schlimmer noch, der Iran könnte das Persische Großreich (aus der Antike, ML) wiederherstellen wollen und sich die gesamte Region untertan machen.» Parsi verweist auf die diplomatischen Aktivitäten zwischen dem Iran, Saudi-Arabien und den Vereinigten Arabischen Emiraten im Sommer 2019, nach der gefährlichen Zuspitzung der Lage am Golf. «Das Ergebnis war Deeskalation. Allerdings wurden die Karten im Januar neu gemischt, als Trump die Ermordung Soleimanis anordnete… Nunmehr steuert die Region erneut auf einen Konflikt zu, mit freundlichen Empfehlungen von Trump, und die Zeichen diplomatischer Entspannung aus den vorigen Monaten haben sich in Luft aufgelöst.»

Parsi fährt fort: «Es ist daher höchste Zeit, eine entscheidende Frage zu beantworten…: Hat die militärische Dominanz Amerikas im Nahen Osten regionale Akteure daran gehindert, ihre Konflikte selbst friedlich zu lösen? Hat Amerika möglicherweise (die dortige, ML) Stabilität eher gefährdet als garantiert?» Nüchtern stellt der Autor fest, dass die USA seit Jahrzehnten andere daran hindern, zur Hegemonialmacht am Persischen Golf zu werden, um diese Hegemonie stattdessen selbst auszuüben. Mit dem Argument, die Region dadurch zu befrieden. Die amerikanische Unterstützung des saudischen Regimes jedoch, das zahlreiche dschihadistische Gruppierungen bewaffnet oder finanziert, habe den Terrorismus befördert und den Nahen und Mittleren Osten destabilisiert – was wiederum iranische Gegenreaktionen auslöste. Wohlgemerkt: Gegenreaktionen.

Und weiter: «Der Iran, ins Mark getroffen von den Sanktionen, der Korruption und wirtschaftlichem Missmanagement, ist nirgendwo auch nur ansatzweise in der Lage, zum regionalen Hegemon aufzusteigen. Saudi-Arabien gibt fünfmal mehr für sein Militär aus als der Iran», die Golfstaaten insgesamt achtmal mehr. «Der Iran verfügt über keine Atombomben, sieht sich aber mehr Inspektionen ausgesetzt als jedes andere Land. Israel verfolgt sein Nuklearwaffenprogramm ohne jede internationale Transparenz. Der Iran mag geschickt die Überdehnung und Fehlgriffe der USA in den letzten Jahrzehnten für seine eigenen Zwecke genutzt haben. Aber zum Hegemon zu werden ist eine ganz andere Liga.»[44]

Staatskunst? Oder das Werk von Inspektor Clouseau?

Als Reaktion auf die Ermordung Soleimanis kündigte die iranische Führung am 5. Januar an, die Uran-Anreicherung weiter hochzufahren, wie erstmals im Mai 2019 geschehen. Damit verstieß Teheran erneut gegen das Atomabkommen, das freilich die USA bereits im Mai 2018 aufgekündigt hatten. Vor allem in der Absicht, die E3-Vertragspartner Großbritannien, Frankreich und Deutschland unter Druck zu setzen. Ein Regierungssprecher erklärte im iranischen Fernsehen, man sei weiterhin bereit, mit den Europäern zu verhandeln, die bislang allerdings keine Wege aufgezeigt hätten, wie der Iran sein Erdöl und Erdgas verkaufen könne, ungeachtet der Sanktionen.[45] Die Annahme jedoch, London, Paris und Berlin würden Teheran oder auch nur ihrer eigenen politischen Schlagkraft zuliebe eine Auseinandersetzung mit den USA riskieren, ist verwegen. Stattdessen aktivierten die E3-Staaten am 14. Januar den sogenannten Streitschlichtungsmechanismus. Laut Atomabkommen kann jeder Signatarstaat diesen Mechanismus auslösen, wenn etwa eine Seite eine schwere Verletzung des Vertrages feststellt. Gelingt die Streitschlichtung nicht, landet der Vorgang in letzter Instanz vor dem UN-Sicherheitsrat, der dann namens der Vereinten Nationen weltweit gültige Sanktionen verhängen könnte – gegen den Iran, versteht sich. Nicht gegen die USA.

Hiesige Meinungsmacher hatten keine Einwände. Der *Deutschlandfunk* kommentierte: «Die EU hatte keine andere Wahl. Nicht, wenn sie ihre eigene Glaubwürdigkeit und noch einen verbliebenen Rest der Atom-Vereinbarung retten wollte … Sie hatte keine Möglichkeit, ohne oder gegen die USA den Iran zur Einhaltung seiner Verpflichtungen zu bewegen. Sie hat sich viel zu wenig offensiv dem Argument gestellt, dass die für den Iran freigewordenen Millionen zur Terrorisierung der ganzen Region verwendet wurden … Ob dieser halbtote Vertrag noch zu retten ist, … hängt in allererster Linie vom Iran selbst ab.»[46] Worauf konkret sich die «freigewordenen Millionen» beziehen, was mit ihnen gemeint ist, geht aus dem Beitrag nicht hervor.

Die *Süddeutsche Zeitung* widmete dem Thema am 15. Januar ihren Aufmacher, unter der Überschrift: «Europäer verwarnen Teheran. Die Außenminister Frankreichs, Großbritanniens und Deutschlands unternehmen einen letzten Versuch, das Atomabkommen noch zu retten, an das sich Iran längst nicht mehr hält.» Ganz im Gegensatz zu den USA offenbar.

Inhaltlich ergiebiger ist der Aufmacher der *Washington Post* vom selben Tag. Darin heißt es, Präsident Trump habe den Europäern damit gedroht, Sonderzölle in Höhe von 25 Prozent auf europäische Autos zu erheben, falls sie nicht den Streitschlichtungsmechanismus auslösen. Doch war die Drohung offenbar gänzlich überflüssig, denn «Regierungsbeamte in Großbritannien, Frankreich und Deutschland» hätten dem Artikel zufolge auch ohne Druck besagten Mechanismus ausgelöst. Nun aber könnten diese Beamten «als Lakaien Washingtons dastehen, würde die Drohung an die Öffentlichkeit gelangen». Ein diplomatisches Dilemma – was also tun? Da brach sich eine genial zu nennende Idee Bahn: «‹Um nicht als Schwächlinge zu gelten, haben wir uns darauf verständigt, die Existenz dieser Drohung geheim zu halten›, sagte ein europäischer Regierungsbeamter.»[47]

Sollte die Regierung Trump geglaubt haben, die iranische Führung werde nach der Ermordung Soleimanis einlenken und sich amerikanischen Forderungen unterordnen, sah sie sich getäuscht. Teheran blieb bei der Strategie, auf den «maximalen Druck» der USA mit «maximalem Gegendruck» zu reagieren. Im Februar 2020 schlugen erstmals seit Oktober 2019 wieder Raketen im Umfeld der US-Botschaft in Bagdad ein. Als Außenminister Pompeo Riad besuchte, ebenfalls im Februar, meldete die saudische Flugabwehr, sie hätte mehrere Raketen der Houthi-Rebellen aus dem Nordjemen abgefangen, der Verbündeten Teherans und Kriegsgegner der Saudis. Die Ermordung Soleimanis hatte keineswegs «der Schlange den Kopf abgeschlagen», wie die israelische Zeitung *Hamodia* titelte, das Sprachrohr der Ultraorthodoxen.[48] Stattdessen wurde General Esmail Qaani sein Nachfolger, der über drei Jahrzehnte Kampferfahrung verfügt, unter den Schiiten in Afghanistan und Pakistan bestens vernetzt ist und schiitische Bataillone aus beiden Ländern zusammengestellt hat, zum Kampf an der Seite Assads in Syrien. Ihm fehlt das Charisma Soleimanis, anders als sein Vorgänger tritt er auch so gut wie nie in der Öffentlichkeit auf, doch fehlt ihm gewiss nicht die Befähigung, die Strategie iranischer Vorwärtsverteidigung weiterzuentwickeln oder den jeweiligen Gegebenheiten anzupassen.

Die Lage am Golf wird angespannt und explosiv bleiben, solange die USA an ihrem Kurs eines Regimewechsels in Teheran festhalten. Der Preis, den die Zivilbevölkerung hierfür zahlt, spielt dabei keine Rolle. Das iranische Gesundheitssystem, ohnehin schwer angeschlagen infolge sanktionsbedingt fehlender medizinischer Ausrüstung sowie chronischen Medikamentenmangels, konnte nur mit Mühe der Corona-Pandemie trotzen. Der Iran gehört zu den weltweit am meisten betroffenen Ländern. Angesichts der dramatischen Lage beantragte Teheran im März 2020 ein Darlehen über fünf Milliarden US-Dollar beim Internationalen Währungsfonds – und scheiterte am Veto der Regierung Trump.[49]

Und der Gewinner ist: China

Die Pandemie verschob zusätzlich die politischen Koordinaten. Traditionell sind die meisten Iraner pro-westlich eingestellt. Die Strangulierungspolitik der USA jedoch und die
amerikafreundliche Haltung der Europäer in der Sanktionsfrage haben zumindest in Teilen der Bevölkerung zu einer
gründlichen Desillusionierung geführt. Nutznießer dieser
Entwicklung ist vor allem China. Peking hat mehrfach Co-
rona-Testkits, Atemmasken, Schutzkleidung und medizinisches Gerät in großen Mengen in den Iran geliefert. Zum Vergleich: Im März 2020 schaffte es die EU immerhin, das erste
(und bis zur Drucklegung dieses Buches auch das einzige)
Geschäft mit dem Iran über die Zahlungsinstanz INSTEX in
Paris abzuschließen, nach gerade einmal anderthalb Jahren
Vorbereitungszeit. Über den Umweg von INSTEX wollen die
Europäer vermeiden, infolge ihrer allerdings deutlich redu-
zierten Wirtschaftsaktivitäten im Iran selbst ins Visier von US-
Sekundärsanktionen zu geraten. Geliefert wurde ebenfalls
medizinisches Material zur Bekämpfung von Covid-19 – in
welcher Menge, ist öffentlich nicht bekannt.

Am Beispiel Irans zeigt sich, welche Konsequenzen es für
die Europäer hat, wenn sie sich weitgehend kritiklos an die
USA binden. Sie verlieren ihrerseits an Macht und Einfluss,
berauben sich eines lukrativen Marktes und könnten am
Ende allein auf weiter Flur stehen. Die von den USA gegen
den Iran initiierten Boykottmaßnahmen treffen in erster Linie
europäische Firmen, kaum amerikanische. Chinesische Unternehmen haben das entstandene Vakuum in den vorigen
Jahren dankbar gefüllt und nehmen mittlerweile nahezu
eine Monopolstellung in zahlreichen Bereichen der iranischen Wirtschaft ein. Beim Iran-Besuch von Chinas Staats-
chef Xi Jinping 2016 vereinbarten Teheran und Peking, über
die zehn Jahre bis 2026 bilaterale Wirtschaftsbeziehungen

von insgesamt 600 Milliarden US-Dollar anzustreben. Die Chinesen forderten die US-Sanktionspolitik zunächst nicht offen heraus, sie umgingen sie diskret. Strategisch alles andere als unklug, bezieht Peking Russland vielfach in seine iranischen Geschäftsbeziehungen mit ein, vor allem bei Großprojekten im Bereich der Infrastruktur, der Energiewirtschaft und im produzierenden Gewerbe. Transaktionen werden dabei in der Regel nicht auf Dollarbasis abgewickelt, sondern unter Einsatz von Rubel und Renminbi, teilweise auch Gold. Alle drei Länder, der Iran, Russland und China, sehen sich westlichen Sanktionen oder Handelsbeschränkungen unterschiedlicher Begründung und Couleur ausgesetzt. Sie reagieren, indem sie sich von der US-Dominanz der Finanzmärkte lösen und ihren eigenen Wirtschaftsraum schaffen. Langfristig entsteht hier ein Gegenmodell zum «Petrodollar-Recycling», das die Stellung des US-Dollar als Weltleitwährung herausfordern dürfte. Der Iran ist dabei ein maßgebliches Experimentierfeld.

Unter Verweis auf ein 18-seitiges geleaktes Grundsatzpapier berichteten die *New York Times* sowie mehrere asiatische Zeitungen im Juli 2020, China und der Iran hätten sich auf eine neue strategische Partnerschaft verständigt, wirtschaftlich wie auch militärisch. Demzufolge werde China in den nächsten 25 Jahren 400 Milliarden US-Dollar in alle Bereiche der iranischen Wirtschaft investieren, darunter den Energiesektor, das Bankwesen, Telekommunikation, Häfen, Eisenbahnen und Dutzende weitere Projekte. Im Gegenzug erhalte China zu Vorzugsbedingungen iranisches Erdöl und Erdgas, ebenfalls für 25 Jahre.[50] Das ist, aus amerikanischer Sicht, eine Kampfansage und dürfte erklären, warum die USA in der Folgezeit die Idee einer «asiatischen NATO» forcierten, als Gegengewicht zu China. Die US-Sanktionspolitik gegenüber Teheran läuft somit Gefahr, mittelfristig hinfällig zu werden, als stumpfes

Schwert zu enden. Und sollte Washington militärisch gegen den «Schurkenstaat» vorgehen, dürfte die chinesische Antwort nicht lange auf sich warten lassen.

Der sich abzeichnende Schulterschluss zwischen China und dem Iran beunruhigt Chinas Rivalen Indien. Neu-Delhi zieht daraus aber nicht den Schluss, auf Seiten der USA ebenfalls die Konfrontation zu suchen. Stattdessen intensiviert die indische Regierung ihre diplomatischen und wirtschaftlichen Kontakte zur Islamischen Republik. Das wichtigste Projekt Indiens dort ist die Entwicklung der Hafenstadt Chabahar im Südosten Irans, unweit der pakistanischen Grenze und keine 1000 Seemeilen entfernt von Mumbai. 2016 bereits, parallel zum Besuch Xi Jinpings in Teheran, haben sich der Iran, Indien und Afghanistan auf die Schaffung eines «Internationalen Transport- und Transitkorridors» verständigt: um darüber indische Waren via Chabahar nach Afghanistan und Zentralasien zu exportieren – unter Umgehung des indischen Nachbarn und Widersachers Pakistan.[51]

Neue Kräfteverhältnisse erwachsen, die ihrerseits zur Folge haben, dass die politische Führung im Iran keineswegs mit dem Rücken zur Wand steht und die Islamische Republik mitnichten vor ihrem Untergang. Mit Ibn Khaldun gesprochen: Es entsteht eine neue Wellenbewegung, das Meer wird unruhig. Doch anstatt auf diese Veränderungen zu reagieren, binden sich die E3-Vertragspartner, und mit ihnen die meisten europäischen Staaten, an die zerstörerische Politik Washingtons, die den Niedergang der USA als Weltmacht beschleunigt, nicht aber aufhält. Doch je mehr sich abzeichnete, dass der erpresserische «maximale Druck» gegenüber Teheran nicht funktioniert, umso verbissener hielt die Regierung Trump eben daran fest. Welchen Kurs die Regierung Biden gegenüber dem Iran einschlagen wird, bleibt abzuwarten.

Die Iraner antworteten unbeirrt mit «maximalem Gegendruck». Im März 2020 intensivierten pro-iranische Milizen ihre Raketenangriffe auf US-Militärbasen im Irak. Dabei starben drei Soldaten, zwei amerikanische und ein britischer. Während die USA wie kein zweites Land von der Corona-Pandemie heimgesucht wurden, Zehntausende starben und Dutzende Millionen Amerikaner ihre Arbeit verloren, jeweils innerhalb weniger Wochen, erteilte das Pentagon Order, den Konflikt mit dem Iran im Irak zu eskalieren. Auf Initiative ranghoher Vertreter der Regierung Trump, namentlich von Außenminister Pompeo. Sie glaubten, das Covid-19-Virus biete eine günstige «Gelegenheit, um zu versuchen, pro-iranische Milizen im Irak zu zerstören, da die iranische Führung von der Pandemie in ihrem Land abgelenkt sei», so die *New York Times*». Vor allem auf die Kata'ib Hisbollah hatten es die Planer abgesehen, die für die meisten Angriffe auf US-Stellungen im Irak verantwortlich gemacht wurde. Vermutlich nicht zu Unrecht: deren Chef, Abu Mahdi al-Muhandis, hatten die Amerikaner am 3. Januar an der Seite Soleimanis ja ebenfalls umgebracht.

In diesem Artikel der NYT sind vor allem zwei Hinweise aufschlussreich. Zum einen die an Raserei grenzende Besessenheit namentlich Pompeos, um jeden Preis den Showdown mit dem Iran zu suchen – als hätte sein Land gerade keine anderen Probleme. Und zum anderen die bemerkenswerte Reaktion des Oberbefehlshabers der US-Truppen im Irak, von Generalleutnant Robert P. White. Seine Antwort an das Pentagon lautete im Grundsatz: Nein. Für eine «neue Militärkampagne» im Irak brauche es Tausende zusätzlicher Soldaten. White nahm kein Blatt vor den Mund und wies darauf hin, dass eine solche Kampagne nicht Bestandteil der Verträge mit Bagdad über das US-Truppenstatut im Land sei. Die irakische Führung wie auch das Militär stünden in dem Fall vor der Frage, ob sie sich für die USA oder aber den Iran entscheiden. Und die Iraner seien nun mal, auch wenn viele Iraker sie nicht mögen, ihre Nachbarn.

Um die Pentagon-Direktive nicht zum Rohrkrepierer werden zu lassen, ordnete Präsident Trump am 19. März an, die Planungen fortzusetzen, ohne jedoch eine «neue Militärkampagne» zu autorisieren.[52]

Keine Vergeltung unter dieser Nummer ...

Und die Iraner? Schossen am 22. April ihren ersten Militärsatelliten in den Weltraum, zu einem Zeitpunkt erhöhter Spannungen am Persischen Golf. Dort waren sich kurz zuvor US-Zerstörer und iranische Schnellboote gefährlich nahe gekommen. In der Region verfügen nur noch die Türkei und Israel über eigene Militärsatelliten, die vor allem der Spionage dienen. Außenminister Pompeo zeigte sich empört, der Iran verstoße damit gegen «eine Resolution des UN-Sicherheitsrates».[53] Dieser Coup der Revolutionsgarde war westlichen Geheimdiensten im Vorfeld entgangen – kein Ruhmesblatt der Aufklärung. Das Ergebnis ist umso erstaunlicher, als auch die iranische Raumfahrtbehörde, wie fast alle anderen Institutionen und Wirtschaftszweige, von den USA sanktioniert worden ist. Das schließt Pistazien und Teppiche ausdrücklich mit ein. Die Iraner waren also in Eigenregie imstande, diesen Satelliten zu fertigen. Das bedeutet, dass ein potentieller Angreifer einen sofortigen Gegenschlag mit (ballistischen) Raketen riskiert. Diese können jedes Ziel in der Region, auch Tel Aviv etwa, erreichen. Über eine ernstzunehmende Luftwaffe verfügt Teheran hingegen nicht, die wenigen Militärflugzeuge stammen überwiegend noch aus Zeiten des Schahs. Doch besitzt der Iran seit Kurzem das russische Luftabwehrsystem S-300, das auch modernen Kampfjets gefährlich werden kann.

Im Sommer 2020 kam es im Iran über Wochen hinweg zu mysteriösen Brandstiftungen und Explosionen an verschiedenen Orten, die Industrieanlagen ebenso betrafen wie kritische Bereiche der Infrastruktur. So gingen auf der Werft und im Hafen von Bushehr sieben Schiffe in Flammen auf, wurden mehrere Fabriken, ein Gesundheitszentrum, Gaslagerstätten, Kasernen etc. Ziel von Sprengstoffanschlägen und Cyberangriffen. In einer privaten Klinik in Teheran starben 19 Menschen nach einer durch Sabotage herbeigeführten Explosion des firmeneigenen Gastanks. Politisch am folgenschwersten aber war der Bombenanschlag auf die Atomanlage in Natanz, der wichtigsten Stätte zur Herstellung nuklearer Zentrifugen im Land. Experten glauben, dass die Zerstörungen das iranische Atomprogramm um bis zu zwei Jahre zurückgeworfen haben. Der NYT zufolge liegt der Anschlagsserie ganz offenkundig «eine gemeinsame amerikanisch-israelische Strategie» zugrunde.[54] Umgesetzt wahrscheinlich mit Hilfe der «Volksmudschahidin». Das Kalkül dabei, wahrhaft nicht frei von Zynismus: Der Iran werde sich mit Vergeltung zurückhalten, nicht anders als nach der Ermordung Soleimanis. Und in der Tat bescheinigten US-Geheimdienstberichte Revolutionsführer Khamanai, alle Vorstöße von politischer und militärischer Seite für direkte Vergeltungsschläge gegen die USA «blockiert» zu haben. Bis zu den dortigen Präsidentschaftswahlen wolle man abwarten – in der Hoffnung, Trump werde sie verlieren.[55]

Ungeachtet solcher Versuche Washingtons, den «maximalen Druck» auf Teheran auch mit terroristischen Mitteln zu erhöhen, musste die Trump-Administration im August eine empfindliche Niederlage vor den Vereinten Nationen hinnehmen. Obwohl sie selbst das Atomabkommen 2018 aufgekündigt hatte, glaubte sie dennoch, sich darauf berufen zu können. Mit dem Ziel, Waffenlieferungen an den Iran zu unterbinden und vor allem weitreichende UN-Sanktionen gegen das Land herbeiführen zu können. Der Hintergrund: 2007 hatte der UN-Sicherheitsrat die Resolution

1747 verabschiedet, die Waffenexporte in den Iran untersagte. Daraufhin forcierte Teheran den Aufbau eines eigenen Rüstungssektors. Gemäß Atomabkommen wurde diese
Resolution im Oktober 2020 hinfällig. Der Iran kann seither
legal Waffen im- und exportieren. Das zu verhindern, suchte
der US-Vorstoß im August. Teheran habe das Atomabkommen verletzt, so die mit Blick auf Washingtons eigene, rechts-
widrige Aufkündigung des Atomvertrages abenteuerliche
Argumentation Außenminister Pompeos vor den Vereinten
Nationen. Daher müsse das Waffenembargo erhalten und
ausgeweitet sowie weltweit verbindliche UN-Sanktionen
gegen Teheran verhängt werden. Dieser Sichtweise moch-
ten sich die übrigen ständigen wie nichtständigen Vertreter im Sicherheitsrat nicht anschließen, mit Ausnahme der
Dominikanischen Republik. Die E3-Signatarstaaten Deutschland, Großbritannien und Frankreich enthielten sich bei der
Abstimmung über diesen US-Vorstoß der Stimme – halten
ihrerseits aber am Waffenembargo der EU gegenüber Teheran fest, das erst 2023 ausläuft. Washington reagierte auf bewährte Weise und drohte allen Staaten mit schwerwiegen-
den Konsequenzen, die Waffen an den Iran liefern oder die
US-Sanktionsbestimmungen umgehen.[56]

Als Reaktion auf die amerikanische Niederlage sanktio-
nierte Washington im Oktober die letzten 18 noch im SWIFT-
Abkommen verbliebenen iranischen Banken, womit der Iran
bis auf weiteres vom internationalen Zahlungsverkehr weitgehend ausgeschlossen wurde. Diese Banken waren zuvor
ausgenommen worden, da sie primär für die Abwicklung des
Zahlungsverkehrs im Rahmen humanitärer Hilfsmaßnahmen
dienten, darunter auch die Bekämpfung von Covid-19.

Am 27. November 2020 wurde der Kernphysiker und
Mitbegründer des iranischen Atomprogrammes, Mohsen
Fakhrizadeh, unweit von Teheran in seinem Auto erschos-
sen. Vieles deutet darauf hin, dass dieser Anschlag von Ame-

rikanern und Israelis gemeinsam verübt wurde.[57] Nach der Ermordung Soleimanis zu Beginn des Jahres war dies die zweite kaum noch zu steigernde Provokation gegenüber der iranischen Führung (ganz unabhängig von der juristischen und politischen Bewertung). Wohl wissend, dass die kaum Vergeltung üben würde, kurz vor Amtsantritt des neuen US-Präsidenten. Dennoch sah sich die scheidende Regierung Trump veranlasst, die US-Truppenpräsenz am Golf ein weiteres Mal drastisch zu erhöhen. So wurde etwa die USS *Georgia* nach Bahrein entsandt, ein atomgetriebenes U-Boot der Ohio-Klasse: Es verfügt über 154 Tomahawk-Marschflugkörper, die aufgrund ihrer geringen Flughöhe nicht vom Radar erfasst werden können und jedes Ziel innerhalb von 2700 Kilometern Reichweite meist ohne jede Vorwarnung erreichen. Deren addierte Sprengkraft reicht aus, mehrere Städte dem Erdboden gleich zu machen. Parallel wurden zusätzliche B-52 Langstrecken-Bomber von Kalifornien ebenfalls nach Bahrein verlegt, die auch Atombomben aufnehmen können und sich insbesondere für weiträumige Flächenbombardements, aber auch zur Verminung von Küstengewässern eignen, beides in Vietnam geschehen.

Das iranische Militär reagierte auf diese erhöhte Kriegsgefahr mit einer ganzen Serie von Manövern aller Waffengattungen entlang der Küste am Persischen Golf. Die Regierung Biden plant keinen Abzug der unter Trump zusätzlich in die Region expedierten US-Verbände. Parallel warnte Tel Aviv die neue US-Administration im Januar 2021 davor, das Atomabkommen mit Teheran wiederzubeleben. Israel werde «den Iran angreifen, sollten die USA ihre Sanktionen gegenüber dem schiitischen Regime lockern und zum Atomabkommen zurückkehren.»[58]

Das Wahre ist das Ganze: Die Welt neu denken

Die Welt neu denken zu wollen, führt zurück zu der im Vorwort gestellten Frage: Welches Verhältnis wollen, welches benötigen wir zu den USA? Weder die Europäische Union noch Deutschland haben Veranlassung, die imperiale Seite der Politik Washingtons zu übersehen oder gar zu beschönigen – vor allem dann nicht, wenn sie eigenen Interessen zuwiderläuft. Im Fall Irans haben die E3-Signatarstaaten immerhin klargestellt, dass sie an dem Atomabkommen vorerst festzuhalten gedenken. Das änderte nichts an der völkerrechtswidrigen Strangulierung der iranischen Volkswirtschaft, setzte aber doch ein Signal in Richtung Washington: Wir hoffen auf bessere Zeiten unter Präsident Biden.

Außenpolitik entscheidet sich hierzulande viel zu oft in den Hinterzimmern der Macht. Außenpolitische (Grundsatz-)Debatten sind selten, auch im Bundestag, und meist folgen sie vertrauten Ritualen, unterteilen sie die Welt in «gut» und «böse». Eingeübte Reflexe allerdings ersetzen kein fehlendes strategisches Denken: Wie etwa kann Europa seine Interessen auch dann behaupten, wenn sie mit denen Washingtons nicht übereinstimmen? Transatlantische Gewissheiten im Geist des Kalten Krieges tragen längst nicht mehr. Auch deswegen nicht, weil die USA spätestens seit der Finanz- und Bankenkrise 2008 ihren Niedergang durchleben, den kein Präsident aufzuhalten vermag – viel zu wirkmächtig ist laut Ibn Khaldun der Wellengang historischer Veränderung. Anzunehmen, nach dem «Betriebsunfall» Donald Trump seien unsere Interessen an der Seite Washingtons erneut sicher aufgehoben, ist eine transatlantische Illusion. Warum aber hält sich dieser Irrtum so beharrlich, trotz aller Gegenstimmen und der kaum zu übersehenden hinlänglich verbrannten Erde im Windschatten des US-Hegemons?

Wie verengt die Meinungsbildung in Politik und Medien inzwischen verläuft, illustriert der Werdegang von Birk Meinhardt, Schriftsteller und zuvor lange Jahre Redakteur und Reporter der *Süddeutschen Zeitung*. In seinem Buch *Wie ich meine Zeitung verlor* (Berlin 2020) beschreibt er eindrücklich, wie ihm, dem gebürtigen Ostdeutschen, nach der Wende eine journalistische Bilderbuchkarriere in München gelang. Bis sich langsam, fast unmerklich, die Grenzen dessen, was er schreiben konnte, verschoben, die Redaktion zunehmend Einfluss nahm auf Themen, Inhalt und Schreibstil.

In der Darstellung seines inneren Entfremdungsprozesses spielen zwei außenpolitische Themen eine wesentliche Rolle, das Kosovo und Russland. Während der Außenpolitik-Chef die völkerrechtswidrige Kosovo-Intervention der NATO 1999 schöngeredet habe, überwogen die kritischen Leserbriefe deutlich. Warum, so fragt Meinhardt, sind die Leserbriefschreiber «denn so widerspenstig und teilweise gar wütend? Weil die Berichte, jedenfalls im Politikteil, so treu auf Linie der NATO sind.» Im Feuilleton fänden sich auch nachdenklichere Texte, «aber im Politikteil dominieren jeden Tag auf erschreckende Weise die Bellizisten, der noch warnende Innenpolitikchef steht allein, denn der Außenpolitikchef gibt die Marschrichtung vor, nach Belgrad, nach Belgrad, und alle Jungs folgen, oder er muss nichts vorgeben, und sie marschieren selbst, ich weiß nicht, ich sehe nur, in der Zeitung, im entscheidenden Politikteil, schreibt mir eine fast geschlossene Formation entgegen, eine, die die Pazifisten auf der Straße und im Parlament buchstäblich verhöhnt, dabei war es doch ein Krieg ohne UN-Mandat, ein krimineller staatlicher Akt.»

Über die Haltung seiner ehemaligen Zeitung zu Russland schreibt Meinhardt unter anderem: «Mein altes Blatt kommt, was Russland betrifft, seit Jahren ohne Differenzierungen aus. Es ist ein Platz der Einseitigkeit geworden, zur Grube, in die alle Zusammenhänge und Hintergründe fallen, die Verständnis für russisches Handeln wecken oder befördern könnten …» Insbesondere empört sich der Autor über die Kommentierung zum 75. Jahrestag der alliierten Landung in der Normandie. «Und was schreibt die Zeitung» in jenem Juni 2019? «Der Tag der Invasion markiert den Anfang vom Ende der Nazityrannei, von Terror, Vernichtungskrieg und Holocaust. Das war jetzt wörtlich zitiert. Ich will wörtlich wiedergeben, wie diese Zeitung, und sie steht ja für alle anderen großen Blätter unseres als vielfältig geltenden Landes, die Geschichte verfälscht. Wie sie peinliche Propaganda betreibt. Gab es nicht die Schlacht um Stalingrad? War die nicht der Anfang vom Ende? Verloren die Deutschen schon ab 1941 an der Ostfront nicht pro Tag 3000 Mann? Und verloren die Völker der Sowjetunion nicht 27 Millionen Menschen, trugen sie nicht mit Abstand die Hauptlast des Krieges? Kein Wort davon in jenem Kommentar. Übrigens auch keine Einladung der Russen zu den Feierlichkeiten in Frankreich. Und keine Erwähnung dieses Ausschließens in der Zeitung. So wird Historie buchstäblich umgeschrieben.»

Schöne neue Welt

In seinem Buch *Die einzige Weltmacht. Amerikas Strategie der Vorherrschaft* (1997) entwirft Zbigniew Brzezinski,
unter Präsident Jimmy Carter (1977–1981) Nationaler Sicherheitsberater, «mit Blick auf Eurasien eine umfassende
und in sich geschlossene Geostrategie». Die USA müssten
demzufolge nach dem Ende der Sowjetunion ihre Vorherrschaft auf «dem großen Schachbrett» Eurasiens dauerhaft
sichern, um so eine neue, US-dominierte Weltordnung zu
gewährleisten. Aus dieser Perspektive darf eines nicht geschehen: ein Schulterschluss der EU mit Russland, auf Kosten der USA. Wer die westliche Politik gegenüber Moskau,
darunter die NATO-Expansion in Richtung Osten, langfristig unter Einbeziehung auch der Ukraine und Georgiens,
zu verstehen und einzuordnen sucht, findet in Brzezinskis
Buch erhellende Einsichten. Zwar hatte der neben Kissinger einflussreichste Politstratege Washingtons damals kein
öffentliches Amt mehr inne, doch spiegeln seine Äußerungen eine Haltung, wie sie unter amerikanischen Sicher-
heitsexperten weit verbreitet war und ist. So auch in der
Wolfowitz-Doktrin von 1992, benannt nach dem damaligen
Staatssekretär im Pentagon, Paul Wolfowitz, einem führenden *Neocon* und Mastermind des Irak-Krieges 2003.
Diese nicht für die Öffentlichkeit bestimmte Doktrin entwarf eine Strategie, um die Vormachtstellung der USA als
alleinige Weltmacht dauerhaft zu sichern, nach dem Untergang der Sowjetunion. Sie empfahl eine Politik des Unilateralismus – die USA setzen ihre Interessen nötigenfalls ohne
Bündnispartner um und bedienen sich «präemptiver militärischer Maßnahmen», um «potentielle Gefahren, die von
anderen Nationen ausgehen, abzuwehren und Diktaturen
daran zu hindern, Großmächte zu werden». Gemeint waren
vor allem Russland und die Gegner Israels im Nahen Osten.

Das wichtigste geostrategische Ziel der USA sei es demzufolge, eine erneute globale Herausforderung wie seitens der
vormaligen Sowjetunion zu verhindern. Washington solle
«danach streben, jede feindliche Macht davon abzuhalten,
eine Region zu dominieren, deren Ressourcen unter verein-
ter Kontrolle groß genug wären, um eine globale Supermacht hervorzubringen». Eine Rückkehr der Ukraine und
Weißrusslands (Belarus) in den Einflussbereich Moskaus
gelte es daher unbedingt zu verhindern.[1]

Nachdem das Dokument an die NYT geleaked und im
März 1992 veröffentlicht worden war, reagierte die politische
Öffentlichkeit mit einem Aufschrei – zu offenkundig war der
imperialistische Tenor. Daraufhin veranlasste Wolfowitz'
Vorgesetzter, Verteidigungsminister Dick Cheney, unter Mit-
wirkung seines ranghöchsten Militärs Colin Powell, die
Überarbeitung und Abschwächung des ursprünglichen Tex-
tes. Das änderte allerdings nichts daran, dass die Wolfowitz-
Doktrin in der Bush-Doktrin von 2002 aufging, der Blau-
pause für den Krieg gegen den Irak, auf der Grundlage von
«Unilateralismus» und «Präemption».

Längst ist die Rede vergessen, die der russische Präsident Putin im September 2001 im Bundestag auf Deutsch
hielt. Eine Rede, die nicht allein der *Spiegel* als «visionären
Vortrag» würdigte. Darin warb er für eine Vertiefung des
deutsch-russischen Verhältnisses in Politik, Wirtschaft und
Gesellschaft. Allerdings beklagte er auch, dass Russland
bei Entscheidungen, die den Kampf gegen den Terror be-
träfen, nicht einbezogen werde. Stattdessen werde Moskau
aufgefordert, bereits getroffene Entscheidungen nachträg-
lich zu bestätigen. «Man muss fragen, ob das echte Partnerschaft ist», so Putin.

Im Februar 2007 hielt der russische Präsident erneut
eine Rede in Deutschland, auf der Münchener Sicherheitskonferenz, und da war sein Tonfall schon deutlich rauer,

desillusionierter, nach sechs Jahren neokonservativer Präsidentschaft unter George W. Bush. Unmissverständlich warf er den USA vor, sie strebten eine «monopolare Weltherrschaft» an, hätten «ihre Grenzen in fast allen Bereichen» überschritten. Die NATO warnte er vor «ungezügelter Militäranwendung». Vor allem kritisierte Putin die NATO-Osterweiterung «bis an unsere Grenzen» heran sowie die geplante Errichtung eines fest installierten Raketenabwehrsystems in Polen und Tschechien. Denn solche Systeme dienen nicht allein der Verteidigung, sie können auch zu Angriffszwecken genutzt werden. NATO und EU zwängten anderen Ländern ihren Willen auf und setzten auf Gewalt.

Im Rückblick liest sich diese Münchener Rede wie ein Weckruf, aber auch als klare Ansage. Die roten Linien waren nunmehr unmissverständlich benannt. Folgenlos allerdings, denn westliche Elitenvertreter neigen nicht zur Selbstkritik. Zu dem Zeitpunkt war Putin längst in Ungnade gefallen. Vordergründig vor allem infolge der brutalen russischen Kriegsführung in Tschetschenien, die Abertausende zivile Opfer forderte und mit großflächigen Zerstörungen einherging. Viel entscheidender jedoch war, dass Moskau seine machtpolitischen Prioritäten im Südkaukasus militärisch durchzusetzen vermochte. Damit wurde Russland erneut zu einem Machtfaktor, der westlichen, in erster Linie US-amerikanischen geostrategischen Interessen nicht allein in Georgien gefährlich werden konnte. Gleichzeitig beendete Putin den Ausverkauf russischer Ressourcen an westliche, vor allem an US-Unternehmen, die sich unter seinem Vorgänger Jelzin wie von einem silbernen Tablett bedienen konnten. Putin stärkte die Macht des Zentralstaates nach den chaotischen Jelzin-Jahren, führte Russland dabei allerdings in eine «gelenkte Demokratie». Dazu gehörte auch, gegen führende Oligarchen vorzugehen, die post-sowjeti-

schen Profiteure der politischen wie wirtschaftlichen Neu-
ordnung. Vor allem die Verhaftung Michail Chodorkowskis
2003 signalisierte den neuen Reichen, dass sie sich aus der
Politik herauszuhalten hatten.

Um *Le Monde diplomatique* zu zitieren: «Putin kann
nicht hinnehmen, dass die Oligarchen ihre ökonomischen
Machtpositionen weiter ausbauen und allein entscheiden,
zu welchen Bedingungen die multinationalen Konzerne in
Russland Fuß fassen. Die internationale Gemeinschaft macht
einstweilen gute Miene zum bösen Spiel und versucht ihre
Interessen zu wahren. Nachdem sie den ehemals kommunistischen Ländern ‹die Demokratie› und ‹den Markt› im
Doppelpack frei Haus geliefert hat, hofft sie nun, sich nicht
zwischen dem Mann im Kreml und den Oligarchen entscheiden zu müssen. Deshalb träumt sie von einer Per-
sönlichkeit, die in der Lage ist, die demokratischen Werte
ebenso glaubwürdig zu vertreten wie das freie Unterneh-
mertum. Die gestern noch als gewöhnliche Betrüger galten,
sind über Nacht zu Freiheitskämpfern geworden, nur weil
sie bereit sind, die Früchte ihrer Finanzoperationen mit
dem Westen zu teilen und sich den ‹Etatisten› um Putin ent-
gegenzustellen, der als ehemaliger KGB-Offizier jetzt zum
‹Exspion› geworden ist. Um diese Oligarchen macht sich
der Westen weit mehr Sorgen als um die Millionen und
Abermillionen Opfer des postkommunistischen Zusammen-
bruchs, die sich jedes Mal freuen, wenn einer dieser Ma-
gnaten wieder dort landet, wo sein Aufstieg begann: in
der Gosse.»[2]

Als «Freiheitskämpfer» im westlichen Sinn galt vor
allem Chodorkowski, dem nicht zuletzt die eigene Selbst-
überschätzung zum Verhängnis wurde. So bekundete er
sein Interesse an einer Privatisierung Gazproms, des welt-
größten Erdgasförderunternehmens, zu seinen Gunsten
und auf Kosten langfristiger staatlicher Einnahmen. Auch

seine wiederholten Besuche in den USA, bei denen er auf-
trat wie ein Staatsmann und großzügig für neoliberale Stiftungen spendete, überspannten den Bogen. 2003 wurde er
zu zehn Jahren Gefängnis wegen Steuerhinterziehung und
Betrugs verurteilt. Hiesiger Politik wie auch den Medien
galt und gilt Chodorkowski vielfach bis heute als eine Licht-
gestalt des demokratischen Aufbruchs, unbeschadet seiner
fragwürdigen Laufbahn. Nach seiner Freilassung 2013 ging
er ins Londoner Exil und tritt seither als Philanthrop auf.
Seine Stiftung «Open Russia» arbeitet eng mit Alexej Nawalny zusammen, dem im westlichen Ausland bekanntesten und dort gerne gesehenen russischen Oppositionspolitiker – schon vor dem Mordanschlag auf ihn im August 2020.

Das Runde muss ins Eckige

Bundeskanzlerin Angela Merkel hat sich stets, hinter den
Kulissen, um Ausgleich mit Moskau bemüht, ungeachtet
einer teils scharfen Rhetorik auch von ihrer Seite. Doch die
Bundesregierung hat nur einen sehr begrenzten Einfluss
auf Entscheidungen jenseits des Atlantiks. Der US-inspi-
rierte Konfrontationskurs gegenüber Russland zwingt die
Bundesregierung daher des Öfteren zur Quadratur des
Kreises. Deutschland ist Russlands wichtigster Handels-
partner im Westen. Entsprechend tragen deutsche Unternehmen seit 2014 die Hauptlast der gegen Russland gerichteten Sanktionen, nicht etwa amerikanische (wie auch im
Fall Irans) – je nach Quelle liegen die Kosten hierfür im
zwei- bis dreistelligen Euro-Milliardenbereich, Tendenz
weiter steigend. Das *Handelsblatt* beziffert den Schaden
für die deutsche Wirtschaft auf fast 700 Millionen US-Dollar
monatlich.[3]

Womit sich beinahe zwangsläufig das Thema Nord

Stream 2 anschließt, jene parallel zu Nord Stream 1 durch die Ostsee führende Pipeline, die von 2021 an Erdgas von Russland nach Deutschland liefern soll. Im August und September 2020 wurde sie zu einem Lehrstück über die Unwägbarkeiten deutscher Befindlichkeiten, in Verbindung mit dem Fall Nawalny. Doch der Reihe nach.

Im Juli 2020 verabschiedete das US-Repräsentantenhaus einstimmig einen zuvor von Vertretern beider großer Parteien gemeinsam eingebrachten Antrag zur Ergänzung des «National Defense Authorization Act» (NDAA), der zum 1. Oktober desselben Jahres in Kraft trat. (Ein Hauch von Orwell liegt über dergleichen Bezeichnungen: Dieses «Gesetz zur Autorisierung nationaler Verteidigung» wäre korrekter bezeichnet als Gesetz zur Förderung der US-Wirtschaft, nötigenfalls unter Einsatz militärischer Gewalt und auf Kosten ihrer Konkurrenten in Übersee.) Mit dem Ziel, die Sanktionsmöglichkeiten gegenüber denjenigen Unternehmen zu erweitern, die sich am Bau oder Betrieb konkret zweier Erdgas-Pipelines beteiligen oder beteiligt haben: Nord Stream 2 und Turkish Stream. Letztere wurde vollständig von Gazprom finanziert und verläuft auf dem Grund des Schwarzen Meeres von Russland in die Türkei. Von dort wird das Erdgas auf bereits bestehenden Trassen in Richtung Europa weitergeleitet. Turkish Stream ist seit Januar 2020 in Betrieb.

Nach Verabschiedung besagten Antrages richteten drei republikanische US-Senatoren im August eine scharf verfasste Drohung an den Fährhafen Sassnitz-Mukran auf Rügen, dem deutschen Endpunkt von Nord Stream 2. Bei diesem Projekt handelt es sich um eine Kooperation von Energiekonzernen aus Deutschland, Österreich, Frankreich und den Niederlanden mit Gazprom. Unter anderem kündigten die Senatoren «vernichtende» Sanktionen an, die den Hafen «kommerziell und finanziell» von den USA «abschneiden», falls erforderlich. Deren Mitarbeiter dürften künftig nicht mehr in die Vereinigten Staaten einreisen, eventuelle Vermögenswerte dort würden «eingefroren». Die Sanktionen sollten greifen, so die Verfasser, sobald die Arbeiten an der Pipeline wiederaufgenommen würden.

Schon zuvor hatte die US-Regierung unmissverständlich signalisiert, den Bau von Nord Stream 2 um jeden Preis verhindern zu wollen. So unterzeichnete Präsident Trump im Dezember 2019 zwei Gesetzesvorlagen, die ebenfalls gegen die Ostsee-Pipeline gerichtet waren: den «Protecting Europe's Energy Security Act» (Gesetz zum Schutz der Energiesicherheit Europas) sowie den «Countering America's Adversaries Through Sanctions Act» (Gesetz zur Einhegung der Gegner Amerikas durch Sanktionen). Zu dem Zeitpunkt waren 94 Prozent der Trasse bereits verlegt, es fehlten noch die letzten 160 Kilometer auf dänischer (östlich der Insel Bornholm) und deutscher Seite. Da beide Gesetze allen am Bau beteiligten Firmen «schwere Vergeltungsmaßnahmen» in Aussicht stellten, beendete die Schweizer Firma, die bislang federführend die Verlegung der Rohre auf dem Meeresgrund betrieben hatte, die Zusammenarbeit mit dem Konsortium von Nord Stream 2.

Nunmehr musste die russische Seite eigene Verlegungsschiffe und Arbeitskräfte entsenden und stand im Begriff, die unterbrochenen Arbeiten im Sommer 2020 wieder aufzunehmen. Daher der Antrag zur Ergänzung des NDAA-Gesetzes und der Vorstoß der Senatoren, ohne Rücksicht auf Verluste. Denn Nord Stream 2 ist ein Präzedenzfall. Erstmals nehmen die USA mittels der entsprechenden Gesetzgebung nicht mehr allein vermeintliche «Schurkenstaaten» ins Visier, nunmehr richten sich ihre Sanktionen ausdrücklich gegen Verbündete und angeblich befreundete Regierungen. Das erklärt, warum sowohl

die Bundesregierung wie auch 24 von 27 EU-Mitgliedsstaaten die Drohungen aus Washington zurückgewiesen
haben – ohne jedoch Gegenmaßnahmen zu ergreifen.

Sehr treffend kommentiert der Publizist Theo Sommer:
«Man muss kein Putin-Versteher sein, um auf die Idee zu
kommen, dass es Trump in erster Linie darum geht, Russland als Energielieferanten vom Markt zu drängen und den
Deutschen dafür das teurere amerikanische Flüssiggas an-
zudrehen. Deswegen setzt er – im Einklang mit dem Kongress – alles daran, den Fertigbau von Nord Stream 2 zu
verhindern.»[4] Es steht viel auf dem Spiel: Die von der US-
Regierung und den Senatoren angedrohten «sofortigen und
vernichtenden Sanktionen» könnten bis zu 120 europäische
Unternehmen betreffen, aber auch Behörden und Amtsträger, weit über Sassnitz hinaus. Im Fall eines Baustopps
von Nord Stream 2 müssten zwölf Milliarden Euro Investi-
tionskosten abgeschrieben werden, würde sich der deutsche Gasimport um jährlich vier Milliarden Euro verteuern.

Seit langem übt Washington massiven Druck auf die Bundesregierung aus, damit Deutschland statt des russischen
das deutlich teurere US-Fracking-Gas bezieht, das zunächst
verflüssigt und komprimiert, anschließend auf Flüssiggas-
Transportschiffe verladen wird. Dieses Gas stammt überwiegend aus dem Mittleren Westen der USA, wird von dort über
Pipelines an die Ostküste und anschließend nach Europa befördert. So jedenfalls der Plan. Es liegt auf der Hand, dass
allein aufgrund der großen Entfernung und der technisch
aufwändigen Verarbeitung dieses amerikanische Gas mit
dem russischen nicht konkurrieren kann, nicht unter regulä-
ren Wettbewerbs-Bedingungen. Dennoch setzt die US-Regierung verstärkt auf den europäischen und insbesondere
den deutschen Markt.

Allerdings können die für den Transport von Flüssiggas
vorgesehenen Schiffe nur in eigens dafür ausgelegten Tief-

seehäfen andocken, die es in Deutschland bislang nicht gibt. Wie man den Vorgang auch dreht oder wendet – der Import dieses «Liquefied Natural Gas» (LNG) aus den USA rechnet sich ökonomisch nicht. Nicht für die deutsche Seite jedenfalls. Dennoch haben Bundeskanzlerin Merkel und Bundeswirtschaftsminister Peter Altmaier (CDU) im März 2019 eine Rechtsverordnung in die Wege geleitet, die hiesige Fernleitungsnetzbetreiber verpflichtet, «die erforderlichen Leitungen zwischen den LNG-Terminals und dem Fernleitungsnetz zu errichten». Diesen Plänen zufolge sollen zwei oder drei Tiefseehäfen entstehen, in Brunsbüttel an der Elbe sowie, im Nachgang entschieden, in Wilhelmshaven und/oder in Stade. Die Kosten dafür trägt vollständig der hiesige Endkunde, denn Investitionen in die Infrastruktur dürfen von den Betreibern «eingepreist» werden. Anders gesagt: deutsche Nutzer subventionieren das hier nicht wettbewerbsfähige, umweltschädigend geförderte Fracking-Gas aus den USA.

Hat dieser vorauseilende Gehorsam in Berlin dazu geführt, dass die US-Regierung von Sanktionsandrohungen gegenüber Sassnitz und Nord Stream 2 abgesehen hätte? Wie erst einen Monat später, auf dem Höhepunkt der Nawalny-Affäre, bekannt wurde, hatte Bundesfinanzminister Olaf Scholz (SPD) der US-Regierung, seinem Amtskollegen Steve Mnuchin, unmittelbar nach dem Drohbrief der drei Senatoren einen Kuhhandel angeboten, erst telefonisch, dann schriftlich. Demzufolge werde Deutschland mit substantieller Staatshilfe den Import von Erdgas aus den USA fördern, wenn die im Gegenzug auf Sanktionen gegen den Import von Erdgas aus Russland verzichten. Konkret verspreche der Bund, in dem Fall seine Subventionen zum Bau der LNG-Terminals «massiv durch die Bereitstellung von einer Milliarde Euro zu erhöhen».[5] Was übrigens für die beteiligten Fernleitungsnetzbetreiber bedeutet, so es dazu kommt, dass sie zunächst Subventionen für den Bau erhalten und die bereits abgegoltenen Kosten theoretisch im Anschluss ein zweites Mal an die Verbraucher weiterleiten können – siehe oben. Die Bundesregierung hat Scholz' Vorstoß nie kommentiert, die Antwort aus Washington ist offiziell nicht bekannt. Doch stehen die Aussichten für die US-Seite gut, den von Berlin zu zahlenden Preis für Nord Stream 2 noch deutlich und über einen längeren Zeitraum zu erhöhen.

Und zwar ungeachtet der Tatsache, dass die Bundesregierung den Bau des projektierten Tiefseehafens in Wilhelmshaven aufgrund fehlender Rentabilität und des Protestes von Umweltschützern im November 2020 auf Eis gelegt hat. Zeitgleich verschärfte der Kongress jedoch die Sanktionsdrohungen gegen die Betreiber von Nord Stream 2. Offenbar in dem Bewusstsein, mit den Drohungen gegenüber Sassnitz den Bogen überspannt zu haben, stellte das Senate Foreign Relations Committee, der Auswärtige Ausschuss des Senats klar, dass Washington «öffentliche Bedienstete» in Deutschland nicht sanktionieren werde. Stattdessen aber, und das ist neu, alle Unternehmen und Einrichtungen, die Nord Stream 2 auch weiterhin versichern oder nach Fertigstellung der Pipeline deren technische Abnahme vornehmen. Letzteres ist Voraussetzung für die Betriebsgenehmigung, worauf vor allem Dänemark besteht.[6] Doch gibt es weltweit nur eine Handvoll Unternehmen, die dafür lizensiert sind – allesamt westliche und somit leicht zu sanktionieren. Auch dieses Problem wird sich lösen lassen, doch zeigen dergleichen Maßnahmen, die auf die Initiative der Demokraten im Committee zurückgehen, dass die Regierung Biden die Bundesregierung in Sachen Russland nicht minder unter Druck setzen wird – im Tonfall vielleicht freundlicher, in der Sache nicht. Denn im nächsten Schritt plant der Kongress, besagte Maßnahmen in eine neue Verteidigungsstrategie einzubinden.

Nowitschok und die Spuren des Bösen

Soweit also die Gefechtslage, als am 20. August 2020 der russische Oppositionspolitiker Alexej Nawalny nach Zwischenlandung auf einem Inlandsflug mit Vergiftungserscheinungen in ein Krankenhaus im sibirischen Omsk eingeliefert wurde. Kurz darauf wurde er nach Berlin ausgeflogen und in der Charité behandelt. Nawalny ist einer der einflussreichsten Widersacher des maßgeblich auf die Person Putins zugeschnittenen politischen Systems in Russland. Seinen Durchbruch erzielte er 2013, als er bei den Bürgermeisterwahlen in Moskau 27 Prozent der Stimmen erhielt. Bei den Präsidentschaftswahlen 2018 durfte Nawalny nicht antreten. Im Westen gilt er in erster Linie als «Kremlkritiker» und Korruptionsbekämpfer. Seine früher offen demonstrierte politische Nähe zu Ultranationalisten wird hierzulande inzwischen ebenso selten thematisiert wie seine wiederholten rassistischen Ausfälle gegen zentralasiatische Migranten in Russland («Kakerlaken»).[7]

Am 2. September erklärte die Bundesregierung, ein Speziallabor der Bundeswehr habe zweifelsfrei festgestellt, dass Nawalny Opfer eines Anschlages mit einem Nervengift der Nowitschok-Gruppe geworden sei. (Nowitschok war in der früheren Sowjetunion entwickelt worden.) Daraufhin informierte sie die EU, die NATO, den Bundestag sowie die Organisation für das Verbot chemischer Waffen (OPCW). Führende Politiker in Berlin, Brüssel und Washington machten die russische Regierung für den Mordanschlag verantwortlich. Die Reaktion des Kreml, der alle Anschuldigungen zurückwies, aber wenig unternahm, den Fall aufzuklären, erhärtete den Verdacht, Moskau suche diesen Anschlag mit Nowitschok zu vertuschen – nicht zum ersten Mal. Umgekehrt allerdings kam Berlin der wiederholten Forderung der russischen Seite nicht nach, ihr die genauen Befunde des Speziallabors zur Verfügung zu stellen.

Es ist durchaus möglich, dass die Vorwürfe Berlins zutreffen, doch gleichzeitig ist der Fall politisch instrumentalisiert worden. Denn inmitten eines wochenlang zu vernehmenden Chores aus Empörung und erneuten Sanktionsforderungen gegenüber Russland fehlte es nicht an Kommentaren und Leitartikeln, so in der FAZ und der *Süddeutschen*, die den Fall Nawalny zum Anlass nahmen, den endgültigen Baustopp für das zuvor schon angefeindete Projekt Nord Stream 2 zu fordern. Die möglichen wirtschaftlichen Folgen spielen bei dergleichen Überlegungen offenbar keine Rolle. Die Gegner von Nord Stream 2 glauben, man sei auf die Gaspipeline für die Eigenversorgung nicht angewiesen. Es gebe ja schon die Gasleitung Jamal durch die Ukraine sowie Polen, und beide Länder würden durch Nord Stream 2 zugunsten «Putins» politisch geschwächt. Man kann es freilich auch andersherum betrachten: Wie klug ist es, die westeuropäische Energiesicherheit in die Hände einer ultranationalistischen Regierung in Polen und einer überaus fragilen in der Ukraine zu legen? Was, wenn eine oder beide den Hahn zudrehen, aus politischen oder wirtschaftlichen Gründen? Wie seitens Kiews bereits wiederholt geschehen. Und bestätigt die Entscheidung Warschaus, die polnischen Transitgebühren auf der Jamal-Route ab Januar 2021 um stolze 16,5 Prozent zu erhöhen, nicht ein weiteres Mal die Notwendigkeit, Europas Gaslieferungen zu diversifizieren, auch mit Hilfe von Nord Stream 2?

Wer sich dieses Themas sachlich annimmt, wird kaum bezweifeln, dass es russischen Erdgases noch für mindestens die nächsten zehn bis 15 Jahre bedarf – nach dem Aus für hiesige Atommeiler und dem abzusehenden Ende der Kohleförderung sowie einer bei weitem nicht ausreichenden Versorgung mit alternativen Energieträgern. Es sei denn, man wollte auf umweltschädlich gefördertes und überteuertes US-Flüssiggas setzen, gewissermaßen mit rauchendem Colt nach Deutschland und Europa exportiert. Oder Erdgas aus den Golfstaaten beziehen – die bessere Wahl?

Für die «Werteorientierten» und Hardliner gegenüber Russland war der Fall Nawalny eine Art Gottesgeschenk. Einmal mehr konnten sie sich ihrer transatlantischen Verbundenheit vergewissern und ihre moralische Selbsterhöhung zelebrieren. Im Angesicht des wahrhaft Bösen erschienen die Drohungen aus Washington in Richtung Sassnitz vergeben und vergessen. Doch aller donnernden Rhetorik zum Trotz, der sich die Bundeskanzlerin wie auch der Finanz- und der Wirtschaftsminister bezeichnenderweise nicht angeschlossen haben, war unterm Strich besehen immer klar: Nord Stream 2 wird fertiggestellt werden. Spätestens, als Finanzminister Scholz (SPD) nach Nawalnys Genesung Ende September erklärte, er sei gegen einen Baustopp, war der Rahmen gesetzt. Auch alle ostdeutschen Ministerpräsidenten sowie der Regierende Bürgermeister von Berlin hatten sich für die Fertigstellung ausgesprochen – was freilich für die Bundesregierung kein bindendes Votum darstellt. Sicher auch deswegen, weil ostdeutsche Unternehmen ohnehin schon eine Hauptlast der hiesigen Russland-Sanktionen tragen.

Ein Ende der Pipeline kurz vor ihrer Fertigstellung – es wäre eine extrem kostspielige Entscheidung. Denn juristisch lässt sich beim besten Willen kein Junktim zwischen dem Mordanschlag auf Nawalny und dem Bau einer Pipeline herstellen. Das eine hat mit dem anderen nichts zu tun – ganz unabhängig davon, dass deutsche Gerichte nicht für Rechtsverstöße in Russland oder anderswo zuständig sind. Für den Fall eines Baustopps sähe sich die Bundesregierung daher mit milliardenschweren Schadenersatzforderungen konfrontiert. Und die hiesige Wirtschaft mit

einem veritablen GAU. Welches asiatische Konsortium beispielsweise würde anschließend noch Aufträge an deutsche
Firmen vergeben oder in Deutschland investieren, wenn
die Gefahr bestünde, am Ende infolge politischer Einflussnahme gewaltige Verluste einzufahren und/oder langwie-
rige Schadensersatzprozesse führen zu müssen?

Morden, foltern, vergewaltigen? Bitte nur dienstlich

So sehr der Mordanschlag auf Nawalny zu verurteilen ist,
offenbaren die politischen und medialen Reaktionen einmal mehr ein bezeichnendes Ausmaß an Doppelmoral, um
nicht zu sagen Heuchelei. Je nachdem, ob sich «die Bösen»
in Russland befinden oder etwa in den USA. Während die
Causa Nawalny Deutschland bewegte, veröffentlichte der
US-Enthüllungsjournalist Bob Woodward Passagen eines
Interviews mit Präsident Trump. Darin brüstete der sich,
seine schützende Hand über den saudischen Kronprinzen
Mohammed Bin Salman gehalten zu haben: «Ich konnte
den Kongress davon überzeugen, ihn in Ruhe zu lassen. Ich
habe veranlasst, dass das geschieht.»[8]

Wir erinnern uns: Im Oktober 2018 verschwand der
saudische Oppositionelle Jamal Khashoggi bei seinem Besuch im saudischen Generalkonsulat von Istanbul spurlos.
Dort wurde er zweifelsfrei ermordet, sein Leichnam jedoch
nie gefunden. Möglicherweise ist er in Säure aufgelöst worden. Der Mord sorgte weltweit für Empörung. Der Menschen-
rechtsrat der Vereinten Nationen (UNHRC) machte in seinem
Untersuchungsbericht zum Tathergang im Juni 2019 die
saudische Regierung verantwortlich: Kronprinz Mohammed
Bin Salman habe den Mord angeordnet.[9] Auch die CIA war,
im November 2018 bereits, zu demselben Ergebnis gelangt.[10]

Präsident Trump rühmt sich also, den Mord an einem

auch in den USA bekannten und geschätzten Publizisten aus Saudi-Arabien nicht etwa zum Anlass genommen zu haben, die Beziehungen zu Riad zu überdenken – vielmehr habe er den Kongress veranlasst, den Auftraggeber der Tat «in Ruhe zu lassen». In Analogie zum Fall Nawalny wäre eigentlich zu erwarten gewesen, dass dieselben Entscheider und Meinungsmacher nicht allein in Deutschland, die in Sachen Russland so überaus klare Worte gefunden und nach Sanktionen verlangt haben, dies ebenso entschieden in Richtung Trump und Washington tun würden. Was selbstverständlich nicht geschehen ist. Angefangen damit, dass Woodwards Interview in deutschen Medien, anders als in den USA, kaum Erwähnung fand. Und der Bogen ließe sich noch weiter spannen: Was hindert die Bundesregierung, ihr Engagement in Sachen Nawalny auf den in London in einem Hochsicherheitstrakt einsitzenden Julian Assange auszuweiten? Er läuft Gefahr, von britischer und US-amerikanischer Seite juristisch lebendig begraben zu werden, aus Rache für die Enthüllungen Wikileaks' über US-Kriegsgräuel insbesondere im Irak und in Afghanistan.

Im Oktober 2020 lehnte es das britische Unterhaus ab, das Gesetz zum Umgang mit kriminellem Verhalten von Geheimdienstmitarbeitern (Covert Human Intelligence Sources (Criminal Conduct) Bill), mit einem Zusatz zu versehen. Diese Gesetzesergänzung hätte den Umfang jener «Maßnahmen» begrenzt, die Undercover-Agenten sowie Informanten im Dienst der Polizei, der Geheimdienste sowie der Food Standards Agency (!) (Behörde zur Lebensmittel-Überwachung) in Ausübung ihrer Pflichten anwenden dürfen. Zu diesen Maßnahmen gehören, man glaubt es kaum, Folter, Vergewaltigung und Mord. Wird dieses Gesetz auch vom Oberhaus gebilligt, was reine Formsache sein dürfte (Stand: Ende 2020), darf nicht allein im Interesse der Nationalen Sicherheit oder im Zuge von Verbrechensermittlungen nötigenfalls gefoltert, vergewaltigt und gemordet werden, sondern auch, um «Störungen» zu verhindern (gemeint ist offenbar der öffentlichen Ordnung) sowie «im Interesse des wirtschaftlichen Wohlergehens des Vereinigten Königreiches».[11] Mit anderen Worten: Wer nach dem endgültigen Brexit im Januar 2021 die Weisheiten der Regierung Johnson öffentlich infrage stellt oder sich als Kapitalismus-Kritiker hervortut, lebt potentiell gefährlich. In deutschen Medien fand diese wahrhaft bemerkenswerte Gesetzgebung keinerlei Niederschlag, geschweige denn kritische Kommentierung, ebenso wenig von politischer Seite.

Die Vorstellung, allein der russische Staat lasse Gegner verschwinden oder umbringen, Washington dagegen nicht, wäre verwegen. Nur werden Morde oder Mordabsichten höchster US-Stellen selten angeprangert. Edward Snowden hat das in einem Interview sehr anschaulich klargestellt, unter Verweis auf seinen eigenen Fall: «Es gab im Jahr 2013 Artikel in amerikanischen Medien, in denen hochrangige Beamte der Sicherheitsbehörden wie der damalige Direktor der CIA und der NSA, Michael Hayden, vorschlugen, mich auf eine Todesliste zu setzen. Andere diskutierten anonym darüber, wie sie mich töten würden: Sie wollten mich auf der Straße vergiften, anschließend sollte ich in der Dusche stürzen und kollabieren. Viele Menschen verurteilen immer wieder Russland für solche Fälle, weil wir sie hier mitbekommen. Wir erleben, wie Journalisten von Dächern gestoßen werden. Oder, präziser: unter mysteriösen Umständen von Gebäuden herunterstürzen. Wir bekommen diese Vergiftungen mit und dass sie überall verurteilt werden. Im Westen kostet es nicht viel, das zu verurteilen, was in Russland geschieht. Aber wir erleben nicht das gleiche Maß an Empörung, wenn solche Dinge in anderen Ländern passieren. Ja, diese Verbrechen müssen in Russland verurteilt werden. Und ja, das muss aufhören – aber es muss überall aufhören.»[12]

«Greifen Sie China an»

Die Corona-Pandemie hat 2020 politische Weichen gestellt, die sich langfristig auf die gesellschaftlichen Verhältnisse in westlichen Staaten auswirken werden – ebenso wie auf deren Umgang mit der neuen Weltmacht China. Der Weg zur verstärkten Dämonisierung des US-Rivalen führte über Corona und die Regierung Trump. Auch und vor allem als Ergebnis derer Inkompetenz wurden die USA wie kaum ein zweites Land von der Pandemie heimgesucht, mit rund 350 000 Toten und 20 Millionen Infizierten allein bis Ende 2020. Trump erklärte die Krise zum Krieg und sich selbst zum Kriegspräsidenten. Der Gegner war jedoch nicht das Virus selbst, sondern in erster Linie China. Die werdende Weltmacht stand schon vorher im Visier Washingtons. Doch das «Wuhan-Virus», auf dessen chinesische Herkunft Trumps Regierung nicht müde wurde hinzuweisen, dementsprechend auch als «China-Virus» bezeichnet, bot eine zusätzliche propagandistische Steilvorlage, angefangen mit der von allen maßgeblichen Experten zurückgewiesenen Behauptung, das Virus sei in einem chinesischen Labor gezüchtet worden. Trump schlug damit zwei Fliegen mit einer Klappe, aus seiner Sicht. Sein «Team» konnte ablenken vom eigenen Versagen und hatte gleichzeitig ein großes Wahlkampf-Thema: die chinesische Bedrohung. Um das Framing professionell zu gestalten und die Propaganda-Kaskade erfolgreich loszutreten, wurde mindestens eine PR-Agentur eingeschaltet, O'Donnell & Associates mit Sitz in New York – ihrem eigenen Selbstverständnis nach «eine lösungsorientierte Firma für Regierungsbeziehungen». Im April 2020 erstellte sie den Republikanern ein Propaganda-Handbuch in Sachen China. Einen argumentativen Leitfaden für Amtsträger, zum Schlagabtausch mit den Demokraten im Wahlkampf. Insgesamt 60 Seiten, versehen mit der

schönen Überschrift «Das große Corona-Buch». Kernbot-
schaft: «Verteidigen Sie nicht Trump» (denn da gibt es
nichts zu verteidigen), sondern «greifen Sie China an». Unter «Zusammenfassung der Botschaft» heißt es:

«China hat diese Pandemie zu verantworten. Durch Vertuschen, Lügen und das Horten der weltweiten Vorräte an
medizinischer Ausrüstung.

China ist ein Widersacher, der Millionen amerikanischer
Jobs gestohlen hat, den Vereinigten Staaten Fentanyl gebracht hat, außerdem schicken die Chinesen religiöse Minderheiten in Konzentrationslager.»

Gemeint ist offenbar die Verfolgung und massenweise
Internierung muslimischer Uiguren im Nordwesten Chinas.
Das dürfte die meisten Amerikaner kaum interessieren.
Doch Gläubige im KZ – diese Botschaft verstehen christliche Fundamentalisten durchaus, eine Hauptwählergruppe
der Republikaner. Fentanyl dagegen, ein Schmerzmittel mit
gravierenden Nebenwirkungen, ist in den USA ein Haus-
haltsname. In den 2010er Jahren wurden Hunderttausende
ahnungslose, unbescholtene Amerikaner durch die profit-
orientierte Verabreichung süchtig machender Schmerzmittel, darunter Fentanyl, zu Junkies. Bekamen sie die nicht
mehr auf Rezept, besorgten sich die nunmehr Drogen-
abhängigen vor allem Fentanyl auf dem Schwarzmarkt.
2016 sind Schätzungen zufolge bis zu 65 000 Süchtige an
der Einnahme von Fentanyl gestorben, was im Jahr darauf,
2017, zur Ausrufung des nationalen Notstandes in den USA
führte. In jenem Jahr starben erneut mehr als 45 000 Menschen direkt oder indirekt an einer Überdosis Fentanyl, oft
gestreckt mit Opium. Dieser Medikamentenskandal, bekannt geworden als Opioid-Krise, verdankt sich den skru-
pellosen Geschäftspraktiken hauptsächlich von vier Pharma-
Konzernen. Kurz vor Beginn des Strafverfahrens gegen sie
verständigten sich die vier im Oktober 2019 mit der Staats-

anwaltschaft außergerichtlich auf eine einmalige Strafzahlung in Höhe von 260 Millionen US-Dollar. Das sind wenig mehr als die sprichwörtlichen *peanuts*. Damit waren auch alle Forderungen der Nebenkläger abgegolten. Für dieses Paradebeispiel einer Gewinnmaximierung um jeden Preis, eines verbrecherischen Kartell-Kapitalismus, nun China verantwortlich zu machen, ist ein zynisch zu nennendes Ablenkungsmanöver. Wie ein Großteil der weltweit gehandelten Medikamente wird auch Fentanyl überwiegend in China oder Indien hergestellt. Für die kriminellen Machenschaften der Pharma-Unternehmen jedoch sind deren Bosse und Handlanger verantwortlich, niemand sonst.

Doch zurück zum Propaganda-Manifest der PR-Agentur, in dem es weiter heißt: «Mein Gegner (auf Seiten der Demokraten, ML) ist weich gegenüber China, tritt der Kommunistischen Partei Chinas nicht entschlossen entgegen und ist nicht aus dem Holz geschnitzt, das es braucht, um mit der fertigzuwerden.

Ich werde China entgegentreten, unsere Fabrikjobs wieder nach Hause holen und mich für Sanktionen gegen China einsetzen, weil es die Pandemie verbreitet hat.»[13]

Die USA hatten nunmehr ihr nächstes großes, die öffentliche Wahrnehmung bestimmendes und medienwirksames Projekt gefunden, das nicht allein amerikanische, sondern westliche Politik insgesamt in den kommenden Jahren und Jahrzehnten prägen und bestimmen wird. Ein neuer Kalter Krieg ist damit vorgezeichnet. Wenig spricht dafür, dass sich die Demokraten dem entgegenstellen werden. Sie sind vermutlich eher geneigt, die Republikaner rechts zu überholen, an Härte und Sanktionsmaßnahmen gegenüber China noch zu überbieten.[14]

Zur entscheidenden Zäsur dieser verschärften Konfrontation mit China wurde der Mai 2020. Innerhalb nur eines Monats ist es der Regierung Trump gelungen, nicht allein die Bevölkerung in den USA massiv im Sinne ihrer Agenda zu manipulieren – mit Hilfe eines weiteren «Hunnen»-Narrativs. Das, wenig verwunderlich, auch unter den transatlantischen Verbündeten mühelos verfing, nicht zuletzt in Deutschland. Wie schon bei der Dämonisierung Irans oder Russlands geht es dabei nicht um Fakten, sondern um das Erzeugen von Feindbildern, die mit den Mitteln der «Öffentlichkeitsarbeit» von der eigentlichen Agenda ablenken. Und die lautet auf Systemerhalt, auf die aggressive Verteidigung der eigenen, der US-amerikanischen Vorherrschaft. Beängstigend ist dabei nicht allein der propagandistische Erfolg an sich, sondern vor allem die Geschwindigkeit, mit der er sich einstellte.

Ein Virus als Waffe

Am 30. April 2020 erklärte Präsident Trump, es gebe «starke Beweise», dass der Erreger des Corona-Virus aus einem Labor in Wuhan stamme. Damit stellte er sich gegen die Erkenntnisse der Weltgesundheitsorganisation WHO wie auch seiner eigenen Geheimdienste. Da jedoch nicht Fakten interessierten, sondern Framing, erhöhte die Trump-Administration daraufhin ihren Druck auf «die Geheimdienst-Analysten, entsprechende Belege zu finden», wie es bei CNN hieß. Ganz ähnlich wie damals, bei der Suche nach nicht vorhandenen irakischen «Massenvernichtungswaffen». Dieser Druck «geht weit über die Wahlkampfstrategie hinaus, Peking (für die Corona-Pandemie, ML) verantwortlich zu machen, um von Donald Trumps Fehlern im Umgang mit der Krise und ihrer Bekämpfung abzulenken».[15] Im Gespräch seien vielmehr umfassende Maßnahmen, darunter Wirtschaftssanktionen, weitere Handelsbeschränkungen und die eigenmächtige Annullierung US-amerikanischer Schulden gegenüber China. In der Absicht, dessen Einfluss auf globaler Ebene zurückzufahren, auch mit Hilfe von Schadensersatzforderungen wegen des «Wuhan-Virus».

Den entscheidenden Aufschlag im Sinne des Kaskaden-Modells setzte jedoch nicht Trump, sondern Außenminister Pompeo. Anfang Mai, unmittelbar nach Trumps Statement, gab er dem *Wall Street Journal* ein Interview, das die bis dato umfangreichste Propaganda-Offensive gegen China einleitete. Darin sprach er von «enormen Beweisen», dass Covid-19 aus einem Labor in Wuhan stammt – die er selbstverständlich ebenso wenig vorlegte wie vor ihm Trump.[16] Nach Pompeos Auftritt nahm die Kaskade rasant an Fahrt auf: Alle führenden Medien in den USA stürzten sich nunmehr auf das Thema China.

Schnell erweiterte sich dabei der Fokus. Im Februar 2020 hatte Washington fünf in den USA akkreditierte chinesische Medienhäuser «ausländischen Interessensvertretungen» gleichgestellt. Damit gelten ihre Mitarbeiter nicht mehr als Journalisten, sondern als «Diplomaten». Ihre Bewegungsfreiheit ist dadurch erheblich eingeschränkt, und sie können jederzeit ausgewiesen werden, ohne dass formal die Pressefreiheit berührt wäre. Seit 2019 werden Journalisten aus vermeintlichen Feindstaaten in Washington als «ausländische Interessensvertreter» eingestuft (Foreign Agent Registration Act). Betroffen waren zunächst vor allem russische Korrespondenten und Medienhäuser, allen voran das englischsprachige Russia Today, aber auch die größte und einflussreichste arabische Medienanstalt Al-Jazeera aus Katar. Auch hier drohen jederzeit Restriktionen und Ausweisung.

Als Antwort auf das Interview Pompeos wies Peking drei US-Korrespondenten aus China aus, darunter den der *New York Times*. Es folgte ein politischer Aufschrei in

Washington wie auch seitens zahlreicher amerikanischer Medien in Sachen Pressefreiheit sowie mehrere Interviews mit den Betroffenen. Tenor: Wir geben nicht auf. Wir setzen unsere kritische Berichterstattung fort. Im Gegenzug wurde die Aufenthaltsgenehmigung von 60 chinesischen «Interessenvertretern», also von Korrespondenten und deren technischen Mitarbeitern, nicht verlängert. Sie mussten die USA verlassen. Nach Ausweisung der drei US-Journalisten drohte Washington Peking mit «ernsten Konsequenzen», sollte die Arbeit amerikanischer Medienvertreter auch in Hongkong beeinträchtigt werden. Zwar deutete nichts in diese Richtung, doch war damit der Bogen in Richtung Hongkong geschlagen. Unter propagandistischen Gesichtspunkten verfängt das Thema Hongkong leichter als die Unterdrückung der Uiguren: Das Label «Demokratiebewegung» ist positiver besetzt als die von O'Donnell & Associates angedachten «Konzentrationslager» für inhaftierte religiöse Minderheiten. Parallel stiegen die USA aus der Weltgesundheitsorganisation aus, da sie angeblich von China dominiert werde.

Als der chinesische Volkskongress Ende Mai 2020 beschloss, über den Umweg des «Sicherheitsgesetzes» die Autonomie Hongkongs[17] deutlich einzuschränken, ertönte verstärkt auch in Deutschland der Ruf nach Sanktionen gegen China. Zuvor bereits hatten hiesige Medien die Framing-Kaskade aus den USA übernommen. Zahlreiche China-Artikel waren erschienen, deren Spektrum von «Wuhan» (die Behörden haben die Pandemie vertuscht und Kritiker der von Peking vorgegebenen Virusbekämpfung mundtot gemacht) bis «Hongkong» reichte (Freiheit für die Demokratiebewegung!). Ebenso wenig fehlte es an Warnungen, die EU und Deutschland könnten vor China «kuschen». Die China-Expertin einer hiesigen «Denkfabrik» mahnte, unter der Überschrift «China-Versteher machen alles noch schlimmer»: Es gebe in Politik und Medien «eine Tendenz», Kritik an Peking zu beschwichtigen. Doch damit schade man all jenen in China, die sich mutig dem Regimediktat widersetzten.[18]

Werteorientierung und blinde Gewalt

Der inhaltliche Ansatz solcher dem Mainstream zugewandter Experten, ob für China, Russland oder den Iran, ist stets derselbe: Westliche Politik ist gut und werteorientiert, nichtwestliche böse und zersetzend, mindestens aber demokratiefeindlich. Die Welt ist in Ordnung, solange «wir» sie dominieren. Wer diese Dominanz herausfordert, bedroht die Freiheit und die «göttliche Ordnung», wie es Elitenvertreter zu früheren Zeiten formuliert hätten. Begriffe wie Putin-, Mullah- oder China-Versteher zeugen von Überheblichkeit und Tunnelblick. Sie erklären nichts und dienen allein der Erzeugung oder Vertiefung von Feindbildern, ebenso der Ausgrenzung Andersdenkender.

Das Thema China stellt hiesige Transatlantiker allerdings ebenso vor Probleme wie die zunehmende Brutalisierung US-amerikanischer Innenpolitik – ihrerseits eine Folge extremer sozialer Ungleichheiten wie auch des institutionalisierten, nie überwundenen Rassismus in weiten Teilen der Gesellschaft. Mittel- und langfristig führt das zu ernsthaften Branding-Problemen: Wo, bitte, bleibt da das Gute, die überlegene Moral, die «Werteorientierung»? Blinde Gewalt anwenden, das schafft auch der Russe, der Chinese, der Mullah. Der Wunderglaube diesseitiger Transatlantiker an die Demokraten – gebt uns einen neuen Obama, besser noch John F. Kennedy, und alles wird wieder gut zwischen Deutschland und Amerika – ist wenig mehr als Wunschdenken, eine in die Zukunft projizierte, idealisierte Vergangenheit. Joe Biden verkörpert keinen Aufbruch, sondern die greisenhafte Fortschreibung des Status quo, eines allmächtigen, zerstörerischen Finanzkapitalismus im Namen der Freiheit.

Dessen ungeachtet überboten sich hiesige Leitmedien zur Amtseinführung des 46. US-Präsidenten am 20. Januar 2021 in Ergebenheitsadressen. Tenor: Freiheit, Recht und Wohlstand könne es nur an der Seite der USA geben. Als Geste des guten Willens gegenüber der neuen US-Regierung sei es daher für Berlin quasi unerlässlich, den Bau der Pipeline Nord Stream 2 nun endlich einzustellen.[19]

Noch weiter ging die Grünen-nahe Heinrich-Böll-Stiftung. Anlässlich der Inauguration veröffentlichte sie, gemeinsam mit Vertretern transatlantischer «Denkfabriken» und Lobby-Organisationen, darunter die Atlantik-Brücke und der German Marshall Fund, ein Grundlagenpapier «für eine neue Übereinkunft zwischen Deutschland und Amerika». Kernaussage dieses «Aufrufs» unter der Überschrift: «Transatlantisch? Traut Euch!»: Deutschland und die EU seien politisch, wirtschaftlich und militärisch am besten im engen Schulterschluss mit den USA unter Joe Biden aufgestellt – in klarer Frontlinie gegenüber Russland und China. Die europäischen NATO-Staaten «mit Deutschland an erster Stelle» sollten demzufolge «ihre Fähigkeiten zur konventionellen Verteidigung» deutlich erhöhen. «Dadurch entlasten sie die USA in Europa und erleichtern es ihnen, sich auf den Indo-Pazifik zu konzentrieren.» Diese Empfehlung für weitreichende *out-of-area*-Einsätze der NATO ist nichts weniger als ein klares Bekenntnis zu einer expansiven Großmachtpolitik, getragen vom Geist des Neoliberalismus und des (Neo-)Imperialismus.

Weiterhin bekennt sich der «Aufruf» zur unbefristeten nuklearen Teilhabe, konkret der zeitlich unbegrenzten Lagerung von US-Atomwaffen auf deutschem Boden. Und emp-

fiehlt dementsprechend den Ankauf neuer US-Kampfflug-
zeuge für die Bundeswehr, um damit im Ernstfall Atombomben über feindlichem Gebiet abzuwerfen. Vor allem
diese beiden Forderungen haben unter den Grünen und
auch ihrer Parteispitze erheblichen Unmut ausgelöst. Hein-
rich Böll selbst hatte sich in den 1980er Jahren gegen die
Stationierung von US-Atomwaffen in Deutschland engagiert. Die nach ihm benannte Stiftung jedoch fordert das
genaue Gegenteil.[20] Und verschwendet keinen Gedanken
auf die Frage, in welche Sackgassen ein solcher Verzicht
auf Eigenständigkeit führen könnte, sollte in vier Jahren
erneut ein unberechenbarer Rechtspopulist ins Weiße Haus
einziehen.

Wie häufig zu beobachten, ist die Bevölkerung bei
Grundsatzfragen dieser Art sehr viel pragmatischer und ver-
ständiger als es offenbar Elitenvertreter in ihren jeweiligen
Echokammern und blasenhaften Netzwerken zu sein vermögen. Ebenfalls vor dem Hintergrund der Amtseinführung
Joe Bidens präsentierte die «Denkfabrik» European Council
on Foreign Relations mit Hauptsitz in Berlin eine repräsen-
tative Umfrage zu den Einstellungen und Überzeugungen
von Europäern gegenüber den USA. Demzufolge haben die
den Wahlsieg Bidens und der Demokraten zwar sehr positiv
aufgenommen. Die meisten Befragten allerdings halten ein
Wiedererstarken der USA als dominante Weltmacht für un-
wahrscheinlich. Eine Mehrheit der Europäer will für den
Fall eines Konfliktes zwischen den Vereinigten Staaten und
China neutral bleiben. Zwei Drittel sind überzeugt, dass
sich Europa nicht mehr auf die USA verlassen könne und
eigene Verteidigungsressourcen entwickeln müsse. Sechs
von zehn Europäern halten das politische System der Vereinigten Staaten für «zerrüttet».[21]

Wie zerrüttet, das hat die Erstürmung des Kapitols, des
Sitzes des US-Kongresses in Washington, am 6. Januar

durch einen Mob weißer Trump-Anhänger auf dramatische Weise unterstrichen. Sie folgte auf eine Rede des scheidenden Präsidenten, der indirekt dazu ermutigt hatte. Weltweit herrschte große Bestürzung über diesen Tabubruch – ein Menetekel der Demokratieverachtung und Symbol der tiefen Spaltung der US-Gesellschaft. Gelingt es den Demokraten unter Biden nicht, die zu überwinden, ist der nächste Trump nur eine Frage der Zeit.

Deutsche Amerika-Versteher, der Begriff sei dieses eine Mal gestattet, um den Spiegel vorzuhalten, setzen in Politik und Medien, teilweise auch in der Wirtschaft in aller Regel die Vorgaben, Anregungen und Signale um, die sie aus Washington empfangen. Die Einzelheiten regeln die maßgeblichen Elitennetzwerke, wie beschrieben. Demzufolge mussten die Europäer, allen voran die am meisten betroffenen Deutschen, den Handel und die Geschäftsbeziehungen mit dem Iran und Russland erheblich zurückfahren, siehe oben. Da die USA schon vor den von ihnen initiierten neuen Sanktionsmaßnahmen kaum noch Außenhandel mit dem Iran tätigten und der mit Russland nur einen Bruchteil, etwa zehn Prozent, des deutschen ausmacht, sind diese Boykotte für Washington nicht unbedingt kostenneutral, doch ohne Blessuren zu verkraften. Den höchsten Preis zahlt, mit weitem Abstand, Deutschland.

Egal, unter welchem Präsidenten: Die USA werden künftig verstärkt Druck auf Brüssel wie auch Berlin ausüben, ihrerseits Sanktionen gegenüber China zu verhängen. Das aber wäre geradezu selbstmörderisch. Keine Volkswirtschaft, auch die US-amerikanische nicht, kann China dauerhaft boykottieren. Dafür ist die Globalisierung viel zu weit fortgeschritten, sind die wechselseitigen Abhängigkeiten viel zu groß. Doch glaubt man in Washington offenbar, am längeren Hebel zu sitzen – ein ideologisch begründeter Irrtum, der auch die Amerikaner teuer zu stehen kommen dürfte. Die Exportnation Deutschland kann sich ebenso wenig wie die Europäische Union insgesamt erlauben, diesen Konfrontationskurs mitzutragen. Selbst wenn es in Teilen der Bundesregierung oder unter Meinungsmachern den Willen geben sollte, an der Seite der USA in den Sonnenuntergang zu reiten – die hiesige Wirtschaft würde einen solchen Kurs niemals mittragen. Das liefe hinaus auf Selbstentleibung, parallel würden die Arbeitslosenzahlen explodieren. Wie man es auch dreht oder wendet: Überzeugte Transatlantiker sehen harten Zeiten entgegen.

Wie die Weichen in Richtung Zukunft stellen?

Gegenwärtig durchleben wir ein Interregnum, das erst am Anfang steht. Die USA sind eine absteigende Weltmacht, China eine aufsteigende. Die Europäische Union hat das Potential, ein weiteres Machtzentrum zu werden, politisch, wirtschaftlich und auch militärisch. Der einzige EU-Staatschef, der in diese Richtung denkt und entsprechend zu handeln versucht, bislang aber an Berlin scheitert, ist der Franzose Emmanuel Macron. Die gegenwärtige Umbruchsituation ist gefährlich, weil die USA geneigt sein könnten, ihre schwindende Macht gewaltsam zu behaupten.

Deutschland verfügt derzeit über keine strategisch durchdachte, langfristig angelegte Außenpolitik Was fehlt, ist der Blick nach vorne. Wie sonst wäre etwa zu erklären, dass sich das Auswärtige Amt den Luxus erlaubt, keine eigene Asien-Abteilung mit Schwerpunkt China zu unterhalten – undenkbar in London oder Paris?

Deutschland läuft Gefahr, in Sachen China dieselben Fehler zu wiederholen wie schon im Umgang mit Russland: Eine hohle Werte-Rhetorik zu verfolgen anstelle einer fundierten Realpolitik. Natürlich sind die innenpolitischen Verhältnisse in beiden Ländern repressiv. Diese Repression zu überwinden ist ausländischen Mächten nicht gegeben. Grundsätzlich kann eine Liberalisierung autoritärer Herrschaft nur aus den betreffenden Gesellschaften selbst erfolgen, von innen heraus. Wer sich von außen aggressiv einmischt, siehe den Fall Iran, stärkt die Hardliner, nicht die Pragmatiker. Ganz unabhängig von der Frage, ob hiesige Ordnungsmodelle tatsächlich ohne weiteres auf Länder mit anderer Geschichte und Kultur übertragen werden können, ob die politischen Anforderungen im größten Flächenstaat der Welt und im bevölkerungsreichsten Land nicht möglicherweise ganz andere sind als etwa in der Bundesrepublik. Die hiesige, für Gewissheit gehaltene Annahme, mit Druck und Sanktionen ließe sich etwa ein «neues Russland» erschaffen, ein unter westlicher Ägide in den Weltmarkt integriertes Portfolio, selbstverständlich im Namen von Freiheit und Demokratie, ist ebenso neo-imperial wie gefährlich. Einmal angenommen, das «System Putin» implodiert. Was dann? «Werteorientierte» würden nun die «Zivilgesellschaft» ins Feld führen, doch wahrscheinlicher sind ganz andere Szenarien – bis hin zu Staatszerfall, Chaos oder der Machtübernahme von Rechtsextremisten. Wäre das eine für Deutschland, Europa, den Westen, die Menschen in Russland bessere Wahl?

Sollte die Demokratisierung Russlands nicht in geordneten Bahnen verlaufen, wären die Folgen dramatisch. Millionen Sicherheitskräfte, die zu kämpfen und zu töten verstehen, schier unermessliche Arsenale an atomaren und nicht-atomaren Waffen – was, wenn hier die Kontrolle verlorengeht? Hinzu kommt, dass der Westen für die russische Bevölkerung keine überzeugenden Angebote zur Identifikation bereithält, jenseits von Putin-Bashing und wohlfeiler Demokratie-Rhetorik. Am wenigsten mit Blick auf eine mögliche Mitgliedschaft Russlands in der Europäischen Union oder der NATO, anders als in Osteuropa nach dem Fall der Mauer. Brüssel wie auch Berlin, und nicht nur sie, lehnen ja bereits den visumfreien Reiseverkehr mit Russland ab. Davon unabhängig sei die Frage gestattet, ob insbesondere Washington tatsächlich an einer Demokratisierung Russlands gelegen ist. Erinnert sei etwa an die Wolfowitz-Doktrin von 1992, siehe oben. Einmal angenommen, es käme in Russland nach der Ära Putin zu gewalttätigen Unruhen, der Zentralstaat würde geschwächt oder zerfiele, lokale Milizführer gründeten ihre eigenen, ultranationalistischen Mafia-Fürstentümer, kurz: Russland erlebte seine «Balkanisierung» oder «Irakisierung». Wäre das, aus Sicht eines Hegemons, eine um jeden Preis zu verhindernde Entwicklung? Und warum sollten Russen ein solch keineswegs abwegiges Szenario dem «System Putin» vorziehen?

Auf dergleichen Zusammenhänge hinzuweisen ist kein Plädoyer für außenpolitische Naivität. Die Alternative zur Nibelungentreue gegenüber Washington heißt nicht Umarmung Chinas oder Russlands. Sondern die selbstbewusste Wahrnehmung eigener Interessen im Kontext der Europäischen Union. Bislang halten weder die USA noch China die EU für einen politisch ernstzunehmenden, eigenständigen Akteur, obwohl ihr Binnenmarkt – noch – weltweit der umsatzstärkste ist. Dergleichen Selbstverzwergung Brüssels ist auch und vor allem dem Einstimmigkeitsprinzip in allen wichtigen, gerade auch außenpolitischen Fragen geschuldet. Solche Eigenblockaden zu überwinden setzt voraus, wieder öffentliche und sachliche Debatten darüber zu führen, welchen Weg die EU gehen sollte – jenseits von Hinterzimmer-Deals unter Elitenvertretern.

Think big

Verharrt Europa in der Rolle eines Juniorpartners Washingtons, werden hiesige Staaten unwiderruflich an Macht und Einfluss verlieren und in letzter Konsequenz den Spielregeln Chinas Folge zu leisten haben, der zweiten, der künftigen Supermacht. Unsere Interessen sind nicht notwendigerweise die der USA, und umgekehrt. Wo sie einander nicht entsprechen, gibt es auch keinen Grund, Washington darin zu folgen. Die emotionale Nähe zu Amerika, nicht zuletzt mit Blick auf die dortige Kulturindustrie, ist davon unberührt. Politische Distanz zum strauchelnden Imperium jedoch erscheint zwingend geboten – wer auch immer den dortigen Präsidenten stellt.

In diesen Kontext gehört auch, dass die Europäische Union eine eigenständige Verteidigungsfähigkeit erlangt. Die entscheidende Bruchlinie verläuft hier zwischen Deutschland und Frankreich. Während Paris in Verteidigungsfragen auf Distanz zu Washington setzt, sucht die Bundesregierung auch weiterhin die enge Anbindung an die USA. Mit dieser Haltung blockiert sie das erforderliche Umdenken und riskiert, als Büttel der «Schutzmacht», die längst keine mehr ist, in deren Kriege und selbstverschuldete Krisen etwa im Nahen Osten hineingezogen zu werden.

Die zwingend erforderliche Neupositionierung Brüssels zwischen den USA hier und China dort bedeutet nicht zuletzt, Alternativen zum US-dominierten Finanz- und Bankensystem zu entwickeln. Insbesondere das Zahlungsverfahren SWIFT, das jeder Banküberweisung in der westlichen Welt und darüber hinaus zugrunde liegt, ist ein gefährlicher Hebel, mit dem Washington jederzeit den Zahlungsverkehr ganzer Staaten blockieren kann, was gegenwärtig vor allem den Iran betrifft. Die SWIFT-Zentrale befindet sich zwar in Belgien, politisch tonangebend aber sind die USA – auch daran abzulesen, dass US-Geheimdienste wiederholt Zugriff auf SWIFT-Daten gefordert und erhalten haben, offiziell zwecks Terrorbekämpfung. Nicht ohne Grund haben Russland und China ein paralleles Zahlungssystem eingeführt, das quasi per Knopfdruck bereitsteht, sollten die USA das eine und/oder das andere Land vom SWIFT-Verfahren ausschließen.

Seit 2013/14 ist bekannt, dass die NSA und der britische Geheimdienst GCHQ wiederholt Cyberangriffe auf Einrichtungen der EU durchgeführt haben.[22] Darüber hinaus lässt die NSA Spionage-Software bereits ab Werk in Computern, Routern und Festplatten installieren. Das zur NSA gehörende «Office of Tailored Access Operations» (Büro für maßgeschneiderte Zugangsoperationen), kurz TAO, ist eine Art Cyber-Klempnertruppe. Sie hat sich weltweit Zugriff auf digitale Schnittstellen von strategischer Bedeutung verschafft, vorzugsweise im Bereich Energieversorgung und Kommunikation.[23] Vielfach wurden diese Schnittstellen mit Schadsoftware versehen. Sollte es eine US-Regierung darauf anlegen, könnte sie jederzeit elementare Bereiche der Infrastruktur etwa in Deutschland via Cyberangriff lahmlegen oder ausschalten. In der hiesigen Öffentlichkeit ist das kaum bekannt – Politik und Medien ziehen es vor, tatsächliche oder vermeintliche, auf jeden Fall aber erfolglose russische Manipulationen etwa von US-Wahlen anzuprangern, alternativ «Kreml-Trolle» im Netz und darüber hinaus aufzuspüren. Sobald ein europäischer Nutzer seinen Laptop auch nur aufklappt, liefert er Daten in Richtung Silicon Valley und im Zweifel wohl auch der NSA. Es war ein großer Fehler Brüssels, europäische Firmen wie Siemens oder Nokia, die anfangs mit den US-Tech-Giganten konkurrierten, in diesem Bereich nicht als systemrelevant zu stützen, politisch und wirtschaftlich.

Europa wird nicht umhin kommen, seine eigene Daten-

Infrastruktur aufzubauen, um nicht eines keineswegs fernen Tages vor die Wahl der Algorithmen gestellt zu werden: hier ein US-amerikanisches High-End-Diktat, dort die chinesische Überwachungsdiktatur. Am Rande sei erwähnt, dass die Corona-App der Bundesregierung in die richtige Richtung weist: Datensammeln ja, aber die Speicherung erfolgt dezentral, so weit wie möglich anonymisiert und zeitlich begrenzt – wenngleich konservative Ordnungspolitiker darauf drängen, die Anonymität aufzuheben.

Es fehlt also nicht an Herausforderungen. Das Letzte, wessen es vor diesem Hintergrund bedarf, ist ein weiteres Feindbild, nach Russland und dem Iran: die Neuauflage der «gelben Gefahr» aus der Zeit vor dem Ersten Weltkrieg. Wie so häufig, sind die Deutschen auch in dieser Frage sehr viel realistischer und pragmatischer als Volksvertreter und Meinungsmacher. Einer Umfrage der Körber-Stiftung vom Mai 2020 zufolge hat sich deren Wertschätzung im Zuge der Corona-Krise deutlich zugunsten Chinas verschoben. 37 Prozent der Befragten bevorzugen enge Beziehungen zu den USA, 36 Prozent sehen enge Beziehungen zu China als wichtiger an. Im September 2019 fiel die Antwort auf dieselbe Frage mit 50 zu 24 Prozent noch klar zugunsten der USA aus.[24]

Symbiotische transatlantische Beziehungen hatten während des Kalten Krieges ihre Berechtigung. Nach 1989 jedoch haben die Europäer und namentlich deutsche Regierungen die amerikanische Konfrontationspolitik gegenüber Russland viel zu oft mitgetragen – nicht immer aus Überzeugung. Diesen Fehler gilt es zu korrigieren. Ein freier Personen- und Warenverkehr zwischen Lissabon und Wladiwostok mag nicht im Interesse Washingtons liegen, wohl aber im Interesse der Völker diesseits wie jenseits des Urals. Neue Zeiten erfordern neues Denken: Die künftige Welt wird eine multipolare sein. Wer sich der Zukunft nicht stellt, befördert den eigenen Niedergang. Gefragt ist eine Politik des Ausgleichs, nicht der Konfrontation und eines weiteren Rüstungswettlaufes.

Ein neuer Weltethos

So oberflächlich die Unterteilung der Welt in «gut» und «böse» auch sein mag – mit Blick auf ihre propagandistische Wirkung ist sie kaum zu übertreffen. Insbesondere in Verbindung mit allfälligen «Werten». Wer die bemüht, will in der Regel vor allem vermeiden, seine eigenen Interessen offen zu benennen. Unbeschadet der Tatsache, dass «Werteorientierte» in Politik und Medien subjektiv durchaus davon überzeugt sind, für das Wahre und Gute einzustehen. Eine solche Haltung allerdings setzt einen gründlich gefilterten Blick auf gegebene Wirklichkeiten voraus, auf der Grundlage zutiefst verinnerlichter «Fiktionen» und «Bilderwelten», wie von Lippmann beschrieben. Die eigentliche Geschäftsgrundlage aber, jenseits von Selbsterhöhung, lautet, ungeschrieben und doch unmissverständlich: Die Welt ist in Ordnung, solange «wir» sie beherrschen oder kontrollieren. Die Guten im Westen. Wer diese Ordnung stört, fällt in die Kategorie des «Bösen», das es um beinahe jeden Preis einzuhegen gilt, zur Not auch militärisch.

Die Mehrheitsperspektive in westlichen Gesellschaften ist eine selbstbezogene. Die Vorstellung, die Welt auch einmal von einer anderen Seite als der eigenen zu betrachten, gilt als abwegig. Der ironisch-herablassende Begriff des «Verstehers», jenes dummen Naiven, der einen Putin, einen Mullah oder Chinesen allen Ernstes zu verstehen sucht, bezeugt diese Haltung. Egon Bahr wurde nicht müde zu betonen, dass die Bereitschaft, auch die Sichtweise des Gegenübers in das eigene Denken und Handeln einzubeziehen, die Voraussetzung jeder Friedensfähigkeit sei. Gegenwärtig ist allerdings nicht Friedensfähigkeit gefragt, sondern die Bereitschaft, «mehr Verantwortung zu übernehmen».

Die Kluft zwischen Eigen- und Fremdwahrnehmung könnte größer kaum sein, wie die folgende Anekdote illustriert. Auf einer internationalen Konferenz in Doha, Katar, saß der Autor dieses Buches neben einer niederländischen Politikerin auf dem Podium. Sie erklärte dem überwiegend asiatischen und afrikanischen Publikum, die Politik der Niederlande wie auch der EU insgesamt unterscheide nicht zwischen Werten und Interessen – «beide sind für uns dasselbe. Wir vertreten keine Interessen ohne Werte, und umgekehrt», betonte sie. Die Reaktion des Publikums war gelöste Heiterkeit, die teilweise zu Gelächter anwuchs.

In den Worten des kenianischen Autors und Cartoonisten Patrick Gathara: «Über Jahrhunderte haben die Länder Westeuropas und Nordamerikas, allen voran Großbritannien und sein kolonialer Ableger, die USA, die Welt wirtschaftlich, militärisch und kulturell dominiert. Der Westen hat dabei den Globus so verändert, wie es ihm dienlich erschien und sich selbst als Höhepunkt menschenmöglicher Entwicklung wahrgenommen. Scheinheilig hat sich ‹die entwickelte Welt› den ‹unterentwickelten› Teilen der Menschheit als Modell der Aufklärung präsentiert. Doch die Welt, die auf diese Weise erschaffen wurde, verstärkte lediglich die gegebene Hierarchie … Das Gerede von Aufklärung war wenig mehr als ein Mythos – eine bequeme Erzählung, um die brutale Profitmaximierung mit Hilfe der Unterdrückung und Ausbeutung anderer Menschen wie auch die Zerstörung ihrer Gesellschaften schönzureden. Auf der Veranda des Herrenhauses sitzend, mit Blick auf seine globalen Besitztümer, fett geworden von dem Reichtum, den er anderen weggenommen hat, glaubte der Westen tatsächlich seiner eigenen Rhetorik rassischer und moralischer Überlegenheit...» Doch die Verhältnisse hätten sich grundlegend geändert: «Länder, die noch vor wenigen Jahren das Ende der Geschichte verkündet und sich selbst als Leuchtfeuer für Demokratie, Liberalismus und Kapitalismus gepriesen hatten ... sind ihrerseits den Verlockungen eines repressiven, rechtspopulistischen Autoritarismus erlegen. Vorbei die guten alten Zeiten, als sie glaubten, Demokratie mit Hilfe fabrizierter Kriege und verheerender Wirtschaftssanktionen herbeiführen zu können. Heute, so scheint es, ist die Demokratie in den USA (und in Großbritannien) nicht weniger gefährdet als in Kenia und anderswo.»[25]

Es geht auch anders

Werte, Werte, Werte – in der Tat sind sie das Vaterunser westlicher Machtpolitik. Obwohl sie seit Jahrzehnten, wenn nicht Jahrhunderten propagandistisch missbraucht werden, sind sie doch ein hohes Gut und keineswegs geringzuschätzen, im Gegenteil. Wie Moral und Ethik idealerweise Einfluss auf politisches Handeln nehmen, haben ganze Generationen von Staatsphilosophen, Kirchenvertretern und Denkern zu ergründen gesucht, seit der griechischen Antike, seit Sokrates. Ein exemplarisches Beispiel aus der Gegenwart sei an dieser Stelle hervorgehoben: das auch und vor allem politisch gedachte «Projekt Weltethos» unter Federführung des Tübinger Theologen Hans Küng. Ausgehend von der Frage, wie globale Konflikte gewaltfrei zu lösen wären, verständigten sich interkonfessionelle Arbeitsgruppen, zunächst unter Schirmherrschaft der UNESCO, auf die folgenden zwei Grundpostulate und vier Selbstverpflichtungen.

Erstes Grundpostulat: Jeder Mensch soll menschlich behandelt werden.

Das zweite entspricht der Goldenen Regel aller Religionen und dem «kategorischen Imperativ» Kants: Behandle andere so, wie du auch selbst von ihnen behandelt werden möchtest.

Die vier «unverrückbaren Weisungen» lauten:

Erstens die Verpflichtung auf eine Kultur der Gewaltlosigkeit und der Ehrfurcht vor allem Leben.

Zweitens die Verpflichtung auf eine Kultur der Solidarität und eine gerechte Wirtschaftsordnung.

Drittens die Verpflichtung auf eine Kultur der Toleranz und ein Leben in Wahrhaftigkeit.

Viertens die Verpflichtung auf eine Kultur der Gleichberechtigung und die Partnerschaft von Mann und Frau.

Es braucht nicht viel, um zu erkennen, dass eine Welt, die diesen Empfehlungen folgte, eine bessere wäre. Das Projekt Weltethos erzielte vor allem in den 1990er Jahren große Resonanz, auch auf internationaler Bühne. Nicht zuletzt deswegen, weil UN-Generalsekretär Kofi Annan es aktiv förderte, ebenso wie Bundespräsident Johannes Rau. In den Hintergrund rückte es parallel zum Fortgang des «Krieges gegen den Terror» nach 9/11, der allein auf Macht und Gewalt setzte, auf Vergeltung. Auslandseinsätze der NATO vertragen sich ebenso wenig mit dem Geist der Friedfertigkeit.

Drei große Themen zwingen die Menschheit zu handeln: die Klimaerwärmung, die Bewahrung des Friedens und die soziale Frage. Der Klimawandel ist der möglicherweise letzte Höhepunkt eines maßlosen Gewinnstrebens, einer Welt- und Wirtschaftsordnung im Dienst einer kleinen Minderheit. Deren Vertreter steuern ein Flugzeug, das nicht landen kann, dem aber das Benzin ausgeht. Ein weiterer Absturz, wie im Zuge der Wirtschafts- und Finanzkrise 2008, könnte durchaus das Ende der Demokratie, wie wir sie kennen, besiegeln. Längst formiert sich der Widerstand, am sichtbarsten vielleicht in der Bewegung «Fridays for Future». Unentwegt entstehen gesellschaftliche Wellenbewegungen, auf der Suche nach anderen Ufern. Keineswegs ist der Einzelne machtlos. Allerdings benötigt er Verbündete, Gleichgesinnte und einen klaren Kopf, das große Ganze zu erkennen. Angefangen damit, über die Zusammenhänge von Macht, Herrschaft, Wirtschaft und Meinungsmanagement nachzudenken. Das Wichtige vom Nebensächlichen zu unterscheiden und sich nicht in Sackgassen zu verlieren – sehr zur Freude all jener, denen an wirklicher Veränderung nicht gelegen ist. Die Herausforderung besteht darin, Macht und Herrschaft demokratisch zu erneuern und vor allem transparent zu gestalten. Die Interessen der Wenigen nicht über die der übrigen 90, wenn nicht 95 Prozent zu stellen. Propaganda und «Öffentlichkeitsarbeit» zu durchschauen und ihnen andere, den Menschen zugewandte, wahrhaft «werteorientierte» Erzählungen entgegenzusetzen. Andernfalls wäre der Weg jedes Einzelnen aus der selbstverschuldeten Unmündigkeit noch ein sehr weiter.

Anmerkungen

Schattenkrieger: Warum Politiker und Journalisten die Entführung eines iranischen Tankers schönreden

1 Vgl. BBC, 30. Juli 2019: Royal Marines used brute force, says tanker captain; https://www.bbc.com/news/uk-49162256.
2 Zit. nach BBC, 4. Juli 2019: Iran summons UK ambassador in tanker seizure row; https://www.bbc.com/news/uk-48871462.
3 Vgl. The Guardian, 20. Juli 2019: How Trump's arch-hawk lured Britain into a dangerous trap to push Iran; https://www.theguar dian.com/world/2019/jul/20/britain-lured-into-deadly-trap-on-iran-by-trump-hawk-john-bolton.
4 Zu den Hintergründen vgl. Stiftung Wissenschaft und Politik, 31. Mai 2019: Extraterritoriale US-Sanktionen; https://www.swp-berlin.org/publikation/extraterritoriale-us-sanktionen/.
5 Zit. nach ebenda.
6 Zit. nach Reuters, 4. Juli 2019: Tanker detained by Gibraltar on U. S. request to Britain, Spain says; https://www.reuters.com/article/us-mideast-iran-tanker-spain/tanker-detained-by-gibraltar-on-us-re quest-to-britain-spain-says-idUSKCN1TZ0ZT.
7 Zit. nach Crisis Group, 25. Juli 2019: Iran Briefing Note #6; https:// www.crisisgroup.org/middle-east-north-africa/gulf-and-arabian-peninsula/iran/iran-briefing-note-6.
8 Vgl. Reuters, 12. Juli 2019: Exclusive: Panama to withdraw flags from more vessels that violate sanctions; https://www.reuters.com/article/us-mideast-iran-tanker-panama-exclusive/exclusive-pa nama-to-withdraw-flags-from-more-vessels-that-violate-sanctions-idUSKCN1U72DS.
9 Vgl. 7D News, 16. Juli 2019: Panama Withdraws its Flag from Ira nian Vessels, Considers Them Pirates; https://7dnews.com/news/panama-withdraws-flag-from-iranian-vessels.
10 Vgl. World Maritime News, 9. November 2018: US: Iranian Tankers Are a Floating Liability; https://worldmaritimenews.com/archives/264400/us-iranian-tankers-are-a-floating-liability/.

11 Vgl. https://eur-lex.europa.eu/legal-content/GA/TXT/?uri=CELEX: 32012R0036.

12 Vgl. https://www.gibraltarlaws.gov.gi/legislations/sanctions-regula tions-2019-4640.

13 Vgl. dazu auch Lloyd's List, 9. Juli 2019: Gibraltar extended shipseizure powers day before tanker interception; https://lloydslist. maritimeintelligence.informa.com/LL1128307/Gibraltar-extended-shipseizure-powers-day-before-tanker-interception.

14 Vgl. etwa DW News, 13. Juli 2019: UK says Iran tanker will be freed, unless it goes to Syria; https://www.dw.com/en/uk-says-iran-tan ker-will-be-freed-unless-it-goes-to-syria/a-49581523.

15 Vgl. https://www.linksfraktion.de/fileadmin/user_upload/PDF_Do kumente/2019/WD_2-091-19_-_Festsetzung_eines_iranischen_Tan kers_vor_Gibraltar.pdf.

16 Vgl. https://www.freitag.de/autoren/vorabmeldung/deutsche-ge gen-militaer-einsaetze-im-ausland.

17 Vgl. etwa DW News, 21. Juli 2019: Britain calls Stena Impero oil tanker seizure ‹hostile act› as Iran releases video of capture; https:// www.dw.com/en/britain-calls-stena-impero-oil-tanker-seizure-ho stile-act-as-iran-releases-video-of-capture/a-49676942.

18 Zit. nach Zeit Online, 29. Juli 2019: Briten schicken zweites Kriegsschiff in die Straße von Hormus; https://www.zeit.de/politik/aus land/2019-07/strasse-von-hormus-persischer-golf-marinemission-grossbritannien.

19 Vgl. The Telegraph, 20. Juli 2019: UK ‹asked US not to sabre rattle over tanker seized by Iran›; https://www.telegraph.co.uk/ news/2019/07/20/uk-asked-us-not-sabre-rattle-tanker-seized-iran/.

20 Zit. nach Der Spiegel Nr. 31, 27. Juli 2019: Wann, wenn nicht jetzt? Deutschland sollte sich an einer europäischen Militärmission im Persischen Golf beteiligen, S. 6.

21 Zit. nach Die Zeit Nr. 33/2019, 8. August 2019: Die Nein-Sager. Im Persischen Golf steht mehr auf dem Spiel als die Sicherheit der Handelswege. Kann Deutschland in jedem Fall militärischen Beistand verweigern?; https://www.zeit.de/2019/33/irankrise-persi scher-golf-marineeinsatz-us-mission.

22 Zit. nach sueddeutsche.de, 24. Juli 2019: Deutschland sollte sich an einer Marinemission beteiligen; https://www.sueddeutsche.de/ politik/iran-persischer-golf-kommentar-1.4536056.

23 Zit. nach FAZ, 14. Juli 2019: Poker am Persischen Golf. Es geht um die Herrschaft; https://www.faz.net/aktuell/politik/ausland/ persischer-golf-poker-zwischen-usa-iran-und-russland-16284401. html.

24 Vgl. etwa BBC, 17. August 2019: Iran tanker: US issues warrant to seize Grace 1 supertanker; https://www.bbc.com/news/world-us-canada-493791144.

25 Zit. nach Spiegel Online, 31. August 2019: USA verhängen Sanktionen gegen iranischen Tanker «Adrian Darya»; https://www.spiegel.de/politik/ausland/iran-tanker-adrian-darya-1-im-mittelmeer-von-den-usa-mit-sanktionen-belegt-a-1284580.html.

26 Vgl. etwa aljazeera.com, 9. September 2019: US offered millions in cash to captain of Iranian tanker; https://www.aljazeera.com/news/2019/09/offered-millions-cash-captain-iranian-tanker-190905053120447.html.

27 Zit. nach Crisis Group, 12. September 2019: Iran Briefing Note #13; https://www.crisisgroup.org/middle-east-north-africa/gulf-and-arabian-peninsula/iran/iran-briefing-note-13.

28 Vgl. dazu etwa Atlantic Council, 3. Oktober 2019: Making Sense of HOPE: Can Iran's Hormuz Peace Endeavor Succeed?; https://atlanticcouncil.org/blogs/iransource/making-sense-of-hope-can-irans-hormuz-peace-endeavor-succeed/.

29 Vgl. etwa BBC, 14. Juli 2019: New leak claims Trump scrapped Iran nuclear deal ‹to spite Obama›; https://www.bbc.com/news/uk-48978484.

30 Dazu ausführlich Michael Lüders: Armageddon im Orient. Wie die Saudi-Connection den Iran ins Visier nimmt, München 2018, S. 72 ff.

31 Zit. nach aljazeera.com, 25. September 2019: US-Iran standoff: A timeline of key events; https://www.aljazeera.com/news/2019/06/Iran-standoff-timeline-key-events-190622063937627.html.

32 Vgl. etwa Bloomberg, 11. September 2019: Trump Discussed Easing Iran Sanctions, Prompting Bolton Pushback; https://outline.com/dp/YCJZ.

33 Zit. nach aljazeera.com, 25. September 2019, a. a. O.

34 Vgl. etwa Middle East Eye, 15. September 2019: EXCLUSIVE: Iranian drones launched from Iraq carried out attacks on Saudi oil plants; https://www.middleeasteye.net/news/exclusive-iranian-drones-launched-iraq-carried-out-attacks-saudi-oil-plants.

35 Zit. nach The Washington Post, 21. Oktober 2019: Trump's claim the Saudis will pay ‹100 percent of the cost›; https://www.washingtonpost.com/politics/2019/10/21/trumps-claim-saudis-will-pay-per-cent-cost/.

36 Vgl. The New York Times, 4. Oktober 2019: Saudi Arabia and Iran Make Quiet Openings to Head Off War; https://www.nytimes.com/2019/10/04/world/middleeast/saudi-arabia-iran-talks.html; vgl. auch The New York Times, 13. Februar 2020: How Months of

Miscalculation Led the U.S. and Iran to the Brink of War; https://www.nytimes.com/2020/02/13/us/politics/iran-trump-administration.html.

37 Zit. nach https://www.bundesregierung.de/breg-de/aktuelles/gemeinsame-erklaerung-der-staats-und-regierungschefs-von-frankreich-deutschland-und-dem-vereinigten-koenigreich-1674286.

38 Vgl. etwa aljazeera.com, 24. September 2019: Germany, UK, France blame Iran for Saudi oil attacks; https://www.aljazeera.com/news/2019/09/france-germany-britain-leaders-iran-saudi-oil-attack-190923201421030.html.

39 Auskunft eines Diplomaten gegenüber dem Autor, Oktober 2019.

40 Angaben aus iranischen Kreisen gegenüber dem Autor, Oktober 2019.

41 Vgl. etwa DW News, 11. November 2019: Europäer setzen Iran unter Druck; https://www.dw.com/de/europäer-setzen-iran-unter-druck/a-51206684.

42 Zit. nach Al-Monitor, 12. November 2019: Europe seeks diplomatic next steps on Iran; https://www.al-monitor.com/pulse/originals/2019/11/iran-europe-fordow-diplomacy-nuclear-deal.html.

43 Dazu ausführlich Tim Weiner: CIA. Die ganze Geschichte, Frankfurt am Main 2008.

«Fackeln der Freiheit»: Big Business bewährt sich als Meister der Manipulation

1 Walter Ötsch und Silja Graupe: Der vergessene Lippmann – Politik, Propaganda und Macht. Einführung zur deutschen Ausgabe von Walter Lippmann: Die öffentliche Meinung. Wie sie entsteht und manipuliert wird, Frankfurt am Main 2018, S. 9 f. Ötsch und Graupe liefern darin eine prägnante und überaus lesenswerte Darstellung von Leben und Werk Lippmanns.

2 Lippmann, a. a. O., S. 64 f.

3 Ebenda, S. 56.

4 Ebenda, S. 72.

5 Ebenda, S. 76.

6 Ebenda, S. 223.

7 Ebenda, S. 77.

8 Edward Bernays: Propaganda, New York 2005, S. 37.

9 Zit. nach Ötsch/Graupe, in: Lippmann, a. a. O., S. 350.

10 Bernays, a. a. O., S. 60.

11 Ebenda, S. 57.

12 Ebenda, S. 73.
13 Ebenda, S. 109.
14 Ebenda, S. 127.
15 Ebenda, S. 61.
16 Larry Tye: The Father Of Spin. Edward L. Bernays And The Birth Of Public Relations, New York 2002, S. 51 f.
17 Dazu ausführlich ebenda, S. 155 ff.
18 Ebenda, S. 169.
19 Zu den Abläufen im Iran vgl. Michael Lüders: Wer den Wind sät. Was westliche Politik im Orient anrichtet, München 2015, S. 12 ff.
20 Vgl. etwa William Blum: Killing Hope. US Military and CIA Interventions Since World War II, London 2014.
21 Detailliert beschrieben von John R. MacArthur: Second Front. Censorship and Propaganda in the 1991 Gulf War, Berkeley 1992.
22 Vgl. The New York Times, 15. Januar 1992: Deception on Capitol Hill; https://www.nytimes.com/1992/01/15/opinion/deception-on-capitol-hill.html.
23 Vgl. The New York Times, 26. Mai 2004: FROM THE EDITORS; The Times and Iraq; https://www.nytimes.com/2004/05/26/world/from-the-editors-the-times-and-iraq.html.
24 Vgl. etwa The Intercept, 12. Februar 2019: Pro-Israel Lobby Caught On Tape Boasting That Its Money Influences Washington; https://theintercept.com/2019/02/11/ilhan-omar-israel-lobby-documentary/.
25 Vgl. etwa Center for International Policy, Oktober 2019: The Emirate Lobby: How The UAE Wins in Washington; https://docs.wix-static.com/ugd/3ba8a1_cc7f1fad2f7a497ba5fb159a6756c34a.pdf?index=true.
26 Vgl. etwa OpenSecrets.org, 2. Oktober 2019: Saudi-Arabia ramped up multi-million foreign influence operation after Khashoggis's death; https://www.opensecrets.org/news/2019/10/saudi-arabia-ramped-up-foreign-influence-after-khashoggi/.

Das Propaganda-Modell:
Wie Medien unsere Wahrnehmung filtern

1 Vgl. etwa Joan-Pedro Carañana et al.: The Propaganda Model Today: Filtering Perception And Awareness, London 2018.
2 Zu den Hintergründen des politischen wie kulturellen Phänomens der *Talk Radios* in den USA vgl. Klaus Brinkbäumer, Stephan Lamby: Im Wahn. Die amerikanische Katastrophe, München 2020, S. 84 ff.

3 Sehr gut dargestellt vom US-Journalisten Matt Taibbi: Hate Inc. Why Today's Media Makes Us Despise One Another, New York, London, 2019.

4 Zit. nach The Intercept, 29. Februar 2016: CBS CEO: «For Us, Economically, Donald's Place in This Election Is a Good Thing»; https://theintercept.com/2016/02/29/cbs-donald-trump/.

5 Zur Macht der Silicon-Valley-Konzerne vgl. Martin Andree, Timo Thomsen: Atlas der digitalen Welt, Frankfurt am Main 2020.

6 Noam Chomsky: Media Control – Wie die Medien uns manipulieren, Frankfurt am Main 2018, S. 103.

7 Edward S. Herman, Noam Chomsky: Manufacturing Consent. The Political Economy of the Mass Media, New York 1988, S. 2.

8 The New York Times, 17. November 2017: The Kochs Are Inching Closer to Becoming Media Moguls; https://www.nytimes.com/2017/11/17/business/media/koch-brothers-time-meredith.html.

9 Vgl. https://lobbypedia.de/wiki/Bertelsmann_SE.

10 Vgl. https://de.statista.com/statistik/daten/studie/194686/umfrage/die-10-groessten-medienkonzerne-in-deutschland/.

11 Vgl. https://www.bertelsmann-stiftung.de/de/themen/aktuelle-meldungen/2019/juli/eine-bessere-versorgung-ist-nur-mit-halb-so-vielen-kliniken-moeglich.

12 Vgl. https://lobbypedia.de/wiki/Bertelsmann_stiftung.

13 Herman, Chomsky, a. a. O., S. 19.

14 Vgl. heise online, 8. Februar 2009: USA: AP-Chef beklagt den Druck des Militärs auf unabhängige Berichterstatter; https://www.heise.de/newsticker/meldung/USA-AP-Chef-beklagt-den-Druck-des-Militaers-auf-unabhaengige-Berichterstatter-206637.html.

15 Vgl. Tageblatt, 15. Mai 2020: Nach Asselborn-Initiative/Gemeinsame Erklärung: 25 EU-Staaten stemmen sich gegen Israels Annexionspläne; https://www.tageblatt.lu/headlines/gemeinsame-erklaerung-25-eu-staaten-stemmen-sich-gegen-israels-annexionsplaene/.

16 Vgl. Al-Monitor, 18. Mai 2020: Intel: Pompeo warns off ICC, welcomes Netanyahu's new government; https://www.al-monitor.com/pulse/originals/2020/05/israel-pompeo-knesset-annexation-icc-palestine.html.

17 Vgl. Taibbi, a. a. O., S. 13.

18 Chomsky, a. a. O. S. 37 ff.

19 Michael Crozier, Samuel P. Huntington, Joji Watanaki: The Crisis of Democracy, New York 1975; http://www.trilateral.org/download/doc/crisis_of_democracy.pdf.

20 Vgl. http://trilateral.org/download/files/TC-MEMBERSHIP-LIST-JANUARY-2020.pdf.

21 Stephen Gill: American Hegemony and the Trilateral Commission, Cambridge 1992, S. 1.

22 Zit. nach https://www.deutschlandfunk.de/re-feudalisierung-und-privatisierung-der-macht.724.de.html?dram:article_id=99848.

23 Zit. nach https://www.br.de/sogehtmedien/stimmt-das/wilde-theo rien/index.html.

24 https://www.lpb-bw.de/verschwoerungstheorien.

25 Uwe Krüger: Mainstream. Warum wir den Medien nicht mehr trauen, München 2016, S. 102.

26 Vgl. etwa https://www.sipri.org/yearbook/2020.

27 Zit. nach https://www.commentarymagazine.com/articles/making-the-world-safe-for-communism/.

28 Zit. nach Chomsky, a. a. O., S. 38.

29 Zit. nach UPI, 28. Mai 1984: Reagan's view of Vietnam war un-wavering; https://www.upi.com/Archives/1984/05/28/Reagans-view-of-Vietnam-War-unwavering/1916454564800/.

30 Los Angeles Times, 2. März 1991: U. S. Shakes Off Torment of Viet-nam; https://www.latimes.com/archives/la-xpm-1991-03-02-mn-1736-story.html.

31 Vgl. Commentary, Dezember 2005: Who Is Lying About Iraq?; https://www.commentarymagazine.com/articles/who-is-lying-about-iraq/.

32 Vgl. Commentary, June 2007: The Case for Bombing Iran; https://www.commentarymagazine.com/articles/the-case-for-bombing-iran/.

33 Vgl. Zeit Online, 31. Januar 2020: Wolfgang Schäuble plädiert für mehr deutsche Militäreinsätze; https://www.zeit.de/politik/deutschland/2020-01/wolfgang-schaeuble-bundeswehr-auslands einsaetze.

34 Dazu etwa Das Erste, 18. Mai 2000, Panorama-Bericht: Enthül-lungen eines Insiders – Scharpings Propaganda im Kosovo-Krieg; https://daserste.ndr.de/panorama/archiv/2000/erste7422.html.

35 Vgl. https://www.theguardian.com/world/2009/jan/23/secret-pri sons-closure-obama-cia.

Eine Zeitung mit Format:
Die Geschichte der Whistleblowerin Katharine Gun

1 Zit. nach https://millercenter.org/the-presidency/presidential-spee ches/january-23-1980-state-union-address.

2 Zit. nach Marcia and Thomas Mitchell: The Spy Who Tried To Stop A War. Katharine Gun and the Secret Plot to Sanction the Iraq Invasion, London 2019, S. 3.

3 Das vollständige Memorandum ist nachzulesen in ebenda, S. 7 f.

4 Alle Gun-Zitate nach ebenda, S. 16 ff.

5 The Guardian, 2. März 2003: Revealed: US dirty tricks to win vote on Iraq war; https://www.theguardian.com/world/2003/mar/02/ usa.iraq. Hinweis: The Observer ist eine Sonntags-, The Guardian eine Tageszeitung. Sie erscheinen im selben Verlagshaus. Archivbeiträge beider Zeitungen werden im Internet jedoch unter The Guardian abgespeichert.

6 Zit. nach Mitchell, a. a. O., S. 38.

7 Zit. nach The Guardian, 22. September 2019: Iraq war whistleblower Katharine Gun: ‹Truth always matters›; https://www.theguar dian.com/film/2019/sep/22/katharine-gun-whistleblower-iraq-of ficial-secrets-film-keira-knightley.

8 Vgl. The Intercept, 31. August 2019: The Best Movie Ever Made About The Truth Behind The Iraq War Is «Official Secrets»; https://theintercept.com/2019/08/31/official-secrets-iraq-war-film/.

9 Zit. nach Mitchell, a. a. O., S. 74.

10 The New York Times, 19. Januar 2004: A Single Conscience V. the State; https://www.nytimes.com/2004/01/19/opinion/a-single-con science-v-the-state.html.

11 Vgl. The Guardian, 30. Juni 2010: Chilcot inquiry: Iraq papers show Lord Goldsmith's warning to Tony Blair; https://www.theguardian. com/uk/2010/jun/30/chilcot-inquiry-lord-goldsmith-blair.

12 FAZ, 9. August 2002: Schröders Krieg, S. 1.

13 Frankfurter Allgemeine Sonntagszeitung, 11. August 2002: Die SPD verlässt den Weg nach Westen, S. 4.

14 FAZ, 18. September 2002: Mit hochroten Köpfen, S. 1.

15 FAZ, 20. Dezember 2002: Die deutsche Lektion, S. 8.

16 Frankfurter Allgemeine Sonntagszeitung, 9. März 2003, S. 11.

17 FAZ, 28. März 2003: Allein gegen den Strom, S. 1.

18 Frankfurter Allgemeine Sonntagszeitung, 30. März 2003: Gewalt kann Frieden schaffen, S. 13.

19 Die Zeit, 12. September 2013: Auch der Menschenrechtskrieg ist

ein Krieg; https://www.zeit.de/2013/38/syrien-menschenrechtskrieg-ist-auch-krieg/komplettansicht.

20 Bernays, a. a. O., S. 26.

21 Zit. nach The Intercept, 31. August 2019, a. a. O.

22 Vgl. The National Security Archive, 11. September 1973: Kissinger And Chile: The Declassified Report; https://nsarchive2.gwu.edu/NSAEBB/NSAEBB437/.

23 Vgl. The National Security Archive, hier wiedergegeben nach http://archive.boston.com/news/nation/washington/articles/2010/04/10/cable_ties_kissinger_to_chile_controversy/.

24 Zit. nach https://www.bundespraesident.de/SharedDocs/Reden/DE/Frank-Walter-Steinmeier/Reden/2018/06/180612-AE-Kissinger.html?nn=9042446.

25 Zit. nach https://nsarchive2.gwu.edu//NSAEBB/NSAEBB79/BEBB1.pdf.

26 Der Freitag, 16.12.2005: Henry Kissinger drängte zum «quick fix»; https://www.freitag.de/autoren/der-freitag/henry-kissinger-drangte-zum-quick-fix.

27 WDR: Die Story. Der Fall Kissinger, 3. September 2001; https://www.youtube.com/watch?v=O2YVw-LVA-U.

28 Kommentar: Bonn – Protest gegen neue Professur. Kissinger ist kein Vorbild, WDR 5, 6. März 2014; https://web.archive.org/web/20150107002357/http://www.wdr5.de/sendungen/politikum/protestgenneueprofessur100.html.

29 Eine ebenso umfassende wie kritische Würdigung Kissingers liefert Bernd Greiner: Henry Kissinger. Wächter des Imperiums, München 2020.

30 Die Hintergründe werden ausführlich beschrieben in: The Intercept, 8. Juni 2020: The New York Times Admits Key Falsehoods That Drove Last Year's Coup in Bolivia: Falsehoods Peddled by the U. S., Its Media, and the Times; https://theintercept.com/2020/06/08/the-nyt-admits-key-falsehoods-that-drove-last-years-coup-in-bolivia-falsehoods-peddled-by-the-u-s-its-media-and-the-nyt/. Der Autor des Artikels, Chefredakteur Glenn Greenwald, setzt sich darin kritisch mit der erneut sehr fragwürdigen Berichterstattung insbesondere der New York Times über den Coup auseinander, der sich nahtlos in Washingtons Strategie gegenüber Lateinamerika einfügt: Politische Erneuerung und soziale Reformen werden nicht geduldet. Im Grunde hat sich seit *Manufacturing Consent* nichts geändert in der Wahrnehmung US-amerikanischer und darüber hinaus westlicher Medien: Die destruktive Rolle Washingtons in Lateinamerika wird entweder gar nicht erst erwähnt oder als Ein-

satz für Freiheit und Demokratie schöngeredet. In diesem Fall fühlte sich jedoch nicht die FAZ, sondern die Neue Zürcher Zeitung berufen, im deutschsprachigen Raum die US-apologetische Meinungsführerschaft zu übernehmen: «Bei den früheren Putschen in der Region haben die Militärs ihr Mandat missbraucht, um ihnen missliebige Regierungen abzusetzen. Im aktuellen Fall hingegen muss man dem Armeechef zumindest zugutehalten, dass er im Sinne der Wiederherstellung der Demokratie und des inneren Friedens gehandelt hat.» Zit. nach https://www.nzz.ch/international/bolivien-war-morales-fall-ein-putsch-ld.1521645.

31 Vgl. apnews.com, 17. November 2019: Bolivian interim leader meets UN envoy amid violence fears; https://apnews.com/article/530280a8d9674f58ad19af8d3f00edee.

32 Vgl. The New York Times, 7. Juni 2020: A Bitter Election. Accusations of Fraud. And Now Second Thoughts; https://www.nytimes.com/2020/06/07/world/americas/bolivia-election-evo-morales.html.

33 Zu den Hintergründen der dortigen Krise vgl. Raul Gallego: Crude Nation: How Oil Riches Ruined Venezuela, Lincoln (Nebraska) 2016; Rory Carroll: Commandante: Hugo Chavez's Venezuela, London 2014; Javier Corrales, Michael Penfold: Dragon in the Tropics: Hugo Chavez and the Political Economy of Revolution in Venezuela, Washington 2011.

34 Zu den Machenschaften der Regierung Bolsonaro vgl. The Intercept: Secret Brazil Archive, erste Beiträge 2019; https://theintercept.com/series/secret-brazil-archive/.

35 Zit. nach aljazeera.com, 20. Juli 2020: Lula da Silva: US ‹always behind regime change› in Latin America; https://www.aljazeera.com/program/talk-to-al-jazeera/2020/7/25/lula-da-silva-us-always-behind-regime-change-in-latin-america/.

Macht und Meinungsmanagement: Die Guten gegen die Bösen

1 Die Entwicklung in und um Nicaragua stellt der US-Autor John Prados sehr gut dar: Safe For Democracy. The Secret Wars Of The CIA, Chicago 2006, S. 507 ff.

2 Herman, Chomsky, a. a. O., S. 141.

3 Vgl. etwa https://www.nzz.ch/international/midterms-usa-resultate-im-ueberblick-ld.1431129#subtitle-rekordhohe-wahlbeteiligung-second.

4 Vgl. United Press International, 10. April 2003: Exclusive: Saddam

key in early CIA plot; https://www.upi.com/Defense-News/2003/04/10/Exclusive-Saddam-key-in-early-CIA-plot/65571050017416/.

5 Vgl. Trita Parsi: Treacherous Alliance. The Secret Dealings of Israel, Iran, and the United States, New Haven, London, 2007, S. 106 f.

6 Zu den Hintergründen siehe Gary Sick: October Surprise: America's Hostages in Iran and the Election of Ronald Reagan, New York 1991.

7 Vgl. etwa https://www.opensecrets.org/industries/totals.php?ind=E01++.

8 Zu sehen etwa hier: https://www.youtube.com/watch?v=PH96 tuRA3L0.

9 Vgl. https://www.spiegel.de/kultur/literatur/eklat-bei-nobelpreis rede-pinters-frontalangriff-auf-die-usa-a-389158.html.

10 Zit. nach https://www.sueddeutsche.de/kultur/literaturnobelpreis-2005-da-lacht-der-buchhaendler-1.416328.

11 Zit. nach https://www.zeit.de/2005/43/SM-Pinter.

12 Zit. nach https://www.faz.net/aktuell/feuilleton/buecher/pinters-nobelpreisrede-antworten-ohne-fragen-1279591.html.

13 Zit. nach https://taz.de/!504908/.

14 Robert M. Entman: Projections Of Power. Framing News, Public Opinion, and U. S. Foreign Policy, Chicago 2004, S. 9 ff.

15 Vgl. ebenda, S. 29–49.

16 Zit. nach Chomsky, a. a. O., S. 91.

Die Welt gehört uns: Von der «Bürde des weißen Mannes» bis zum Einsatz für Freiheit und Demokratie

1 Zu den Hintergründen vgl. Michael Lüders: Die den Sturm ernten. Wie der Westen Syrien ins Chaos stürzte, München 2017.

2 Pankaj Mishra: Aus den Ruinen des Empires. Die Revolte gegen den Westen und der Wiederaufstieg Asiens, Frankfurt am Main 2013, S. 24 f.

3 Am Rande sei erwähnt, dass Talbot auch Militärhistoriker war. Sein 1871 in Berlin auf Englisch veröffentlichtes Buch *Analysis of the organisation of the Prussian army*, erschienen in der W. Moeser Hofbuchdruckerei, war jahrzehntelang Grundlagenwerk höherer Armeeränge in Großbritannien wie auch Deutschland.

4 Mishra, a. a. O., S. 137.

5 James Barr: A Line in the Sand: Britain, France and the Struggle that Shaped the Middle East, London 2011.

6 Zit. nach Le Monde diplomatique, Juli 2019: Es ging nie nur ums Öl, S. 6.

7 The Atlantic: A New Grand Strategy, January 2002 Issue; https://www.theatlantic.com/magazine/archive/2002/01/a-new-grand-strategy/376471/.

8 Detailliert hier nachzulesen: David E. Spiro: The Hidden Hand of American Hegemony, New York 1999.

9 Vgl. Bloomberg, 31. Mai 2016: The Untold Story Behind Saudi-Arabia's 41 Year U.S. Debt Secret; https://www.bloomberg.com/news/features/2016-05-30/the-untold-story-behind-saudi-arabia-s-41-year-u-s-debt-secret.

10 Vgl. dazu etwa Lüders: Armageddon im Orient, a. a. O., S. 61 ff.

11 David Wearing: AngloArabia: Why Gulf Wealth Matters to Britain, Cambridge 2018.

12 Zu den Hintergründen des Jemen-Krieges vgl. Said AlDailami: Jemen. Der vergessene Krieg, München 2019.

Schurkenstaat Iran: Gesinnung zählt, nicht Fakten – auch bei Mord

1 Es gibt keine Beweise für die Involvierung Ramsteins bei der Ermordung Soleimanis. Doch ist bekannt, dass Satellitendaten von Drohnen im Kampfeinsatz etwa in Afghanistan, Pakistan, Jemen, Irak, Afrika allgemein in Ramstein empfangen und an die Drohnenpiloten in den USA oder in Südkorea weitergeleitet werden. Unter Obama wurde die Liquidierung mutmaßlicher Terroristen per Drohnenbeschuss zentrales Element der Terror-Bekämpfung.

2 Vgl. The New York Times, 11. Januar 2020: Seven Days in January: How Trump Pushed U. S. and Iran to the Brink of War; https://www.nytimes.com/2020/01/11/us/politics/Iran-trump.html; und Bloomberg, 23. Januar 2020: Iran Says Drone Used in Soleimani Strike Came From Kuwait; https://www.bloomberg.com/news/articles/2020-01-23/iran-says-drone-used-in-soleimani-strike-came-from-kuwait.

3 Zit. nach The New York Times, 11. Januar 2020, a. a. O.

4 Vgl. https://web.archive.org/web/20140125123844/http:/www.iasps.org/strat1.htm.

5 The Telegraph, 5. Oktober 2007: US ‹must break Iran and Syria regimes›; https://www.telegraph.co.uk/news/worldnews/1565235/US-must-break-Iran-and-Syria-regimes.html.

6 Vgl. Bloomberg, 14. Januar 2020: Trump's Latest Plan for Iran: Regime Disruption; https://www.bloomberg.com/opinion/articles/2020-01-014/soleimani-strike-shows-trump-plan-for-iran-is-regime-disruption.

7 Vgl. etwa NBC News, 13. Januar 2020: Trump authorized Soleimani's killing 7 months ago, with conditions; https://www.nbcnews.com/politics/national-security/trump-authorized-soleimani-s-killing-7-months-ago-conditions-n1113271.

8 Vgl. The New York Times, 11. Januar 2020, a. a. O.

9 Vgl. aljazeera.com, 3. Januar 2020: US-Iran tensions: Timeline of events leading to Soleimani killing; https://www.aljazeera.com/news/2020/01/iran-tensions-timeline-events-leading-soleimani-killing-200103152234464.html.

10 Zit. nach ebenda.

11 Zit. nach ebenda.

12 Zit. nach USA Today, 7. Januar 2020: Donald Trump threatens Iraq with sanctions, says US won't leave unless ‹they pay us back› for airbase; https://eu.usatoday.com/story/news/politics/2020/01/05/donald-trump-threatens-iraq-sanctions-expel-us-troops/2821255001/.

13 Frankfurter Allgemeine Sonntagszeitung, 12. Januar 2020: Uns gibt es auch noch, S. 3.

14 Vgl. The New York Times, 12. Januar 2020, a. a. O.

15 Zit. nach The Independent, 6. Januar 2020: The reason Qassem Soleimani was in Baghdad shows how complex the Iran crisis is; https://www.independent.co.uk/voices/qassem-soleimani-death-iran-baghdad-middle-east-iraq-saudi-arabia-a9272901.html.

16 Vgl. The New York Times, 13. Februar 2020: How Months of Miscalculation Led the U. S. and Iran to the Brink of War; https://www.nytimes.com/2020/02/13/us/politics/iran-trump-administration.html.

17 Zit. nach Al-Monitor, 8. Januar 2020: Pompeo mocks claim Soleimani was part of Iraq-brokered Iran-Saudi indirect talks; https://www.al-monitor.com/pulse/originals/2020/01/pompeo-mock-claim-iran-soleimani-mediate.html.

18 Vgl. Lüders: Armageddon im Orient, a. a. O., S. 225 ff.

19 Zit. nach USA Today, 7. Januar 2020: Pence says Irans's Qasem Soleimani aided 9/11 hijackers. Experts say that's not true; https://eu.usatoday.com/story/news/politics/2020/01/04/mike-pence-says-iran-leader-qasem-soleimani-assisted-9-11-hijackers/2812917001/.

20 Vgl. etwa Ozy, 8. Januar 2020: Soleimani and the United States worked together to beat ISIS; https://www.ozy.com/true-and-stories/not-so-long-ago-soleimani-and-the-u-s-worked-together-to-beat-isis/262477/.

21 Eine bemerkenswerte Ausnahme ist der pensionierte Oberst Lawrence Wilkerson, Stabschef unter Außenminister Colin Powell (2002–2005). Als Reaktion auf den Irak-Krieg wurde Wilkerson ein

entschiedener Gegner militärischer Interventionen der USA. In mehreren Interviews berichtet er sehr offen über die Zusammenarbeit der iranischen Führung mit Washington und den US-Truppen vor Ort, in Afghanistan wie auch im Irak. Vgl. etwa Democracy Now, 6. Januar 2020: Former Top Bush Official: I Saw the March to War in 2003. I'm Seeing the Same Thing with Iran Now; https://www.democracynow.org/2020/1/6/lawrence_wilkerson_iraq_war_soleimani_assassination. Und: Democracy Now, 13. Januar 2020: «America Exists Today to Make War»: Lawrence Wilkerson on Endless War & American Empire; https://www.democracynow.org/2020/1/13/lawrence_wilkerson_american_empire_war.

22 Vgl. sueddeutsche.de, 7. Januar 2020: Iraks Dilemma mit den US-Truppen; https://www.sueddeutsche.de/politik/irak-us-truppen-1.4745781.

23 Der Spiegel, 11. Januar 2020: Die Schattenkrieger, S. 14.

24 Vgl. NachDenkSeiten, 10. Januar 2020: Manipulation durch Verschweigen – die deutschen Medien und das Attentat auf Soleimani; https://www.nachdenkseiten.de/?p=57548.

25 Alle drei Zitate nach The Intercept, 7. Januar 2020: TV Pundits Praising Suleimani Assassination Neglect To Disclose Ties To Arms Industry; https://theintercept.com/2020/01/06/iran-suleimani-tv-pundits-weapons-industry/.

26 Vgl. ebenda.

27 Vgl. rt.com, 12. Januar 2020: Facebook ‹thought police› censors pro-Iran posts ‹to comply with US sanctions› … as Trump warns Teheran against censorship; https://www.rt.com/news/478044-instagram-iran-trump-censorship/.

28 Vgl. LobeLog, 15. September 2019: The Systemic Problem of ‹Iran Expertise› in Washington; https://lobelog.com/the-systemic-problem-of-iran-expertise-in-washington/.

29 Vgl. etwa Netzpolitik.org, 21. März 2018: Was wir über den Skandal um Facebook und Cambridge Analytica wissen; https://netzpolitik.org/2018/cambridge-analytica-was-wir-ueber-das-groesste-datenleck-in-der-geschichte-von-facebook-wissen/.

30 Vgl. The Intercept, 7. Januar 2020: VOA Persian Awarded Journalism Contract To Controversial Former Trump Campaign Operative; https://theintercept.com/2020/01/07/voa-persian-iran-trump-conflict-of-interest/.

31 Vgl. The Washington Post, 4. Juni 2019: The State Department has been funding trolls. I'm one of their targets; https://www.washingtonpost.com/opinions/2019/06/04/state-department-has-been-funding-trolls-im-one-their-targets/.

32 Zit. nach aljazeera.com, 11. Januar 2020: US-Iran tensions after Soleimani killing: All the latest updates; https://www.aljazeera.com/
news/2020/01/iran-tensions-soleimani-killing-latest-updates-2001
10131710942.html.

33 Vgl. https://twitter.com/rcallimachi/status/1213421769777909761.

34 Zit. nach Zeit Online, 9. Januar 2020: US-Senatoren empört über
Iran-Briefing der Regierung; https://www.zeit.de/politik/ausland/
2020-01/us-demokraten-wollen-militaerbefugnisse-donald-trump-
einstellen-kritik-verrueckt.

35 Zit. nach aljazeera.com, 13. Januar 2020: Trump: ‹Doesn't really
matter› if Soleimani posed imminent threat; https://www.aljazeera.
com/news/2020/01/trump-doesn-matter-soleimani-posed-immi
nent-threat-200113180451067.html.

36 Zit. nach The Guardian, 11. Januar 2020: Iran admits unintentio-
nally shooting down Ukrainian airliner; https://www.theguardian.
com/world/2020/jan/11/iran-admits-shooting-down-ukrainian-air-
liner-unintentionally.

37 Zit. nach aljazeera.com, 14. Januar 2020: Trudeau: Plane victims
would be alive if not for US-Iran tensions; https://www.aljazeera.
com/news/2020/01/trudeau-plane-victims-alive-iran-tensions-200
114043724127.html.

38 Zit. nach The Middle East Online, 22. Januar 2020: Netanjahu uses
Holocaust memorial to push Iran fears; https://middle-east-online.
com/en/netanyahu-uses-holocaust-memorial-push-iran-fears.

39 Zit. nach GlobalResearch, 29. Juli 2019: The media is reluctant to
Report Israel Boasts of Killing Iranians; https://www.globalresearch.
ca/media-reluctant-report-israel-boasts-lilling-iranians/5684946.

40 Vgl. etwa The Guardian, 25. Juni 2019: Trump threatens ‹oblitera-
tion› after Iran suggests he has a ‹mental disorder›; https://www.
theguardian.com/world/2019/jun/25/trump-iran-rouhani-insults-
sanctions-threats.

41 Die Zeit, 7. Mai 2020: Schlechte Zeiten für die Schattenmacht;
https://www.zeit.de/2020/20/hisbollah-terrormiliz-israel-libanon-
deutschland/komplettansicht.

42 Dazu ausführlich Lüders, Armageddon im Orient, a. a. O., S. 85 ff.

43 Zeit Online, 7. Januar 2020: Kassem Soleimani: Der falsche Held;
https://www.zeit.de/politik/ausland/2020-01/kassem-soleimani-er-
mordung-general-terror-iran-usa.

44 Zit. nach Foreign Policy, 6. Januar 2020: The Middle East Is More
Stable When the United States Stays Away; https://foreign policy.
com/2020/01/06/the-middle-east-is-more-stable-when-the-united-
states-stays-away/.

45 Vgl. aljazeera.com, 5. Januar 2020: Soleimani killing: Iran aban-
dons nuclear deal limits; https://www.aljazeera.com/news/2020/01/
soleimani-killing-iran-abandons-nuclear-deal-limits-20010518590
5943.html.

46 Deutschlandfunk, 14. Januar 2020: Streitschlichtung als letzte
Chance; https://www.deutschlandfunk.de/atomdeal-mit-dem-iran-
streitschlichtung-als-letzte-chance.720.de.html?dram:article_id=46
7894.

47 Vgl. The Washington Post, 15. Januar 2020: Days before Europeans
warned Iran of nuclear deal violations, Trump secretly threatened to
impose 25 % tariff on European autos if they didn't; https://www.wa
shingtonpost.com/world/national-security/days-before-europeans-
warned-iran-of-nuclear-deal-violations-trump-secretly-threatened-
to-impose-25percent-tariff-on-european-autos-if-they-didnt/2020/0
1/15/0a3ea8ce-37a9-11ea-a01d-b7cc8ec1a85d_story.html.

48 Hamodia, 8. Januar 2020: Cutting Off the Head of the Snake;
https://hamodia.com/2020/01/08/cutting-off-head-snake/.

49 Vgl. etwa Al-Monitor, 7. April 2020: Intel: US comes out against
emergency COVID-19 IMF loan for Iran; https://www.al-monitor.
com/pulse/originals/2020/04/intel-us-oppose-emergency-covid19-
loan-iran-imf-coronavirus.html.

50 Vgl. The New York Times, 11. Juli 2020: Defying U. S., China and
Iran Near Trade and Military Partnership; https://www.nytimes.
com/2020/07/11/world/asia/china-iran-trade-military-deal.html.

51 Zu den Hintergründen vgl. Al-Monitor, 8. Oktober 2020: India
works to boost influence in Iran as Beijing-Teheran ties warm;
https://www.al-monitor.com/pulse/originals/2020/10/india-iran-
ties-singh-jaishankar-china-beijing-chabahar-port.html.

52 Vgl. The New York Times, 27. März 2020: Pentagon Order to Plan
for Escalation in Iraq Meets Warning From Top Commander; https://
www.nytimes.com/2020/03/27/world/middleeast/pentagon-iran-
iraq-militias-coronavirus.html.

53 Vgl. Al-Monitor, 22. April 2020: Iran's IRGG lauches first military
satellite as tensions with US flare; https://www.al-monitor.com/
pulse/originals/2020/04/iran-irgc-launches-first-military-satellite-
orbit.html.

54 Vgl. The New York Times, 10. Juli 2020: Long-Planned and Bigger
Than Thought: Strike on Iran's Nuclear Program; https://www.ny
times.com/2020/07/10/world/middleeast/iran-nuclear-trump.html.

55 Vgl. The New York Times, 19. September 2020: As U. S. Increases
Pressure, Iran Adheres to Toned-Down Approach; https://www.
nytimes.com/2020/09/19/us/politics/us-iran-election.html.

56 Zu den diplomatischen Rangeleien hinter den UN-Kulissen vgl.
Crisis Group, 19. August 2020: Iran: The U. S. Brings Maximum
Pressure to the UN; https://www.crisisgroup.org/middle-east-
north-africa/gulf-and-arabian-peninsula/iran/218-iran-us-brings-
maximum-pressure-un.

57 Vgl. etwa The New York Times, 27. November 2020: Gunmen Assas-
sinate Iran's Top Nuclear Scientist in Ambush, Provoking New Crisis;
https://www.nytimes.com/2020/11/27/world/middleeast/iran-nu
clear-scientist-killed.html.

58 Zit. nach Breaking Defense, 25. Januar 2021: Israelis Say They'll
Attack Iran If US Eases Sanctions; https://breakingdefense.
com/2021/01/israelis-say-theyll-attack-iran-if-us-eases-sanctions/.
Vgl. auch aljazeera.com, 27. Januar 2021: Israel military revising
operational plans against Iran: General; https://www.aljazeera.
com/news/2021/1/27/israel-military-revising-operational-plans-
for-iran-attack.

Das Wahre ist das Ganze: Die Welt neu denken

1 Vgl. Horst Teltschik: Russisches Roulette. Vom Kalten Krieg zum
Kalten Frieden, München 2019, S. 107.

2 Le Monde diplomatique, 12. Dezember 2003: Patrioten und Oligarchen; https://monde-diplomatique.de/artikel/!666823.

3 Vgl. Handelsblatt, 11. Oktober 2019: Fast 700 Millionen US-Dollar
pro Monat: Deutschland leidet unter Russland-Sanktionen; https://
www.handelsblatt.com/politik/international/krim-streit-fast-700-
millionen-us-dollar-pro-monat-deutschland-leidet-unter-russland-
sanktionen/25107884.html

4 Zit. nach Zeit Online, 18. August 2020: Verbündete, behandelt wie
Schurkenstaaten; https://www.zeit.de/wirtschaft/2020-08/nord-
stream-2-donald-trump-wladimir-putin-russland-sassnitz-erdgas.

5 Vgl. Die Zeit, 16. September 2020: Nord Stream 2: Das Milliarden-
angebot; https://www.zeit.de/2020/39/nord-stream-2-olaf-scholz-
usa-sanktionen-gasmarkt-baustopp.

6 Vgl. Boomberg, 11. November 2020: U. S. Targets Insurers In Latest
Round of Nord Stream 2 Sanctions; https://www.bloomberg.com/
news/articles/2020-11-11/nord-stream-2-sanctions-to-be-included-
in-u-s-defense-bill

7 Vgl. etwa MDR aktuell, 21. Juni 2017: Alexej Nawalny: russischer
Regimekritiker und was noch?; https://www.mdr.de/nachrichten/
osteuropa/ostblogger/wer-ist-nawalny-100.html.

8 Vgl. etwa aljazeera.com, 10. September 2020: Trump boasted he protected MBS; https://www.aljazeera.com/news/2020/9/10/trump-boasted-he-protected-mbs-after-khashoggi-hit-report.

9 Vgl. ohchr.org, 19. Juni 2019: Kashoggi killing: UN human rights expert says Saudi Arabia is responsible for «Premeditated execution»; https://www.ohchr.org/EN/NewsEvents/Pages/DisplayNews.aspx?NewsID=24713.

10 Vgl. The New York Times, 16. November 2018: CIA Concludes That Saudi Crown Prince Ordered Khashoggi Killed; https://www.nytimes.com/2018/11/16/us/politics/cia-saudi-crown-prince-khashoggi.html.

11 Vgl. The Independent, 16. Oktober 2020: MPs vote against attempt to ban undercover agents from committing murder, torture and rape; https://www.independent.co.uk/news/uk/politics/chis-bill-mp-vote-undercover-agent-ban-murder-torture-rape-spy-cops-b1050124.html.

12 Zit. nach Zeit Online, 23. September 2020: Edward Snowden: ‹Ein Verbrechen gegen ganz Russland›; https://www.zeit.de/2020/40/edward-snowden-usa-alexej-nawalny-anschlag.

13 O'Donnell & Associates, 17. April 2020: Corona Big Book Main Messages, S. 3; https://static.politico.com/80/54/2f3219384e01833b0a0ddf95181c/corona-virus-big-book-4.17.20.pdf.

14 Vgl. etwa The Economist, 30. Juli 2020: Would a Biden administration be softer than Trump on China?; https://www.economist.com/united-states/2020/07/30/would-a-biden-administration-be-softer-than-trump-on-china.

15 CNN.com, 30. April 2020: Trump administration draws up plans to punish China over coronavirus outbreak; https://edition.cnn.com/2020/04/30/politics/us-china-coronavirus-diplomacy-intelligence-donald-trump/index.html.

16 Vgl. The Wall Street Journal, 3. Mai 2020: Pompeo Says There Is Evidence Coronavirus Came From Wuhan Lab; https://www.wsj.com/articles/pompeo-says-there-is-evidence-coronavirus-came-from-wuhan-lab-11588544574.

17 Zu den Hintergründen des wachsenden Misstrauens der Jugend in Hongkong gegenüber der dortigen Regierung und Peking vgl. aljazeera.com, 30. April 2020: Hong Kong's protesters are being used to further their own ruin; https://www.aljazeera.com/indepth/opinion/hong-kong-protesters-ruin-200423092338967.html.

18 Vgl. Zeit Online, 2. Mai 2020: China-Versteher machen alles noch schlimmer; https://www.zeit.de/politik/ausland/2020-04/coronavirus-ausbruch-china-kritik-regierung-verantwortung.

19 Vgl. etwa Zeit Online, 21. Januar 2021: Es geht nur mit Amerika, nicht gegen; https://www.zeit.de/politik/ausland/2021-01/us-aussenpoli tik-victoria-nuland-eu-russland. Süddeutsche Zeitung, 21. Januar 2012: Transatlantische Beziehungen: Schluss mit dem Durchwurschteln; https://sz.de/1.5181701.

20 Der vollständige Text des Aufrufs ist nachzulesen unter https://ane wagreement.org/.

21 Vgl. European Council On Foreign Relations: The Crisis of American Power: How Europeans see Biden's America, 19. Januar 2021; https://ecfr.eu/publication/the-crisis-of-american-power-how-euro peans-see-bidens-america/.

22 Vgl. Spiegel International, 29. Juni 2013: NSA spies on European Union Offices; https://www.spiegel.de/international/europe/nsa-spied-on-european-union-offices-a-908590.html; sowie: The Intercept, 24. November 2014: Secret Malware In European Union Attack Linked To U. S. And British Intelligence; https://theinter cept.com/2014/11/24/secret-regin-malware-belgacom-nsa-gchq/.

23 Vgl. Der Spiegel, 1/2014: Die Klempner aus San Antonio; https:// magazin.spiegel.de/SP/2014/1/124188114/.

24 Vgl. https://www.koerber-stiftung.de/transatlantische-partner schaft-verliert-an-rueckhalt-36-prozent-der-deutschen-finden-enge-beziehungen-zu-china-wichtiger-als-zu-den-usa-2066.

25 Zit. nach aljazeera.com, 12. Oktober 2020: Does the world still need the West?, https://www.aljazeera.com/opinions/2020/10/12/does-the-world-still-need-the-west/.

In den Anmerkungen ist bei den Internetadressen auf zusätzliche Bindestriche bei Trennungen verzichtet worden.

Aktuelle Analysen des Autors zu politischen und gesellschaftlichen Fragen im Podcast unter: www.michael-lueders.de

Michael Lüders bei C.H.Beck

MICHAEL LÜDERS

Wer den
Wind sät

Was westliche Politik
im Orient anrichtet

C·H·Beck

176 Seiten mit 1 Karte. Klappenbroschur
ISBN 978-3-406-75157-8

«Analytisch klarster und medial einflussreichster
Nahost-Experte Deutschlands.»
Sebastian Kiefer, Falter

«Ein Schwarz-Buch der westlichen Politik im Orient, das sich wie ein
Polit-Thriller liest.»
Neues Deutschland

VERLAG C.H.BECK

MICHAEL LÜDERS

Die den Sturm ernten

Wie der Westen Syrien ins Chaos stürzte

C·H·Beck

176 Seiten mit einer Karte. Klappenbroschur
ISBN 978-3-406-70780-3

In seinem Bestseller «Wer den Wind sät» hat Michael Lüders die
verheerenden Folgen westlicher Militärinterventionen im Orient
beschrieben. Sein neues Buch erklärt die Hintergründe des Krieges
in Syrien. Lüders erzählt den unbekannten Teil der Geschichte, für
den sich Politik und Medien selten interessieren – der aber alles in
einem anderen Licht erscheinen lässt.

«Hintergrundwissen kompakt dargestellt … es geht dem Autor
keinen Moment darum, Schuld und Versagen der regionalen Machthaber kleinzureden oder gar zu negieren. Er wendet sich gegen die
schematische Wahrnehmung von Gut contra Böse, ‹westliche Werte›
gegen Diktatur und Terrorismus.»
Claudia Kühner, Neue Zürcher Zeitung am Sonntag

VERLAG C.H.BECK

MICHAEL LÜDERS

Armageddon im Orient

Wie die Saudi-Connection den Iran ins Visier nimmt

C·H·Beck

265 Seiten mit 1 Karte. Klappenbroschur
ISBN 978-3-406-72791-7

«Rasant geschrieben. Die ganze Region könnte zu
einem ‹Inferno› werden, warnt Lüders die Scharfmacher
in Washington und Riad.»
Mathias Brüggmann, Deutschlandfunk

«Es ist das Buch der Stunde. Nicht nur Heiko Maas
sollte es umgehend lesen.»
Rüdiger Göbel, junge Welt

VERLAG C.H.BECK

376 Seiten. Klappenbroschur
ISBN 978-3-406-68892-8

Die Journalistin Sophie Schelling hatte sich auf eine ganz normale Dienstreise eingestellt. Doch manchmal ist man zur falschen Zeit am falschen Ort: Sie sieht etwas, das sie nie hätte sehen dürfen. Immer tiefer verstrickt sie sich im Netz eines übermächtigen Gegners, bis ihre Suche nach Wahrheit zu einem blutigen Kampf ums Überleben wird.

«Michael Lüders hat einen spannenden Thriller über den Drohnenkrieg und die Unterdrückung der Wahrheit geschrieben.»
Knut Cordsen, Bayerischer Rundfunk

«Sein Buch ist ein Roman, doch seine Fiktion wirkt so real, dass seinen Lesern der Atem stockt.»
Annemarie Stoltenberg, Kölner Stadt-Anzeiger

VERLAG C.H.BECK